논어 여행

공자 말씀 따라 떠나는 우리 땅 그랜드 투어

논어 여행
공자 말씀 따라 떠나는 우리 땅 그랜드 투어

지은이 | 남민
초판 1쇄 발행 2020년 2월 25일

편집 | 정혜윤
디자인 | 조언수
교열 | 김형숙

펴낸곳 | (주)여행문화콘텐츠그룹
발행인 | 남민
출판신고번호 | 제2016-000072호
출판신고일자 | 2016년 3월 8일
주소 | (06043) 서울특별시 강남구 강남대로 584, 6층 609호(논현동, 성일빌딩)
전화 | (02)540-3664
팩스 | (02)540-3665
이메일 | suntopia@hanmail.net
저작권 ⓒ2020 남민
출판편집 저작권 ⓒ (주)여행문화콘텐츠그룹
ISBN 979-11-957873-1-9   (03900)
정가 23,000원

> 이 도서의 국립중앙도서관 출판예정 도서목록(CIP)은
> 서지정보유통지원시스템 홈페이지(http://seoji.nl.go.kr)와
> 국가자료 공동목록시스템(http://kolis-net.nl.go.kr)에서
> 이용하실 수 있습니다.
> (CIP제어번호 : CIP2020004847)

테마있는명소는 (주)여행문화콘텐츠그룹의
인문·여행·문화·예술 분야 출판 브랜드입니다.
잘못 만들어졌거나 파손된 책은 구입하신 곳에서 교환해 드립니다.
이 책은 저작권법에 의해 보호받는 저작물로 저자와 (주)여행문화콘텐츠그룹의
서면 허락 없는 무단 복사, 복제, 전재 등은 저작권법에 저촉됩니다.
(주)여행문화콘텐츠그룹은 각 분야의 참신한 원고를 환영합니다.

논어 여행

공자 말씀 따라 떠나는 우리 땅 그랜드 투어

남민 지음

테마있는 명소

[일러두기]

- 이 책은 『논어』의 핵심 명구를 바탕으로 했으며 보충 설명이 필요한 곳에 『맹자』, 『대학』, 『중용』, 『시경』, 『사기』 등 다양한 고전 속 내용을 참고하여 이해를 도왔다.
- 2부의 12개 편 주인공 인물의 호칭은 호와 이름 중 상황에 따라 편의대로 사용했다.
- 주요 인물엔 한자명도 병기했다.
- 고전 내용의 어감을 살리기 위해 꼭 필요한 경우 당시 사용하던 어휘를 쓰고 한자를 병기한 후 주석을 달았다.
- 고전문의 독서 의미를 배가하기 위해 중요한 문구는 원문 한자를 수록했다.
- 독서의 흐름을 방해하지 않기 위해 본문 중 출처는 꼭 필요한 부분에서만 표기했다.
- 책명은 『 』로, 편명은 〈 〉로, 그 외 강조 문구는 ' '로, 인용문은 " "로 표기했다.

지혜로우면 즐겁게 살고
인자하면 오래오래 산다.

〈옹야〉

들어가는 글

#1

　노魯나라의 공자孔子가 제자들과 이웃 위衛나라로 들어갈 때 첫눈에 백성이 많은 것에 감탄했다. 마차를 몰던 제자 염유冉有가 "백성이 많으면 어떻게 해야 합니까?"라고 여쭈었다. 공자의 답은 간단하고 분명했다. "부유하게 해 줘야 한다."[1]였다. 이어서 "가르쳐야 한다."[2]라고 했다. 훗날 공자는 노나라 군주 애공哀公의 질문에도 똑같이 답하면서 그 실천 방법으로 "노역과 세금을 줄이면 백성은 부유해집니다."[3]라고 했다.

　공자는 또 가혹한 세금을 거둬 백성의 원성을 산 제齊나라 경공景公에겐 "정치란 재물을 아끼는 데 있다."[4]라고 일침을 가했다. 고금을 막론하고 나라의 지도자가 해결해야 할 최우선 과제가 바로 경제經濟를 살리는 것이다.

---

1 富之(부지) - 『논어』〈자로〉
2 敎之(교지) - 『논어』〈자로〉
3 省力役 薄賦斂 則民富矣(생역역 박부렴 즉민부의) - 『공자가어』〈현군〉
4 政在節財(정재절재) - 『사기』〈공자세가〉

관포지교管鮑之交 고사로 유명한 춘추시대 제나라 재상 관중管仲도 나라를 잘 다스리는 방법으로 "부유하게 해야 한다."라며 역시 경제를 첫손에 꼽았다. "영지를 지니고 백성을 다스리는 사람은, 그 임무가 사계절을 살펴서 농사가 잘 되게 하는 데 있고, 그 직분은 곡식을 저장하는 창고가 가득차도록 하는 데 있다. 나라에 재물이 많으면 멀리 있는 사람도 오게 되고, 토지가 모두 개간되면 백성이 머물러 살게 된다."[5] 라고 했다. 오늘날 세계 최강국 미국과 중국의 다툼도 경제 문제다.

어떤 사람이 공자에게 물었다. "선생께선 왜 정치를 하지 않으십니까?"

공자가 답한다. "『서경書經』에서 이르기를 '효도, 오로지 효도하고 형제간 우애롭게 지내는 것이 정치하는 것이다.'라고 했는데, 이 또한 정치를 하는 것이지, 어떻게 하는 게 정치입니까?(어찌 벼슬을 해야만 정치를 한다고 하겠습니까?)"[6]라고 했다. '수신제가 치국평천하'도 못하는 위정자들을 꼬집은 말이다. 정치가 곧 관직벼슬만을 뜻하는 게 아니다. 각자의 위치에서 자기 역할을 잘 해내는 것 또한 정치라는 것인데, 예나 지금이나 기어코 관직만 탐하는 사람이 너무나 많다. "지위가 없음을 걱정하지 말고 어떻게 자격을 갖춰 설 것인가를 고민하라."[7]라는 말을 새겨야겠다.

공자가 제자들과 태산을 지나갈 때 한 여인이 무덤에서 몹시 슬프게 울고 있었다. 제자 자로子路가 사연을 물었다. 여인은 "시아버지가

---

5 凡有地牧民者 務在四時 守在倉廩 國多財 則遠者來 地辟擧 則民留處(범유지목민자 무재사시 수재창름 국다재 즉원자래 지벽거 즉민유처) - 『관자(管子)』〈제1권〉

6 書云 孝乎 惟孝 友于兄弟 施於有政 是亦爲政 奚其爲爲政(서운 효호 유효 우우형제 시어유정 시역위정 해기위위정) - 『논어』〈위정〉

7 不患無位 患所以立(불환무위 환소이립) - 『논어』〈이인〉

전에 범에 물려 돌아가셨고, 남편도 범에 물려 죽었는데 이제 아들 마저 범에 물려 목숨을 잃었습니다."라고 대답했다. 자로가 "그럼 왜 다른 곳으로 가지 않느냐?"라고 묻자, 여인은 "가혹한 정치가 없기 때문입니다."[8]라고 답했다. 공자는 제자들에게 "가혹한 정치는 포악한 범보다 무섭다. 잘 기억해 두어라."[9]라는 명언을 남겼다.

'가혹한 정치'란 폭압으로 다스리고, 과도한 세금을 걷는 가렴주구苛斂誅求의 정치를 말한다. 세금은 백성 됨의 의무로 내는 것이지, 통치자의 통치 수단으로 마구 다스려져서는 안 된다는 교훈이다. 예산 부족을 핑계 댈까 봐 공자는 이미 이에 대해서도 똑 부러지는 경고를 날렸다. '재용을 아껴 쓰는 것이 백성을 사랑하는 것'[10]이라고 했다. 덜 쓰고 적게 걷는 것이 지도자가 할 일이지, 많이 거둬 선심성으로 펑펑 써서는 안 된다는 경고다. 예나 지금이나 열심히 일해 세금 내기 바쁜 백성이 가장 두려워하는 것이 바로 이 '가정맹호苛政猛虎'라는 것이다. 백성이 등돌리는 첫 번째 이유다.

#2

약 2500년 전 한 선각자가 오늘의 우리를 위한 염려였던지, 지금 일어나고 있는 문제들에 대해 상세히 짚고 '이렇게 하라.', '저렇게 하지 마라.'라고 외친 책이 있다. 『논어論語』다. 『논어』는 공자와 제자 그리고 주변 사람들이 인격을 갖추고 이상 사회를 건설하기 위해 '토론論'

---

8 無苛政(무가정) - 『공자가어』〈정론해〉
9 小子識之 苛政猛於暴虎(소자식지 가정맹어폭호) - 『공자가어』〈정론해〉
10 節用而愛人(절용이애인) - 『논어』〈학이〉

하면서 서로 나눈 '말語'들을 모았기 때문에 '논어論語'다.

그럼 우리에게 공자는 어떤 존재인가? 맹자孟子는 유약有若(공자를 닮아 가장 존경 받았던 제자 중 한 명)의 말을 인용해 "봉황은 새 중에서 뛰어나고, 태산은 언덕 중에서 뛰어나며, 하해는 여러 물 중에서 뛰어났다. 성인도 일반 사람들과 같은 무리지만 그 무리에서 가장 뛰어난 사람이다. 그러나 세상에 사람이 태어난 이래로 공자보다 더 뛰어난 성인은 아직 없었다."[11]라고 정의함으로써 더 이상 왈가왈부할 수 있겠는가? 그러니 공자를 뛰어넘을 수 없다 해도 '나는 인간 무리 중에서 어떤 존재일까?'란 자문을 해보는 것만으로도 가치가 있겠다.

『논어』라고 하면 '공자 같은 소리' 한다며 핀잔을 주는 사람도 있지만 논어를 읽는 첫 목적은 자기 수양이다. 스스로 내면을 다듬고 인격을 연마함으로써 자기 인생을 고상하고 품격 있게 가꾸며 지혜롭게 살아갈 수 있는 방법을 배우는 것이다. 『논어』는 독재 군주 진시황秦始皇의 분서갱유 때와 모택동毛澤東의 문화대혁명 때 독재 정치에 방해가 된다 하여 지극히 짧은 기간 탄압한 것을 제외하고 2500년 역사 속 최고의 베스트 셀러, 앞으로도 읽어 나갈 고전 중 고전이다. 이 기록을 누가 깰 수 있을까? 공자가 말한 '후생가외'[12]란 말에 주목해 봐야 하나?

필자 역시, 어린 시절 검은 표지의 책『논어』와『맹자』,『중용』,『대학』 등 고전을 머리맡에 두고 자랐지만 그건 나의 의지와 선택이 아니었다. 부모님의 교육적 메시지였다. 그때만 해도 가까이 했지만 가까

---

11 鳳凰之於飛鳥 泰山之於丘垤 河海之於行潦 類也 聖人之於民 亦類也 出於其類 拔乎其萃 自生民以來 未有盛於孔子也(봉황지어비조 태산지어구질 하해지어행료 유야 성인지어민 역류야 출어기류 발호기췌 자생민이래 미유성어공자야) -『맹자』〈공손추〉

12 後生可畏(후생가외) -『논어』〈자한〉

위질 수 없었다. 다시 『논어』 곁으로 돌아온 것은 공자가 말한 '불혹'의 어느 시점이었다.

하지만 『논어』를 숱한 날 끼고 자면서 느낀 것은 역시 '하라!'는 것은 하기 어려웠고, '하지 말라!'는 것은 쉽게 하고 말았다는 것이다. 수양이 많이 필요함을 몸소 느꼈다. 그땐 고지식한 '공자님 말씀'으로 들렸기 때문이다. 고지식한 '공자님 말씀'을 넘어서서 '피와 살이 되는 『논어』로 읽을 수 없을까?' 하는 생각에 이르다 『논어』의 말들을 분석하기 시작했다. 말하자면 "왜 이 말을 했을까? 그 배경을 알아보자."라는 욕구가 생겼다. 그 후 『논어』 명구의 오묘함에 빠져들 수 있었다. 그것이 이 책을 낳게 된 배경이다.

공자는 "분발하지 않으면 굳이 계도啓(계) 해주지 않으며, 표현하려 애쓰지 않으면 굳이 말문이 트이게發(발) 도와주지 않는다."[13]라고 했다. 마치 분발하려는 내 마음을 읽고 도와준 느낌이다. 공자의 이 말에서 우리는 '계발啓發'이란 표현을 쓰고 있다. 재능이나 사상을 깨우칠 수 있도록 일깨워 주는 것을 말한다.

#3
공자는 유럽에 앞서 이미 동양의 르네상스를 주도했다. 하나라, 상나라은나라, 주나라 삼대三代가 교대로 중원의 천하 질서를 주름잡으며 찬란한 문화를 꽃피운 후, 주나라 세력의 약화 속 춘추시대를 맞았고 그 말기에 공자는 세상에 나타났다. 지금으로부터 약 2500년 전이다. 전쟁 외에는 이렇다 할 문화가 없는 어지러운 세상에서 공자가 갈구

---
13 不憤不啓 不悱不發(불분불계 불비불발) - 『논어』〈술이〉

한 것은 옛 주나라의 문물 제도였다.

공자는 외쳤다. "주나라는 하와 은 두 나라를 본받아 문화가 찬란했는데 나는 주나라를 따르겠노라."[14]라고. 그 선현들의 품격 높았던 지혜와 전통 문화를 익혀 나가겠다는 것이었다.

중세 암흑기 1000년을 보내던 이탈리아에서 '다시 옛 그리스·로마 시절로 돌아가 헬레니즘 문화를 부흥시키자.'며 일어난 르네상스가 마치 공자에게 배운 듯하다.

『논어』의 많은 내용은 여행 속에서 탄생했다. 공자의 여행이 있었기에 『논어』가 존재하게 됐다. 공자는 당시로선 매우 장수해 73세까지 살았다. 보통 사람이 인생을 마무리할 나이인 55세에 제2의 인생을 살며 여행을 떠났다. 이 여행은 즐거운 여행이 아니라 고행길이었다. 이웃 여러 나라를 무려 14년 간 여행했다. 그 여행길에서 공자가 매 상황에 처했을 때 한 말이 지금 『논어』의 많은 부분을 차지한다. 여행은 언제나 '위대한 탄생'을 잉태한다.

#4

이 책의 제목 『논어 여행』이라 함은 크게 두 가지 의미를 담고 있다. 하나는 『논어』의 교훈적 명언을 실천에 옮긴 우리 선현들의 발자취를 따라 그 인품을 배우고 또한 실제로 그 현장을 여행하는 것이고, 다른 하나는 이 책에 소개된 『논어』의 수많은 명구 사이를 누비며 독서 여행을 한다는 것이다. 둘 다 자기수양의 길이다.

일반 독자가 『논어』를 즐겁게 완독하기란 쉽지 않다. 이 책은 『논

---

14 周監於二代 郁郁乎文哉 吾從周(주감어이대 욱욱호문재 오종주) - 『논어』〈팔일〉

어』를 바탕으로 하여 완전히 새로운 창작물로 지향했기에 많은 『논어』 관련 서적 중에서도 단연 독창적이라는 점이 큰 의의를 갖는다. 이에 흥미를 느낀다면 독자는 다음 단계로 『논어』 완독에 도전할 수 있을 것이다. 여기까지가 필자의 몫이다.

『논어』의 명구는 실로 위대하다. 따르고 싶지만 쉽지 않다. 그러나 필자는 '알기만 하고 실천하지 않으면, 곧 모르는 것과 같다.'는 철학을 갖고 있다. 알기만 하고 말면 말 그대로 '공자님 말씀'일 뿐이다. 나약한 나는 이르지 못했지만 누군가는 실천했을 터이니 그들을 샅샅이 찾아봤다. 마침내 오랜 여행길에서 만난 우리 선현들을 하나씩 찾아낼 수 있었다. '인仁으로써 백성을 사랑하라.'는 말을 실천한 정조대왕을 찾았고, '어려움을 먼저 해결하고 이익은 나중에 생각하라.'는 말씀을 목숨 걸고 지켜낸 이순신 장군을 찾아 남해의 섬으로 달려갔다. 조선을 대표하는 역사적 인물, 우리가 본받아야 할 위인들이 '인'을 실천한 현장이다. 이것이 이 책에서 궁극적으로 말하고자 하는 핵심이다.

우리 선현들이 자신의 이익에 앞서 이웃을 위해서, 국가를 위해서 어떤 철학으로, 어떻게 희생하며 살았는지를, 그 현장을 독자들과 공유하려고 나섰다.

오늘날 각박한 사회로 인해 서로 마음의 벽을 높게 쌓고 살지만 '덕을 베풀면 외롭지 않고 반드시 함께할 이웃이 있다.'[15]라는 가르침처럼 나는 이웃과 함께하려 한다.

나의 이 여행도 『논어』가 벗이 되어줬기에 가능했다. 그리고 한 가지 분명한 것은 오늘도 조용히 사색하며 성찰하기를, 자기수양 하기

---

15 德不孤 必有隣(덕불고 필유린) - 『논어』〈이인〉

에 『논어』보다 더 좋은 책은 없다는 것이다. '남을 해치지 말고 사랑仁하라.'는 것이다.

　이 책은 『논어』의 시작인 〈학이學而〉 편부터 마지막 〈요왈堯曰〉 편에 이르기까지의 전체 내용 중, 이 시대 우리에게 꼭 필요한 주요 가르침 12개를 뽑아 그 명언을 직접 공자의 가르침을 받듯 깊이 음미한 후, 그 명언을 대표하는 우리 역사상 주인공 12명의 얼이 남아있는 현장을 따라가 보는 고전 인문학 여행서다. 그들이 남긴 메시지는 오늘의 우리에게 실로 중요한 나침반이 될 것이다. 이 12개의 키워드와 연계해 우리가 꼭 새겨봐야 할 주옥같은 『논어』 속 명언 150여 개가 추가로 설명에 동원됐다. 따라서 총 160~170개, 『논어』 전체 내용의 3분의 1을 재미있는 이야기 속에서 소화하게 된다. 『논어』의 중요한 명언은 대부분 접하게 된다. 여기에 보충 설명으로 『사기』, 『맹자』, 『장자』, 『중용』, 『시경』 등에서 30개 이상의 명구가 함께 쓰여 고전의 향기를 더해 준다. 그러니 『논어』를 읽으며 우리 선현을 만나 함께 떠나는 여행인 것이다. 지난날을 성찰하고 수양하며 다가올 날을 준비하려는 소망을 담았다.

　원문의 번역은 많은 저서의 도움을 받았으며 또한 스스로 원문에 근거하되 그 문장이 전하고자 하는 가장 우리말다운 의미로 푸는 데 힘썼다. 이는 느닷없이 각각 등장한 짧은 원문의 배경 지식을 모르고선 이해할 수 없는 내용들이기에 그 의미 전달이 더욱 중요해서다. 한마디라도 '와닿아야 내 것이 된다.'라는 소신의 반영이다. 그리고 원문을 반드시 병기하여 독자의 시각으로 더 깊은 뜻을 음미할 수 있도록 했다.

#5

평민 공자, 그는 여행을 통해 『논어』를 낳았고, 『논어』는 다시 공자를 성인으로 만들었다. 그리고 그 성인의 가르침을 우리 선현들은 한 사람의 인격체가 완성되어 가는 과정으로 여겼다.

『논어』는 처음부터 끝까지 '배움'을 강조한다. 그 '배움'이란 '도리에 맞게 사는 데 필요한 모든 지식이자 지혜'인 것이다. 전체 500개의 문장 중 가장 중요한 첫 세 문장이 이를 대변한다. 배우기를 좋아하는 사람 입장에서 『논어』 첫 세 문장을 풀어서 음미해보자. '배운 것을 수시로 익혀 자기 것으로 만들면 얼마나 기쁜 일인가! 멀리서 벗이 찾아와 함께 신지식을 주고 받으면 지식이 한층 발전할 테니 그 인생이 더없이 즐거울 테다. 그런 나를 남이 알아주지 않더라도 개의치 않을 정도에 이르렀으니 이미 군자 반열에 오른 것이 아닌가!'[16]

이제 필자는 독자와 함께 '논어 여행'을 떠나려 한다. 우리 땅 '논어 그랜드 투어Grand Tour'다. 그랜드 투어는 뭔가 즐겁게 배우는 여행이다. 이 책에 등장하는 12명의 선현들은 자신이 원했든 원하지 않았든 냉혹한 당파에 소속돼 있었지만, 하나같이 당파색을 떠나 사익을 멀리하고 오로지 나라와 백성을 위해 봉사했다는 공통점을 갖고 있다. 바로 그 점이 후세에 영원히 아름다운 이름을 남기게 된 것이다. 그 정신을 배우기 위해 먼저 책 속으로의 여행을 시작하고, 다음 그 현장으로 떠나 보길 권한다. 그 길에서 인생이 달라질 수도 있다.

맹자는 "공자가 동산에 올라 노나라가 작다 했고, 태산에 올라 천하

---

[16] 學而時習之 不亦說乎! 有朋自遠方來 不亦樂乎! 人不知而不慍 不亦君子乎!(학이시습지 불역열호! 유붕자원방래 불역락호! 인부지이불온 불역군자호!) - 『논어』〈학이〉

가 작다 했다."¹⁷라고 말했다. 사람들은 자기 눈에 보이는 것이 세상의 전부인 것으로 착각한다. 세상은 넓다. 나의 몸은 어딘가에 구속돼 있지 않은지, 나의 사고 또한 어딘가에 갇혀 있지 않은지를 돌아볼 때다. 어디에 서 있느냐에 따라 세상의 크기는 완전히 달라진다. 우리도 이제 그 넓은 세상을 바라보고 그곳으로 떠나보자.

　이 책을 읽는 독자들이 힘든 삶 속에서도 옛 성현의 가르침을 통해 인생의 뜻을 세우고 志學(지학), 나약해져 흔들리지 않으며 不惑(불혹), 자기 주도적인 삶을 영위 從心(종심)할 용기를 얻는다면 더할 나위가 없다. 지금 내가 하고 있는 고민을 이미 2500년 전 성인이 먼저 겪고 해답을 제시해 놓지 않았는가?

길 위에서 만나는 작가,
남민

---

17 孔子登東山而小魯 登泰山而小天下(공자등동산이소로 등태산이소천하) - 『맹자』〈진심 상〉

차례

❖ 들어가는 글　　　　　　　　　　　　　　　　　　　　　　　　6

1부
『논어』는 여행으로 완성됐다

제1편 신이 아닌 평범한 사람 공자　　　　　　　　　　　　　　23
| 1세 : 세상으로 | 15세 : 지학 | 30세 : 이립 | 40세 : 불혹 | 50세 : 지천명 | 60세 : 이순 |
| 70세 : 종심 | 73세 : 자연으로 |

제2편 공자가 꿈꾼 이상 사회와 우리가 사는 현재 사회　　　　　34
| 인을 향한 '공자의 세상' 유토피아 | '내 탓'은 없고 '네 탓'뿐인 사회 |

제3편 여행은『논어』를 낳았고,『논어』는 '공자'를 낳았다　　　37
| 14년 천하주유, 네 차례의 위기 속에서 탄생한『논어』| 음악을 통해 인격을 완성하다 |
| 성인 공자의 존재감 |

2부
『논어』따라 떠나는 우리 땅 '그랜드 투어'

제1편 좋은 일도 '해야 할 때'가 따로 있다 _ 정조대왕의 '사민이시' 〈수원〉　　49
| 원문 속 산책 | '사민이시'의 시사점 | 정조대왕의 '사민이시(使民以時)' |
| 백성만 생각한 진정한 성군 정조 | '사민이시' 정조의 '수원화성' : "아름다움은 적을 두렵게 한다" |
● 수원엔 또 무엇이 있나?　　　　　　　　　　　　　　　　　　70

제2편 옛것에서 새로운 것을 창조한다 _ 이황의 '온고지신' 〈안동〉   73
| 원문 속 산책 | '온고지신'의 시사점 | 이황의 '온고지신(溫故知新)' |
| 조선 성리학 이끈 '유비군자' 퇴계 이황 | '온고지신' 퇴계의 '도산' : "인생 마지막 날이 인생의 전성기" |

- 안동엔 또 무엇이 있나?   94

제3편 군자는 단순한 그릇이 아니다 _ 이원익의 '군자불기' 〈광명〉   99
| 원문 속 산책 | '군자불기'의 시사점 | 이원익의 '군자불기(君子不器)' |
| 꼭 한번 만나고 싶은 국무총리 오리 이원익 | '군자불기' 이원익의 '관감당' : "이원익을 보고 느껴라" |

- 광명엔 또 무엇이 있나?   119

제4편 덕으로 다스리면 백성은 절로 따라온다 _ 송준길의 '회덕회토' 〈대전〉   123
| 원문 속 산책 | '회덕회토'의 시사점 | 송준길의 '회덕회토(懷德懷土)' |
| 자신의 죽음에도 예 갖춘 '예학종장' 동춘당 송준길 | '회덕회토' 송준길의 '동춘당' : "늘 봄만 같아라" |

- 대전엔 또 무엇이 있나?   140

제5편 어려운 일엔 앞장, 이익은 나중에 _ 이순신의 '선난후획' 〈통영〉   147
| 원문 속 산책 | '선난후획'의 시사점 | 이순신의 '선난후획(先難後獲)' |
| 하늘이 내린 조선의 구원자 충무공 이순신 |
| '선난후획' 이순신의 '한산도' : "이길 수 있을 때 싸우고, 싸우면 반드시 이긴다" |

- 통영엔 또 무엇이 있나?   168

제6편 도가 없는 세상에선 재주를 숨겨라 _ 조식의 '무도즉은' 〈산청〉   171
| 원문 속 산책 | '무도즉은'의 시사점 | 조식의 '무도즉은(無道則隱)' |
| 왕에게 호통친 초야의 '꼿꼿 선비' 남명 조식 | '무도즉은' 조식의 '산천재' : "덕은 날로 새로워진다" |

- 산청엔 또 무엇이 있나?   191

제7편 **선배보다 더 유능한 후배를 기다린다** _ 기대승의 '후생가외' 〈광주〉   195
| 원문 속 산책 | '후생가외'의 시사점 | 기대승의 '후생가외(後生可畏)' |
| 선배를 긴장시킨 청출어람 재능 고봉 기대승 |
| '후생가외' 기대승의 '월봉서원' : "혜성처럼 나타나 긴 여운 남기다" |

- 광주엔 또 무엇이 있나?   214

제8편 **어려울 때 참모습이 드러난다** _ 김정희의 '세한후조' 〈제주〉   219
| 원문 속 산책 | '세한후조'의 시사점 | 김정희의 '세한후조(歲寒後彫)' |
| 낡은 조선 혁신 갈망한 신지식인 추사 김정희 |
| '세한후조' 김정희의 '추사 유배지' : "인내의 열매는 달았다" |

- 제주엔 또 무엇이 있나?   239

제9편 **윗사람이 탐욕 버리면 백성은 도둑질 않는다** _ 정약용의 '불욕부절' 〈강진〉   243
| 원문 속 산책 | '불욕부절'의 시사점 | 정약용의 '불욕부절(不欲不竊)' |
| 명예롭게 살다 빛나게 죽은 개혁가 다산 정약용 |
| '불욕부절' 정약용의 '다산초당' : "후세에 이름을 더럽히지 말라" |

- 강진엔 또 무엇이 있나?   262

제10편 **옳은 일에는 목숨도 바친다** _ 조헌의 '살신성인' 〈금산〉   267
| 원문 속 산책 | '살신성인'의 시사점 | 조헌의 '살신성인(殺身成仁)' |
| 임진왜란 정확히 예측한 '도끼 상소' 중봉 조헌 |
| '살신성인' 조헌의 '칠백의총' : "오직 한 번의 죽음만이 있을 뿐" |

- 금산엔 또 무엇이 있나?   288

제11편 함께 어울리지만 편가르지 않는다 _ 정탁의 '군이부당' 〈예천〉 293
| 원문 속 산책 | '군이부당'의 시사점 | 정탁의 '군이부당(群而不黨)' |
| '파벌정치 위 봉합정치' 위대한 조율자 약포 정탁 |
| '군이부당' 정탁의 '읍호정' : "나아가고 물러남에 더러움이 없다" |

• 예천엔 또 무엇이 있나? 314

제12편 이득을 보면 옳은 것인지를 생각한다 _ 이이의 '견득사의' 〈강릉〉 319
| 원문 속 산책 | '견득사의'의 시사점 | 이이의 '견득사의(見得思義)' |
| 눈앞 토붕와해 설파한 경장론자 율곡 이이 | '견득사의' 율곡의 '오죽헌' : "스스로 경계하라"

• 강릉엔 또 무엇이 있나? 337

3부
『논어』 속에서 본 '인간 공자'의 모습 342

공자는 집에서도 '공자'였나?	밀실에서 여인을 만난 후 공자의 반응	공자가 사람을 평가하는 '잣대'	공자의 봉급은 얼마?	공자는 천재였을까?	스스로 신이라 여겼나?	고지식한 미생고에 일침
벼슬자리로 제자를 슬쩍 떠본 공자	제자가 자리 뜨자 뒷말 때린 공자	공자에게 사랑 받으려면?
새와 의사 소통한 제자 공야장을 사위로 삼다	공자가 하지 않은 '네 가지'	빗나간 공자의 예측
제자가 본 공자 : 스승이라면 어때야 할까?

❖ 참고문헌 356

여행의 힘은 신비롭다. 그 힘은 집을 나서는 순간부터 솟구친다. 덕분에 그 신비로운 힘은 매 순간 겪은 고행의 결과물을 경험의 전리품으로 만들어 준다. '불경일사 부장일지(不經一事 不長一智)'라 했듯이, 집에 편안히 앉아 있었으면 이룰 수 없었던 일도, 집을 나섰기에 그 뭔가를 성취할 수 있었다. 정신적 성장은 더더욱 크다. '평범한 사람 공자'는 어떻게 '성인 공자'가 되었는지, 그의 인생 여정을 따라가 본다.

1부
『논어』는 여행으로 완성됐다

공자 BC551~BC479

나는 열다섯 살에 배움에 뜻을 두었고, 서른 살에 일어설 수 있었으며, 마흔 살에 미혹되지 않았고, 쉰 살에 천명을 알았으며, 예순 살에 무엇을 들어도 거슬림이 없었고, 일흔 살에 마음이 가는 대로 해도 법도에 어긋남이 없었다.

『논어』〈위정〉편

제1편
신이 아닌 평범한 사람 공자

1세 : 세상으로

공자가 '성인聖人 공자'에 이르기까지는 지극히 평범한 인생길을 걸었다. 지금으로부터 약 2500년 전 기원전 551년[18] 중국 노나라 추읍 창평현에서 태어난 공자는 세 살 때 고령인 아버지 숙량흘叔梁紇을 여의고 젊은 어머니 안징재顔徵在 슬하에서 가난한 소년시절을 보냈다.

노나라 용맹한 무사인 숙량흘은 첫 부인 시施씨와의 사이에서 딸 9명을 두었고, 첩에게서 아들 맹피孟皮를 얻은 후 안징재와의 사이에서 공자를 낳았다. 맹피는 신체 장애가 있었기에, 무사였던 자신의 뒤를 잇기가 어렵다고 생각한 숙량흘은 66세 때 15세 소녀 안징재와 '야합野合'[19]해 공자를 낳았다.

---

[18] 기원전 552년 설도 있으나, 이 책에서는 551년을 탄생 연도로 삼았다.
[19] 사마천은 '혼인'이라 하지 않고 '야합'이라 표현했는데 그 의미는 당시 관습에 따른 행사의 일종으로 해석된다. 오늘날 '야합'의 의미는 다소 부정적으로 쓰인다.

공자가 3살 때 어머니와
곡부성 안에 들어와 살았던 곳 궐리

공자의 이름은 구丘이며, 자字는 중니仲尼다. 그러니 본명을 말하자면 공구孔丘가 되겠지만 그렇게 불린 경우는 극히 드물다. 제자들은 스승에 대한 존칭으로 '자子' 또는 '부자夫子'로 불렀다. 이 존칭으로 인해 서양에서도 공자를 'Confucius'라 부른다. 중국식 발음 '쿵푸즈孔夫子'의 라틴어식 표기에서 비롯됐다.

'구丘'는 공자의 머리 위쪽이 움푹 눌렸는데 그 주변이 언덕과 같아서 지은 이름이고, '중니仲尼'의 '이尼'는 어머니가 이구산尼丘山에서 기도 후 낳았기 때문에 썼으며, '중仲'은 '둘째'라는 의미로, 형 맹피孟皮('孟'은 '맏·첫째'를 뜻한다.)의 동생이라는 뜻이 담겨 있다. 키가 아홉 자 여섯 치여서 '키다리'란 놀림을 받고 자랐다. 어릴 때 공자의 취미는 제사놀이였다. 이구산은 이후 성인 공자의 이름 '구'자를 피하기 위해 '이산尼山'으로 불린다.

공자가 살았던 시기는 중원의 천하를 주름잡은 주周나라가 지배력을 잃으면서, 제후국이 군웅할거 하며 '오월동주吳越同舟'와 '와신상담臥薪嘗膽' 고사를 탄생시킬 만큼 전쟁이 많았던 격변기였다. 공자가 태어난 나라는 초楚, 진晉, 제齊, 오吳, 월越 강대국 '춘추5패' 사이에서 힘겹게 맞서야 했던 약소국 노나라였다. 산동성 태산泰山 가까운 곡부曲阜 일대다. 공자의 노나라는 군주의 정권을 빼앗은 권력가 삼환씨三桓氏(맹손씨, 숙손씨, 계손씨)에 의해 좌지우지 되었다. 삼환은 제15대

노 환공桓公의 적장자 장공莊公(제16대)의 세 동생들로, 대를 이어가며 군주의 권력을 빼앗아 국정을 농락했다. 이러한 환경에서 공자는 군신 관계 등에 대한 올바른 도道의 중요성을 절감했고 또한 제자들에게 강조했다.

춘추春秋시대란 주나라가 제후국에 대한 지배력을 잃고 수많은 나라가 난립한 시기를 말하는데, '춘추'라는 말은 공자가 조국인 노나라의 역사를 편찬한 책『춘추春秋』에서 따와서 부르게 된 이름이다. 공자는『춘추』를 지으면서 기린이 잡혀 죽은 것을 보고 자신도 생의 마지막이 다가옴을 직감해 바로『춘추』집필을 마무리했다. 기린은 성현을 상징하는 상스러운 동물이다. 우리 속담에도 '성현이 나면 기린이 나고, 군자가 나면 봉이 난다.'는 말이 있다. 그런 기린을 죽였으니 공자로서는 충격을 받을 만 했다.

공자의 사상과 철학, 정치관은 이러한 춘추시대의 토양에서 싹을 틔웠다.『논어』로 대변되는 '공자 같은 말씀'을 이해하려면 당시 천하의 질서와 배경을 알아야 도움이 된다.

15세 : 지학志學

15세에 배움에 뜻[20]을 뒀지만 17세에 어머니마저 사망하면서 먹고 사는 일이 더욱 급해졌다. 19세에 송나라 부인 기관씨丌官氏와 결혼했고 이듬해 아들 이鯉를 낳아 평범하게 살았다. 아들 이는 다시 아들 급伋을 낳았는데 자를 자사子思라 했다. 공자의 손자인 자사가 현재까지

---

[20] 吾十有五而志于學(오십유오이지우학) -『논어』〈위정〉

유적 발굴 결과[21] 『대학大學』과 『중용中庸』의 저자로 알려져 있다. 자사는 공자, 안자, 증자, 맹자와 함께 유교 5대 성인이다. 공자는 아들 외에도 훗날 제자 공야장公冶長에게 시집 보낸 딸도 낳았다.

공자는 아들을 낳았던 20세에 사회에 첫발도 내디뎠는데, 계손씨 집안인 계평자季平子의 창고 물품과 장부를 관리하는 위리[22]를 맡았다. 위리로 일할 때 장부의 계산이 정확했다고 한다. 이듬해에는 승전乘田이라는 가축 관리직 일을 했다. 제사가 중요했던 시대이니 희생물로 쓸 양질의 가축이 필요했다. 공자가 맡았을 땐 가축이 살찌며 잘 자랐다.

이러한 완벽함이 훗날 50대에 사공司空(토지담당 관리)이란 벼슬로 나아갈 수 있게 했으며, 마침내 대사구大司寇(법무부 장관에 해당)에 올라 재상의 임무까지 관장했다.

여기서, 15세에 배움에 뜻을 둔 계기가 눈길을 끈다. 공자의 청소년기는 비천한 삶이었다. 명색이 먼 조상은 은나라 왕제을(帝乙)의 후손이었고 주나라를 세운 무왕武王의 신임을 얻어 송나라 제후가 된 미자微子[23]가 다 공자의 조상이었다. 세월이 흘러 송나라에 내란이 일어나면서 공자의 6대조 공보가孔父嘉가 피살되자 증조부 공방숙孔防叔이 화를 피해 노나라로 도피해 왔고[24] 조부 공백하孔伯夏에 이어, 부친 공숙량흘孔叔梁紇의 아들로 태어난 것이다. '공孔'씨 성을 처음 쓴 사람은 공보가인데, 그의 자字 '공보孔父'의 '공'자를 성으로 바꾸면서 공씨 성의 시조가 됐다. 공자는 조상을 생각하면 자신의 처지가 매우 비참했으리

---

21 1993년 후베이성 징먼시 초나라 무덤에서 나온 곽점 죽간
22 委吏(맹자는, '회계를 담당하는 관리'라고 설명했다.) - 『맹자』〈만장 하〉
23 제을의 아들이자 은나라 마지막 군주 주왕의 형
24 일부 자료에서는 공보가의 아들 목금보(木金父)가 노나라로 왔다고 함.

라. 그래도 일찍 깨우친 덕에 다시 신분 상승을 해야겠다고 마음 먹었고 그 길은 배움밖에 없다고 생각했다. 15살 때의 생각이었다.

30세 : 이립而立

평범한 10년을 보낸 가운데 악착같이 인생 공부를 하니 30세에 가치관이 확립되었다.[25] 15세 소년 시절에 품었던 뜻을 서른 살에도 굳건하게 다진 것이다. 그것은 바로 배움이었다. 공자는 20대에 이미 '육예六藝'에 정통했다. 육예란 예禮(예법)·악樂(음악)·사射(활쏘기)·어御(마차 몰기)·서書(글쓰기)·수數(산술) 6가지 전인 교육 과목이다. 그의 학문과 인덕은 소문이 났고 제자들이 모이며 강학이 시작됐다. 33살에 이미 공자학당을 연 것이다. 주변국에서도 몰려와 훗날 공자의 제자는 3000명이나 되었다.

34세 때 주나라 도읍지 낙읍낙양으로 잠시 떠난 여행은 공자의 인생을 바꿔놓을 만큼 중요했다. 노나라 실권자 중 한 명인 맹손씨 가문의 남궁경숙南宮敬叔이 군주 소공小公에게 주나라 여행을 요청해 공자도 함께 갈 수 있는 기회를 얻었다. 남궁경숙은 아버지 맹희자孟僖子의 유언으로 공자의 제자가 된 사람이다. 공자는 이 여행에서 노자老子를 만나 큰 가르침을 받았고, 선진 주나라의 옛 영화를 보고 지극한 감동을 받았다. 넓은 세상에 나아가 견문을 넓힌 여행이었다. 하나라에서 은나라, 은나라에서 주나라로 왕조가 바뀌어도 그 전통 문화를 계승 발전시킨 점에 깊은 감명을 받았다. 공자는 이 여행을 통해 인생의 지향

---

[25] 三十而立(삼십이립) - 『논어』〈위정〉

점을 세웠다. 바로 그 '주나라를 계승하겠다.'는 것이다.

공자는 서른 시절 이미 큰 명성을 얻어 이웃나라 군주들이 정치에 대해 자문해 오곤 했다. 특히 바로 이웃 강대국 제나라 군주 경공景公이 경卿 안영晏嬰과 노나라에 와서, 옛날 진秦나라 목공穆公이 외진 곳의 작은 나라에서 어떻게 패자가 되었는지를 묻기도 했다. 이때 공자는 "나라는 작아도 뜻이 원대했고 정사를 베푸는 것이 정당했다."[26]라고 훈수했다.

그 후 35세 때 공자는 제나라에 가서 고소자高昭子의 가신이 되었는데 이때 옛날 순舜 임금의 '소韶'라는 음악을 듣고 석 달간 고기맛을 잃었다. 30대 나이에 음악에 심취해 가는 공자의 모습을 상상해볼 수 있다. 이후 음악은 공자를 성인의 경지로 이르게 한 중요한 매개체가 되었다.

40세 : 불혹不惑

40세가 되자 공자는 어떠한 미혹에도 흔들림이 없었다.[27] 시와 음악에 심취한 채 자기 주도적인 삶을 추구해 나갔다.

이 흔들림 없는 지론의 핵심은 '사람은 배워야 한다.'는 것이다. "세 사람이 함께 가면 그중에 반드시 나의 스승이 있다."[28]라며 누구에게든 필요한 것은 배워야 함을 강조하고 있다. '세 사람'은 나아가 '여러

---

26 國雖小 其志大 行中正(국수소 기지대 행중정) - 『사기』〈공자세가〉
27 四十而不惑(사십이불혹) - 『논어』〈위정〉
28 三人行 必有我師焉(삼인행 필유아사언) - 『논어』〈술이〉

사람'을 의미하는데, 자신보다 나은 점은 아랫사람에게라도 배워야 한다는 가르침이다. 이후 공자는 사람을 평가할 때 출신 성분이 아닌, 배워서 도가 있느냐 없느냐를 잣대로 삼았다.

기원전 510년 전후, 공자의 조국 노나라 군주 소공昭公이 도피지에서 죽자 동생 정공定公이 즉위했고, 또한 실권자인 대부 계평자가 죽고 아들 계환자季桓子가 권력을 물려받는 등 어수선했다.

남쪽의 오나라가 월나라를 공격한 후 공자에게 사신을 보내 여러 가지 자문을 구했는데, 역시 '성인'이라며 감탄을 쏟아냈다.

50세 : 지천명知天命

공자는 세상을 올바로 살고 있음을 느낄 즈음, "50세에 하늘의 뜻을 알게 되었다."[29]라고 말했다. 그 '하늘의 뜻'은 바로 인仁과 덕德을 펼치는 세상이었다. 그것은 자신이 해야 했고, 그러기 위해선 죽음에 직면해도 살아남아야 했으며, 그것이 곧 하늘의 뜻이라는 것을 논리적으로 설파할 수 있어야 했다. 공자는 그 천명을 받들고자 했다. 바야흐로, 평범한 소년이 성장해 성인의 반열에 오르는 순간이다.

공자는 자신이 부여받은 천명을 현실 정치로 구현해야 할 시점에 와 있었다. 51세에 군주 정공이 공자를 중도中都(산동성에 있는 작은 읍)의 재宰(우두머리)로 발탁하자, 1년 만에 사방이 모두 공자를 본받았다. 능력을 인정받아 52세에 사공이 되었고 다시 대사구가 되었다. 대사구가 된 공자는 재상으로서 직무를 수행했다.

---

[29] 五十而知天命(오십이지천명) - 『논어』〈위정〉

대사구가 된 지 7일 째 되던 날, 공자는 천하의 5대악大惡을 일삼으며 정치를 문란하게 했던 대부 소정묘少正卯를 죽이는 과감성을 보였다. 그러자 석 달 만에 시장 사람들이 값을 속이지 않았고, 길에 떨어진 남의 물건을 주워 가지 않아 나라의 질서가 잡혔다.

공자는 제나라와 협곡에서 담판협곡회맹하여 구토를 회복하는 외교적 역량도 발휘했다. 이 사건은 공자의 지혜와 문무겸비의 산물로 큰 업적이 되었다.

공자가 55세 되던 해, 제나라는 공자의 활약이 두려운 나머지 노나라의 분열을 꾀했다. 미인 80명과 멋지게 장식한 말 120필을 보내 현혹하자, 역시 의도대로 노나라 군주와 실권자가 3일간 정치를 접고 방탕한 생활에 빠져들었다. 또한 국가 제례인 교郊를 지낸 후 제물 고기를 대부들에게 나누어주는 의식도 치르지 않았다. 나라에 도가 서지 않자 공자는 물러날 때가 됐음을 직감하고, 정치 참여 4년 만인 55세에 모든 기대를 접고 조국인 노나라를 떠났다. 그것은 곧 위나라를 시작으로 한 장기 여행길인데 그 여행은 뜻하지 않게 14년이나 이어졌다. 국내에서 뜻을 펼 수 없자 다른 나라에서 일종의 '정치 컨설턴트'로서의 활약을 꿈꾸며 떠난 것이다.

그의 여행에는 제자들이 동행했다. 여러 나라를 떠돌며 정치 자문을 하려 했지만 '공자 같은 소리'에 귀기울일 형편이 못 되었다. 그럴수록 공자는 '안될 줄 알면서도' 그의 이상 정치를 포기하지 않았다. 이것이 오히려 위대한 성인으로 추앙받은 결과가 됐다. 현실과 타협했으면 더 이상 공자는 없었다.

60세 : 이순耳順

천하를 주유하며 정鄭나라와 진陳나라에 머물던 공자는 "60세가 되니 무슨 일이든 들으면 순리에 맞았다."30라고 했다.

그런 공자도 여행 중 굴욕을 겪은 일이 일어났다. '초상집 개'로 비유된 것이다. 공자가 정나라에서 제자들과 길이 어긋나 지친 외톨이가 되었는데 이 모습을 본 사람이 공자의 제자 자공子貢에게 "어떤 사람이 동문에 서 있는데 이마는 요堯 임금을 닮았고 목덜미는 고요皐陶를 닮았으며 어깨는 자산子産을 닮아 옛 성현 같았습니다. 그러나 허리 아래로는 우禹 임금보다 세 치나 짧고, 몹시 초췌한 모습을 보였는데 초상집 개와 같았습니다."라고 말해주니, 제자들이 달려와 스승에게 이 말을 그대로 전했다. 그러자 공자는 웃으며 "모습이 어떠한지는 중요하지 않다만, 초상집 개라는 말은 과연 맞구나 과연."31이라고 했다. 세상이 자신을 바라보는 모습에 그대로 순응하는 이순 무렵의 반응이었다.

'초상집 개喪家之狗(상가지구)'는 주인이 돌볼 여유가 없어 굶주려 야윈 모습이다. 무기력하게 축 늘어진 사람이나, 뭔가 이익을 위해 여기저기 기웃거리는 사람을 가리킨다. '상갓집 개만도 못하다.'는 우리 속담은 결국 성인 공자의 구겨진 체면에서 비롯된 내용이다.

70세 : 종심從心

14년의 '방랑 여행'을 마치고 68세에 고국으로 돌아온 공자는 70세

---

30 六十而耳順(육십이이순) - 『논어』〈위정〉
31 形狀 末也 而謂似喪家之狗 然哉 然哉(형상 말야 이위사상가지구 연재 연재) - 『사기』〈공자세가〉

에, "일흔이 되니 마음대로 해도 법도에 어긋나지 않았다."[32]라고 하여, 인생의 완결판을 보여주는 성인의 경지에 이르렀다.

이 무렵 공자는 음악을 정비하고 시를 정리하는 등 문화 예술 분야에 매진했다.

오랜 외유에도 '공자의 말씀'을 채택하는 나라가 없자 공자는 말년이 되어서 후세에 이름이 알려지지 않을까 걱정하며 조바심을 느낀 듯하다. 공자는 "군자는 세상에서 사라진 뒤 이름이 알려지지 않는 것을 걱정한다."[33], "나의 뜻이 이루어지지 않았으니 나는 무엇으로 후세에 알릴까?"[34]라고 말한 후 역사서 『춘추』를 편찬했다. 하다못해 『춘추』라는 저서를 통해 이름을 남겨야겠다는 압박감을 읽을 수 있다. 그렇게 편찬한 『춘추』는 제자들의 도움을 받지 않고 전적으로 혼자서 정리했다. 『춘추』는 노나라 은공隱公 원년BC. 722년에서 애공 14년BC. 481년까지 12대 242년의 역사를 편년체로 기록한 노나라 역사서이다.

공자는 훗날 이 『춘추』야 말로 자신의 이름을 남길 유산이라고 생각했다. "훗날 나를 알아준다면 그것은 『춘추』 때문일 것이고, 나를 비난한다면 그것 역시 『춘추』 때문일 것이다."[35]라고 했다. 역시 사람은 죽어서 이름을 남기고 싶은 욕망이 있는 건가? 말년에 책 한 권의 저자로나마 남고자 했던 공자는 인류의 영원한 스승이 될 줄을 꿈에도 생각하지 못했다.

---

32 七十而從心所欲 不踰矩(질십이종심소욕 불유구) - 『논어』〈위정〉
33 君子疾沒世而名不稱焉(군자질몰세이명불칭언) - 『논어』〈위령공〉
34 吾道不行矣 吾何以自見於後世哉(오도불행의 오하이자견어후세재) - 『사기』〈공자세가〉
35 後世知丘者以春秋 而罪丘者亦以春秋(후세지구자이춘추 이죄구자역이춘추) - 『사기』〈공자세가〉

73세 : 자연으로

2500년 전 공자는 73세이던 기원전 479년 시름시름 앓다가 세상을 떠났다. 당시로는 매우 장수한 일생이었지만 죽음의 순간에는 생로병사를 모두 겪어온 나약하고 평범한 한 인생, 공자였다.

부인과 외아들을 먼저 잃었고, 가장 아꼈던 제자 안회는 두 해 전 죽었으며, 늘 곁을 지켜주던 자로도 1년 전 죽었다. 또 다른 애제자 자공 이름은 사(賜)이 병석에 누운 공자에게 허겁지겁 달려오자, 애절한 목소리로 "사야, 왜 이제 오느냐?"라며 태초의 나약한 인간 공자의 모습으로 돌아갔다. 그리고 이레 후 눈을 감았다.

공자는 신이 아니었기에 자신의 뜻을 다 이루지 못했다. 하지만 훌륭한 제자들은 스승을 평범한 사람으로 두지 않았다. 때문에 평범한 그 사람은 자연으로 돌아갔지만, 공자가 남긴 어록은 인류 최고의 스승으로 아직도 살아있다.

제2편
공자가 꿈꾼 이상 사회와 우리가 사는 현재 사회

인을 향한 '공자의 세상' 유토피아

공자의 핵심 사상은 '인仁'이다. 인은 심성이 착하고 어질며 사랑하는 것이다. 사랑하려면 그 대상이 필요한데, 즉 두 사람人+二=仁이 있어야 인을 실천할 수 있다. 그러니 사회를 따뜻하게 이루기 위해 함께 사는 사람들이 지녀야 할 가장 근본적인 바탕이자 덕목이 인이다.

서로 사랑하지 않는 사회에서는 싸움밖에 없다. 이 사랑을 위해 공자는 "인을 행함에 있어선 스승에게도 양보하지 말라."[36]라고 했다. 인을 갖춘 사람은 궁극적으로 아끼고 용서하며 사랑하는 '서恕'에 이르게 된다. 이는 '배려'다. 사랑을 하면 배려를 하게 된다. '내 마음心을 네 마음心과 같게如 맞춰주는 것'이 '서恕'다. 공자가 최종 목표로 지향한 것이 바로 이것이다.

---
36 當仁 不讓於師(당인 불양어사) - 『논어』〈위령공〉

우리는 롤 모델이 될 만한 사람을 보면 닮고자 한다. 공자도 어진 사람을 롤 모델로 삼아라 했다. "어진 사람을 보면 그를 따라 하기를 생각하고, 어질지 못한 사람을 보면 자신 또한 그렇지는 않은지 스스로 반성하라."[37]라고 했다.

인을 향한 세상에는 딱히 '이것'이라고 고집을 부리지 말 것도 당부한다. "군자가 천하에서 꼭 이래야 한다고 고집하는 것도 없고, 절대로 해서는 안 된다고 하는 것도 없으며, 오직 의로움과 함께할 뿐이다."[38]

바로 이 '옳고 그름'으로 판단하면 따르지 않을 사람이 없다는 말이다. 공자 자신도 권력자에 아부하며 악에 가담한 제자 염구에게 더 이상 자신의 제자가 아니라며 단죄했다. 아끼는 제자 대신 정의를 택한 것이다.

'내 편'이 아닌, '옳은 편'을 가치로 내세우는 세상, 이런 세상이라면 그곳이 바로 유토피아다.

'내 탓'은 없고 '네 탓'뿐인 사회

공자는 싸우지 말라고 했다. "군자는 언행이나 몸가짐을 조심하므로 다투지 않는다."[39]라고 했다. 그러면서 "군자가 굳이 다툰다면 그것은 활쏘기인데 서로 경의를 표하며 활을 쏘는 자리에 오르내린 후 (진

---

37 見賢思齊焉 見不賢而內自省也(견현사제언 견불현이내자성야) - 『논어』〈이인〉
38 君子之於天下也 無適也 無莫也 義之與比(군자지어천하야 무적야 무막야 의지여비) - 『논어』〈이인〉
39 矜而不爭(긍이부쟁) - 『논어』〈위령공〉

자는) 벌주를 마신다. 그러한 다툼은 가히 군자답다."⁴⁰라고 했다. 고작해야 활쏘기로 겨루기를 할 뿐인데 이마저도 예의와 품격으로 행한다는 것이다.

그런 멋진 다툼을 위해선 서로 편가르기 식 당파를 형성하지 말아야 하는데 오늘날 우리는 그런 모습을 본 적이 없다. 오로지 '네 편', '내 편'으로 다투는 세상, 먹고 살기에도 바쁜 국민들은 피로감만 쌓여간다.

싸우는 사람들은 모두가 자신만이 옳다고 생각한다. 나와 내 편만 '선善'이고, 상대방은 모두 '악惡'이다. 그럴 줄 알고 공자는 이 부분도 놓치지 않았다. "군자는 잘못을 자신에게서 찾고, 소인은 남에게서 찾는다."⁴¹

장자莊子도 가세했다. "자신과 뜻을 같이하면 옳다 하고, 달리하면 아무리 훌륭해도 인정하지 않는다."⁴²라고 했다. 장자는 이를 '교만矜(긍)'이라 규정했다.

긍지를 지닐 만한 자리에 선 사람은 겸손해 하며 자신이 책임질 자세를 가져야 한다.

---

40 君子無所爭 必也射乎 揖讓而升 下而飮 其爭也君子(군자무소쟁 필야사호 읍양이승 하이음 기쟁야군자) - 『논어』〈팔일〉

41 君子 求諸己 小人 求諸人(군자 구제기 소인 구제인) - 『논어』〈위령공〉

42 人同於己 則可 不同於己 雖善不善(인동어기 즉가 부동어기 수선불선) - 『장자』〈어부〉

제3편

여행은 『논어』를 낳았고, 『논어』는 '공자'를 낳았다

14년 천하주유, 네 차례의 위기 속에서 탄생한 『논어』

2500년 전 사람들은 기껏해야 50세 전후를 살았다. 그런데 공자는 장수한 덕에 덤으로 제2의 인생을 살아 55세에 이웃나라 여행을 떠난 것이다. 그것도 14년 장기 여행을.

공자의 여행은 조국 노나라에서 희망을 잃어 떠났으니 무거운 발걸음이었다. 재상으로 국정에 참여했지만 방탕한 권력자의 장벽을 넘어설 수 없자 물러나와 떠나버렸다. 도가 없는 곳에 빌붙어 있지 말라고 한 말을 실행으로 옮긴 것이다.

공자는 혼자 자유여행을 한 것이 아니다. 제자들과 함께했다. 『논어』에서도 밝혔듯이 공자는 진陳나라와 채蔡나라에 갔을 때 함께한 제자의 명단을 공개했다. 덕행이 뛰어난 안연·민자건·염백우·중궁이 따랐고, 언어가 뛰어난 재아와 자공이 함께했으며, 정사에 밝은 염유·

공자가 55세에 떠난 천하주유를 형상화한 동상

계로, 그리고 문학에 소질이 탁월한 자유와 자하가 동반자였다.[43]

공자 일행은 14년 간 7~8개 나라를 여행했으니 그때마다 동행한 제자들은 더 있었을 것이다. 이른바 '공자학당'의 거대한 투어였던 것이다.

하지만 고난과 위험이 뒤따른 여행이기도 했다. 네 차례의 큰 위험에 처하기도 했다.

첫 번째 위기는 위衛나라에서 진陳나라로 가는 광匡 땅을 지날 때, 광 사람들이 공자 일행을 노나라 양호陽虎로 오인해 길을 막고 위협했다. 삼환씨 중 계손사季孫斯의 가신이었던 양호가 이전에 광 사람들을 괴롭힌 적이 있기 때문이다. 광 사람들은 특히 공자가 양호와 외모가 많이 닮았다고 판단했다. 공자 일행은 닷새 동안 억류됐다가 신원이 확인되어 풀려났다.

두 번째 위기는 공자 일행이 위나라에서 조曹나라를 거쳐 송나라에 갔을 때, 큰 나무 아래서 제자들에게 강습하는데 송의 사마환퇴司馬桓魋가 공자를 죽이려고 그 나무를 뽑아버렸다. 일행은 위기에서 재빨리 피해 화를 입지 않았다. 공자는 이 위기로 큰 굴욕을 안았다. 이 사건 이후 정鄭나라로 들어가다 제자들과 엇갈려 길을 잃은 채 '상가의 굶

---

43 德行 顔淵 閔子騫 冉伯牛 仲弓, 言語 宰我 子貢, 政事 冉有 季路, 文學 子游 子夏(덕행 안연 민자건 염백우 중궁, 언어 재아 자공, 정사 염유 계로, 문학 자유 자하) -『논어』〈선진〉

주린 개'⁴⁴로 비유된 것이다.

세 번째 위기가 또 찾아왔다. 진陳에서 3년 머물렀던 공자 일행이 위나라를 향해 가다 포蒲 땅을 지나는데 마침 공숙씨公叔氏가 반란을 일으켰고 포 사람들이 공자 일행을 막았다. 공자의 제자 공량유公良孺가 용맹스럽게 맞서니 포 사람들은 공자에게 "위나라로만 가지 않으면 보내주겠다."고 제안했다. 공자는 "그러겠노라." 하고 풀려난 후 위나라로 들어가버렸다. 이때 제자 자공이 공자에게 "맹서를 저버려도 됩니까?" 하고 날카로운 질문을 하자, 공자는 "강요된 맹서는 신도 인정하지 않는다."⁴⁵라는 명언을 날렸다.

네 번째 위기는 초楚나라로 가기 위해 채蔡나라에서 진陳나라로 들어갈 즈음, 진·채 대부들이 위협을 느껴 연합해 공자 일행을 포위했다. 꼼짝없이 갇힌 공자 일행은 식량이 떨어져 위태로운 상황을 맞았다. 이를 '진채절량陳蔡絶糧' 또는 '액어진채厄於陳蔡'라고 한다. 이때 제자 자로가 화난 투로 "군자도 곤궁할 때가 있습니까?"⁴⁶라고 묻자, 공자는 "군자는 곤궁에 처해도 의연하지만, 소인은 곤궁해지면 멋대로 행동한다."⁴⁷라며 태연한 모습을 보였다.

공자의 행로에 따라 주변 나라들이 위태로움을 느껴 견제하곤 했다. 또한 이 춘추시대엔 중원의 여러 나라들이 합종연횡하며 전쟁을 벌이기가 일쑤였는데 공자 사망 직후에는 오나라 왕 부차夫差가 월나라 왕 구천勾踐을 회계에서 물리쳤다가 다시 구천이 절치부심해 부차를 죽이

---

44 喪家之狗(상가지구) - 『사기』〈공자세가〉
45 要盟也 神不聽(요맹야 신불청) - 『사기』〈공자세가〉
46 君子亦有窮乎(군자역유궁호) - 『논어』〈위령공〉
47 君子固窮 小人窮斯濫矣(군자고궁 소인궁사람의) - 『논어』〈위령공〉

면서 '와신상담臥薪嘗膽' 고사를 탄생시켰다. 이 시절이 그 시절이다.

14년 천하주유에 앞서 젊은시절 주나라를 여행하면서 공자는 자신보다 연장자인 노자를 만났다. 노자는 초나라 사람으로 주나라에서 장서를 관리하는 사관으로 일했다. 이때 공자는 노자에게 '한 수' 배우게 된다. 주나라를 떠날 무렵, 공자가 노자를 다시 찾아 작별 인사를 하자, 노자는 "총명한 사람이 자칫 죽을 고비에 이르게 되는 데, 남을 잘 비평하기 때문이오. 또 학식이 높은 사람은 그 몸이 위태로운데, 이는 남의 결점을 잘 지적하기 때문이오. 그러므로 자식으로서 부모 앞에서 내세우지 말고, 신하로서 군주 앞에서 함부로 나서서는 아니 되오."[48]라고 한 수 지도했다. 소크라테스도 노자에게 이 말을 들었으면 입 다물고 처신하여 사형을 면했을까? 공자는 크게 새겨듣고 이 만남에 대해 "오늘 내가 노자를 만났는데 마치 용과 같은 사람이더라."[49]라고 말해, 노자에게 한 수 배웠음을 인정했다. 이후 공자는 노자의 도가적 사상을 제자들에게 전수하게 된다.

여행은 곧 그 누군가와의 만남이고 뭔가의 배움이다. 천하의 공자도 여행을 통해 배워야 했던 것이다. 공자 위에 노자가 있었다.

음악을 통해 인격을 완성하다

공자가 35세에 제나라에 갔을 때 옛날 순舜 임금의 '소韶'라는 음악

---

[48] 聰明深察而近於死者 好議人者也 博辯廣大危其身者 發人之惡者也 爲人子者毋以有己 爲人臣者毋以有己(총명심찰이근어사자 호의인자야 박변광대위기신자 발인지악자야 위인자자무이유기 위인신자무이유기) -『사기』〈공자세가〉

[49] 吾今日見老子 其猶龍邪(오금일견노자 기유용야) -『사기』〈노자·한비자열전〉

을 들은 후 석 달간 고기맛을 잃었을 정도로 감명을 받았다. 공자가 음악에 도취된 후 "음악이 이런 경지에 이를 수 있다고는 미처 생각지 못했다."[50]라며 감탄했다.

'아름답다', '예쁘다'란 뜻을 가진 '소韶' 글자가 말해주듯, 이 음악에 심취한 공자가 밥맛을 잃었다 하니 공자의 음악에 대한 심오한 경지를 엿볼 수 있다. 그러나 음악이 좋아도 그 이면의 배경과 동기에 따라 호오를 분명히 따졌다. 즉, 순 임금의 음악 '소'에 대해서는 "아름다움과 선함을 다 품었다."[51]라고 한 반면, 주나라 무왕의 음악인 '무武'에 대해서는 "아름다움은 품었지만 선함은 다 품지 못했다."[52]라고 냉정하게 비교했다. 이는 태평성대를 이끌며 왕위를 선양한 순 임금과, 칼로써 은나라를 멸하고 새 나라를 세운 주 무왕에 대한 비교 평가였다.

이렇듯, 공자는 여행을 통해 음악을 배우는 등 문화 예술 속 지혜도 섭렵했다. 공자에게 음악은 인격을 완성해가는 수단이자 예 확립의 종결판이었다. 그러니 "시를 통해 흥을 돋우었고, 예를 통해 확립했으며, 음악을 통해 완성했다."[53]라고 할 수밖에 없었다. 음악은 국정을 운영하는 데 있어서도 매우 중시되었다. 시詩로 바람직한 정치를 읊조리며 제시한 후 엄숙한 예禮를 갖춰 통치 질서를 확립하고 그 의식의 극치에 부드러운 악樂이 반드시 수반되었다. 엄숙함과 부드러운 선율, 이는 조화를 향한 중용의 의식이다. 여기서 예악禮樂이 비롯된 것이다. 우리의 종묘제례악 또한 그러하다. 엄숙한 제사 의식 다음엔 반드시

---

50 不圖爲樂之至於斯也(부도위악지지어사야) - 『논어』〈술이〉
51 盡美矣 又盡善也(진미의 우진선야) - 『논어』〈팔일〉
52 盡美矣 未盡善也(진미의 미진선야) - 『논어』〈팔일〉
53 興於詩 立於禮 成於樂(흥어시 입어례 성어악) - 『논어』〈태백〉

음악이 따랐다. 음악은 시대를 막론하고 늘 마지막 무대에서 일체감과 유대를 강화하는 의식으로 행해졌다. 불교·기독교 등 종교 의식 후에도 음악이 뒤따른다.

공자가 시詩를 중시한 것은, 인간 내면의 심상을 가장 잘 보여주는 것이기 때문이다. 이상 정치와 비판 정치를 향한 은유적인 표현이 담겨있기도 하다. 시를 알면 인간은 물론 만물의 이치를 깨달을 수 있다고 여겼다. 또한 "『시경』에 시 300여 편이 실려 있는데, 이 전체를 한 마디로 말하자면 생각함에 있어서 사악함이 없다는 것이다."[54]라고 말할 정도로 도를 이루는 근원으로 여겼다.

그래서 정리한 시 305편을 엮었는데 이것이 『시경詩經』이다. '경經'은 원래 '날줄'을 뜻한다. 골격이 되는 날줄에 수많은 씨줄인 '위緯'가 교차하면서 튼실한 옷감이 짜이듯이 날줄은 만물을 다루는 기준선 역할을 한다. 그래서 성현이 남긴 만고 진리의 법칙을 담은 글을 경전經典이라 한다. 『시경』은 시의 경전이다. 불교는 『불경佛經』을 만들었고 기독교는 『성경聖經』을 만들었다. '날줄'이 중심이 되어 다스리듯이, 세상을 다스려 백성을 구제하는 것이 '경세제민經世濟民', 즉 '경제經濟'다. 그러니 경제는 나라의 근본이며 지도자는 이 문제를 반드시 해결해야 할 사명을 부여 받았다. 한 시대를 살면서 '경천위지經天緯地'의 지도자를 만나는 것도 행운이겠다.

하지만 이 '경經'과 '위緯'가 어긋나면 문제가 생긴다. 그래서 그 문제를 일으킨 원인이 무엇인지를 밝혀내는 것이 '경위經緯'이고 그것을 제출하는 글이 '경위서經緯書'다.

---

54 詩 三百 一言以蔽之 曰思無邪 (시 삼백 일언이폐지 왈사무사) - 『논어』〈위정〉

공자는 결국, 시와 예, 음악을 통해 통치를 완성한다는 점을 강조하고 있다. 오죽하면, "제자 남용南容이 백규白圭의 시를 세 번 암송하자 공자는 자기 형의 딸을 그에게 시집 보냈다."55라고 했을까?

시에 대한 이야기는 『논어』에 종종 등장한다. "관저는 즐거워하되 정도에 지나치지는 않았고, 슬퍼하되 마음에 상처를 입지는 않았다."56라고 했는데, 이는 중용의 의미로 보면 과유불급과 맥을 같이한다. 공자가 "자장은 재주가 지나치고, 자하는 조금 못 미친다."라고 말하자 자공이 "그럼 자장이 더 낫습니까?" 하고 묻자, "지나친 것은 미치지 못하는 것과 같다."57라고 해 중용의 미덕을 강조했다.

한편, 이 '관저關雎(물수리)'는 공자가 엮은 『시경』〈주남周南〉의 첫 번째 작품에 나오는 말이다. "끼룩끼룩 물수리는 황하의 강 섬에서 울고, 얌전하고 아리따운 아가씨窈窕淑女(요조숙녀)는 임의 좋은 짝이로구나."58로 시작하는 시인데, 여기서 바로 '요조숙녀窈窕淑女'란 말이 탄생했다. '얌전하고 아리따운 아가씨'라고 하는, 지극히 아름다운 표현이다. 군주임가 애타게 찾던 '현명한 신하짝'의 은유 표현인 셈이다.

성인 공자의 존재감

그럼 공자는 무엇을 남겼고, 왜 유명할까? 사마천이 말했듯이, 오늘

---

55 南容三復白圭 孔子以其兄之子妻之(남용삼복백규 공자이기형지자처지) - 『논어』〈선진〉
56 關雎 樂而不淫 哀而不傷(관저 낙이불음 애이불상) - 『논어』〈팔일〉
57 過猶不及(과유불급) - 『논어』〈선진〉
58 關關雎鳩 在河之洲 窈窕淑女 君子好逑(관관저구 재하지주 요조숙녀 군자호구) - 『시경』〈주남-관저〉

날에도 권력가이든 학자이든 일반 국민이든 모두가 공자의 말을 세상사 옳고 그름의 판단 기준으로 삼는다.

태사공 사마천은 이렇게 말한다. "천하의 많은 군왕과 현인은 살아서 영화를 누렸으나 죽고 나서는 끝이었다. 공자는 평민이었지만 10여 대오랜 세월가 지나도 학자들이 떠받들고 있다. 천자와 왕후는 물론 6예를 말하는 자들은 모두 공자의 말씀을 기준으로 삼아 판단한다. 지극히 성인이라 할 수밖에 없다."[59]

옳고 그름의 판단을 신이 아닌 사람이 결정하는 건 이 세상에 공자뿐이다. '내 말이 옳고, 네 말이 그르기' 때문에 지금도 그 시시비비를 가려달라고 우리가 찾는 사람은 2500년 전 공자다. '공자 왈'로 옳고 그름을 판단한다. 후세 사람들은 공자를 '만세사표萬世師表(영원히 모범이 될 위대한 스승)'로 숭상하며 그의 말씀을 만고의 진리로 받아들인다.

공자는 "도리에 어긋나는 일로 부자가 되거나 신분이 높아지는 것은 나에게 뜬구름과 같다."[60]라며 가난하게 살아도 도를 잃지 않았다. 공자는 '내 편'에도 '네 편'에도 서지 않았다. 오로지 '의로운 편'에 섰다.

공자는 지자知者이자 인자仁者였다. "지혜로운 사람은 물을 좋아하고, 인자한 사람은 산을 좋아한다. 지혜로운 사람은 동적이고, 어진 사람은 정적이다. 지혜로운 사람은 인생을 즐겁게 살고, 어진 사람은 장수한다."[61]

---

59 天下君王至于賢人衆矣 當時則榮 沒則已焉 孔子布衣 傳十餘世 學者宗之 自天子王侯 中國言六藝者折中於夫子 可謂至聖矣(천하군왕지우현인중의 당시즉영 몰즉이언 공자포의 전십여세 학자종지 자천자왕후 중국언육예자절중어부자 가위지성의) - 『사기』〈공자세가〉

60 不義而富且貴 於我如浮雲(불의이부차귀 어아여부운) - 『논어』〈술이〉

61 知者樂水 仁者樂山 知者動 仁者靜 知者樂 仁者壽(지자요수 인자요산 지자동 인자정 지자락 인자수) - 『논어』〈옹야〉

공자의 고향 오늘날 곡부 시가지

　이 모든 것이 바로 공자에 해당된 말이다. 지자는 오염된 물도 마다 않고 다 받아들여 큰 바다로 안내하며 포용한다. 인자는 산처럼 변치 않고 언제나 그 자리를 지키며 보듬어 안아주고 남의 결점까지 숲속에 가려준다. 공자는 자신이 내뱉은 말에 끝까지 책임지고 행동한 후 물러갔고 그것을 교훈으로 남겼다.

　그렇게 살았던 공자는 "아침에 도를 들으면 저녁에 죽어도 좋다."[62]라는 사람이었고 마침내 그렇게 떠나갔다. 73년을 살았지만, 인류를 향한 그 위대한 가르침, 공자는 죽어서도 영원히 살아있는 성인인 것이다.

---

62 朝聞道 夕死可矣(조문도 석사가의) - 『논어』〈이인〉

『논어』 속 수많은 명구 중 중요한 12개를 뽑아 각각의 명구와 관련이 있는 우리 선현들의 발자취를 따라가 보는 여행이다. 이 여행은 그들이 어떻게 '공자님 말씀'을 실천했으며, 또한 그 현장은 어떠한 곳인지를 느껴 보는 것이다. 백성을 진정으로 사랑한 왕, 나라를 구하려 목숨을 바친 장군, 유배 중에도 나라를 걱정해야 했던 선비는 피를 토하는 심정으로 개혁을 외치며 책으로 남겼다. 공자의 가르침을 몸소 실천한 우리 선현들, 그리고 그 현장을 함께 찾아가 본다.

2부

『논어』 따라 떠나는 우리 땅 '그랜드 투어'

지도자 자신이 올바르면 백성은 명령을 내리지 않아도 행하고, 자신이 올바르지 못하면 백성은 명령을 내려도 따르지 않는다.

『논어』〈자로〉편

제1편
좋은 일도 '해야 할 때'가 따로 있다

● 정조대왕의 '사민이시使民以時' ●

〈수원〉

자왈　도천승지국　경사이신
子曰, 道千乘之國 敬事而信

절용이애인　사민이시
節用而愛人 使民以時.

〈학이〉

공자께서, "전차 1000대 규모의 나라인 제후국을 다스리려면 일을 신중하게 처리하여 백성의 믿음을 얻어야 하고, 씀씀이를 줄임으로써 백성을 아껴야 하며, 백성에게 일을 시킬 때에는 적절한 시기를 가려서 해야 한다."라고 하셨다.

원문 속 산책

흔히 '길' 또는 '도리'를 의미하는 한자 '도道'가 동사로 쓰일 때는 '다스리다.', '이끌다.'란 뜻을 나타낸다. '천승지국을 다스린다.'는 의미다.

'승乘'이란 글자를 분석해 보면, 갑골문에서는 사람人이 나무木 위에 올라가 있는 모습으로 새겨져 있다. 따라서 '올라타다.'는 의미를 가져 '(탈 것에) 타다.', '오르다.'를 뜻한다. 여기에 숫자 '4'라는 의미와 함께 숫자 다음에 위치해 기수사基數詞로서, '수레'와 '전차'의 수량 단위도 나타낸다. 따라서 '천승千乘'이라 함은 '네 필의 말이 이끄는 전차가 1000대'라는 뜻이다.

이 '천승'은 제후국의 병기 규모를 뜻한다. 반면, 천자의 나라는 '만승萬乘'을 보유한 거대 군사 강국 만승지국萬乘之國이다.

'천승'과 유사한 형태의 낱말로 '대승大乘'이 있는데 '큰 수레'란 뜻으

네 필의 말이 이끄는 전차 [린쯔 고차박물관 소장]

로, 대승불교란 말이 여기서 탄생했다. 인도에서는 '마하 야나maha yana(큰 수레)'라고 한다. BC.2세기~BC.1세기 무렵, 기존의 출가자승려만의 종교였던 불교를 민간의 재가자까지 두루 제도濟度한다는 불교 개혁운동에서 탄생했다. 큰 수레라야 더 많은 사람을 태워 갈 수 있기 때문이다. 이것이 대승불교인데, 이 운동이 일어나면서 기존의 불교는 소승불교라고 하는, 격하된 의미로 불리게 됐다. 이제 우리도 매사에 사소하게 얽매일 게 아니라 '대승적大乘的' 차원에서 하나가 되어야겠다.

'사민이시'의 시사점

군자의 네 가지 도道 가운데 하나가 "백성을 부릴 때에는 올바른 방도로 해야 한다."[1]라는 것이다.

큰 조직, 즉 나라를 잘 움직이게 하려면 조직원인 백성의 마음을 사야 한다. '옳은 일'인가 하는 판단과 함께 또한 '때'가 중요하다. '절묘한 타이밍'을 잘 선용해야 한다. 해야 할 때 하고, 말아야 할 땐 그만둔다. 아무리 좋은 일이라도 때를 못 맞추면 백성은 등을 돌린다. 옛날에 백성을 부릴 때는 농한기에 맞춰 동원했다.

---
1 其使民也義(기사민야의) - 『논어』〈공야장〉

국정에 동참할 수 있도록 소통하고 비전을 공유해야 하며 무엇보다도 백성이 팔 걷고 나설 수 있을 때를 봐서 손을 내밀어야 한다. 백성이 바라는 이로운 바대로 해줌으로써 은혜를 낭비하지 않는 것이 되고, 동원해도 될 만한 일인지 택하여 부린다면 누가 원망하겠는가?[2]

부릴 때도, 백성에게 예로써 동원해야지, 그렇지 않으면 옳은 일이라 할 수 없다.[3] 나아가 "시키기 전에 자신이 먼저 하고 나서 시켜라."[4]라고 했다. 공자는 그러기 위해선 '무권無倦'[5]을 강조했다. '게으름을 피우지 말라.'는 뜻이다.

『중용』에서도 유사한 표현 '시사時使'와 '박렴薄斂'이라는 말로 백성을 보듬는다. "때에 맞게 일을 시키고 세금을 적게 거두는 것이 백성을 권면하는 방법이다."[6] 이 '박렴'을 하려면 '절용節用'을 해야 한다. 그렇지 않으면 가렴주구가 뒤따른다. 과도한 세금 징수는 백성을 괴롭히는 또 하나의 '경제적 동원'이다. 이처럼 예로부터 권력을 휘두르는 정치가 아닌, 백성을 사랑하는 정치가 통치의 근본이었다.

오늘날 조직 사회에서도 사민이시의 중요성은 한결같다. 윗사람이 아랫사람에게 일을 시킬 때도 아랫사람이 처한 현실을 잘 살펴서 적기에 시키면 효과도 크게 향상될 것이다. 이것이 또한 배려이고 일을 장려하는 선순환이 된다. 무작정 마구 시키면 일을 받는 사람은 무슨

---

2 因民之所利而利之 斯不亦惠而不費乎 擇可勞而勞之 又誰怨(인민지소리이리지 사불역혜이불비호 택가로이로지 우수원) - 『논어』〈요왈〉

3 動之不以禮 未善也(동지불이례 미선야) - 『논어』〈위령공〉

4 先之勞之(선지로지) - 『논어』〈자로〉

5 無倦(무권) - 『논어』〈팔일〉

6 時使薄斂 所以勸百姓也(시사박렴 소이권백성야) - 『중용』〈제20장〉

수원화성 _ 화성행궁

일을 먼저 해야 할지 시간을 낭비하고 마음을 거스르게 된다.

인심이 천심이고, 백성이 하늘이다. 백성의 마음을 따르는 것이 순리이듯이, 나라를 다스리는 데도 순리를 따라야 한다.

위나라 실력가 왕손가王孫賈가 공자에게 군왕이 아닌 자신을 가까이 섬기라고 하자, 공자는 "하늘에 죄를 지으면 빌 곳이 없다."[7]라고 잘라 말했다. 하늘에 짓는 죄는 결국 '양심의 죄'다. 양심의 가책을 느끼면 빌 곳이 없다. 공자는 권력으로만 다루려 하고 순리를 거스른 왕손가의 요구를 단호하게 거절했다.

왕손가가 백성의 마음을 얻지 못한 것이다. 먼저 민심을 얻어야 한

---

7 獲罪於天 無所禱也(획죄어천 무소도야) - 『논어』〈팔일〉

다. 신뢰를 얻지 못한 채 부리면 백성은 자기를 괴롭힌다고 생각한다.[8]

정조대왕의 '사민이시使民以時'

수원화성 건설은 정조正祖가 정통성을 세우고 왕권을 강화하는 데 있어서 매우 중요하고 시급한 프로젝트였다. 생부 사도세자의 죽음이 죄인으로 규정된 이상, 정조에게는 항상 '죄인의 아들'이라는 꼬리표가 붙어다녔고 자신의 정통성 구축을 위해서는 반드시 사도세자의 신원이 회복되어야 했다. 하지만 할아버지 영조英祖는 사도세자의 복권을 금하는 엄명을 유언으로 남겼으니 고도의 전략이 필요했다.

정조는 할아버지의 유언을 거스르지 않고 아버지 사도세자의 신원을 회복하려면, 자신이 아닌 아들순조(純祖)이 해야 한다고 생각했다. 마음은 급해도 길게 돌아가는 길이 정석이라 판단했다. 그렇게 되면 순조는 아버지 정조의 뜻을 받들어 할아버지 사도세자의 한을 풀 수 있기 때문이다. 그래서 조기 양위까지 구상했다. 정조가 즉위 후 13년간 철저히 마음 속으로 준비한 첫걸음이 양주군 배봉산현 서울 청량리 인근에 있던 사도세자의 묘 영우원을 수원으로 천장하는 것이었다. 영우원을 천장1789년하자 아들이 없던 38살의 정조는 이듬해 순조조선 제23대 왕를 낳았다. 이어 5년 후 1794년 수원화성 공사를 시작하게 된다.

이 원대한 이상향, 향후 10년을 목표로 삼아 완공 시점 1804년에 자신은 은퇴 후 어머니 혜경궁 홍씨와 함께 수원화성에서 생활한다는 구상이었다. 1804년은 순조 나이 15세가 되고, 어머니는 칠순을 맞는

---

8 信而後勞其民 未信則以爲厲己也(신이후로기민 미신즉이위려기야) - 『논어』〈자장〉

해다.

수원화성은 정조가 왕위의 정통성 구축과 함께 이상향을 건설하는 결정체였다.

그런 정조에게 자신의 시급한 개혁 과제와 백성을 향한 사랑 사이에서 스스로 우선 순위를 결정해야 할 상황에 부딪혔다. 두 가치의 충돌이다.

"근래의 찌는 듯한 더위는 근년에 처음 있는 일이고, 어제 오늘의 따가운 열기는 근래에 처음 보는 일이다. 성 쌓는 일을 중단하라."[9]

한시가 급한 공사를 한여름 무더위가 이어지자 정조는 수원화성 축성 노동자들의 노역을 중지시키라고 전교했다. 정조는 돌을 뜨고 기와를 굽는 일은 뙤약볕에서 하게 되므로 서늘한 기운이 들 때까지 멈추도록 지시했다. 대신 처서處暑, 양력 8월 23일 무렵 전이라도 서늘한 기운이 들면 그때 다시 일을 독촉해도 될 것이라며 노동자들의 건강부터 챙겼다.

앞서 정조는 "불볕 더위에 헐떡거리며 일할 노동자들을 생각하니 어찌 밥맛이 달고 잠자리가 편할 수 있겠느냐?"라며 노동자들을 위해 특별히 주문해 만든 척서단滌暑丹(더위 먹은 병을 치료하는 환약) 4000정을 보내기도 했다. 그러면서 "속이 타거나 더위를 먹은 증세에 1정 또는 반 정을 정화수에 타서 마시도록 하라."[10]라며 전문의와 같은 처방법까지 상세히 하달했다. 정조는 의학에도 해박한 군주였다.

1794년, 수원화성을 건설하던 해는 전국적으로 흉년까지 극심했다.

---

[9] 『정조실록』〈40권〉, 정조 18년(1794) 7월 6일 기사
[10] 『정조실록』〈40권〉, 정조 18년(1794) 6월 28일 기사

정조는 신하들이 모인 자리에서 "전에 없던 흉년을 만나 백성들 사정이 가을, 겨울에도 이렇게 황급한 데 내년 봄 사정은 알 만하다. 나는 성 쌓는 공사를 중지하는 것이 현재 황정荒政(흉년에 백성을 구제하는 정책)의 가장 급선무라고 생각한다."[11]라며 절박한 자신의 개혁 프로젝트마저 뒤로 미루고 백성들을 어루만졌다.

화성 축조 공사는 10년을 예상한 대역사다. 공사라는 것은 공기가 지연되면 비용이 크게 증가한다.

원로 대신 영중추부사중추부 정1품 관직 채제공蔡濟恭은 이 점을 우려했다. 채제공은 정조에게 "공사를 중단하는 것은 매우 어려운 일입니다. 팔도에서 모은 사람들인데, 지금 돌려보낸다면 몇 년 후에 다시 모으기는 어려울 것입니다. 또 자원해 공사로 입에 풀칠하는 사람들을 돌려보낸다면 그 낭패가 어떠하겠습니까? 성 쌓는 공사도 흉년에 구제하는 한 가지 정책입니다. 훗날 물력의 소비는 반드시 처음보다 배가 될 것입니다."[12]라며 공사 강행을 주장했다. 좌의정 김이소, 우의정 이병모도 채제공의 말에 동조해 중단해서는 안 된다고 한목소리를 냈다. 정조는 흉년에 노역을 시킨다는 것 자체에 마음의 부담을 안았던 것이다.

그 해 겨울, 삼남三南(충청·전라·경상도)과 경기 지역 백성들이 굶주려 쓰러진다는 보고를 받고 정조는 "성 쌓는 공사가 아무리 중요하다 해도 차례가 있는 법이다. 성은 올해 쌓을 수 있고 내년에도 쌓을 수 있으며 10년까지 끌고 갈 수도 있지만, 백성들은 하루 굶기고 이틀 굶기

---

11 『정조실록』〈41권〉, 정조 18년(1794) 10월 19일 기사
12 『정조실록』〈41권〉, 정조 18년(1794) 10월 19일 기사

어 한 달까지 참게 할 수는 없는 것이다."[13]라며 또다시 백성들을 걱정했다.

이에 채제공 등 신하들이 결국 왕명을 따랐다.

정조는 수원화성 공사를 시작하면서 처음엔 백성을 동원하지 않을 생각까지 했다. 그러자 채제공이 정조의 과도한 애민 정치에 대해, 나라에 큰 역사役事가 있을 땐 백성을 부리는 것이 나라를 다스리는 관례라고 말한 뒤, 공자도 '백성을 시기 적절히 부린다사민이시(使民以時).'고 했지 부리지 말라고 하지 않았다며 상소했다. 나아가 '사랑한다면 수고롭게 시키려 해야 한다.'는 말이 있다며 이것이 곧 의리인데, 이 의리를 저버리는 것이라고 말할 정도였다.

화성 공사가 마무리 되어가던 1796년 8월 19일, 정조는 수원화성 동장대에서 대호궤大犒饋(큰 잔치)를 열어 노고를 치하했다. 승지 김조순을 시켜 돼지 10마리를 잡아 채제공 등 고위 대신과 기술자, 공사에 참여한 2702명에게 연회를 베풀어 준 것이다. 인건비를 주고 노동을 시켰지만 감사의 '한 턱'까지 사례한 것이다.

정조는 백성들에게 특히 세심한 배려를 했다. "경기의 여덟 고을에서 나무를 심는 일로 해마다 백성들을 부렸는데 수령에게는 수고에 보답하는 일을 대략 베풀었으나 백성들은 동일하게 혜택을 입지 못하였다. 소중한 일을 위해 백성들을 부렸으니 당연히 감사하게 여기는 뜻을 보여주는 정사가 있어야 될 것이다. 올해 조금 풍년이 들었다 하여 작년에 기한을 물려준 환곡을 독촉하여 받아들이려 한다는 말을 들었는데, 이 시기에 은혜를 베풀면 실정에 맞는 정사라고 이를 수 있

---

13 『정조실록』〈41권〉, 정조 18년(1794) 11월 1일 기사

을 것이다. 8개 고을의 임자년 몫 환곡으로 민간에 있는 것들을 특별히 받아들이지 말도록 하라."¹⁴라 하고, 또 수원부에도 이웃 광주 등지의 고을에 적용한 예에 따르도록 명했다.

정조는 사도세자의 무덤인 현륭원¹⁵ 앞에 저수지 만년제萬年堤를 백성 한 사람 동원하지 않고 짧은 기간에 완성한 것에 대해 크게 기뻐했다. 때마침 봄철 농번기라 백성을 동원하기 곤란했을 것이다. 그리고 백성들의 메마른 논에 물을 댈 수 있었으니 군주의 마음이 얼마나 흡족했겠는가?

국가의 3요소는 영토, 국민, 주권이다. 국민은 나라의 주인이기도 하다. 동시에 국가에 의무를 져야 한다. 국민으로서 태어나 죽을 때까지 피할 수 없는 것이 바로 세금, 조세의 부담이다.

세금은 나라별 시대별 여러 형태로 존재했는데, 특히 신역身役이라고 하는 육체적 노동도 신분에 따라 국민이 져야 할 부담이었다. 대규모 공사 등 국가적 행사에 동원되어야 했다.

하지만 정조는 무더운 날, 흉년이 든 때는 공사를 중단시켰다. 일을 시키는 것도 때가 있다는 것이 바로 정조의 철학이었다. 백성을 위한 정치가 자신의 정치를 위한 정치에 우선했다.

정조는 "노약자나 부녀자, 귀머거리까지 이 나라의 모든 백성 치고 다 나의 적자가 아닌 이가 없다."¹⁶라고 했다. 모두가 '나의 백성'인 것이었다. 진정한 성군은 백성을 그렇게 생각하는 것이다. 10년을 계획

---

14 『정조실록』〈38권〉, 정조 17년(1793) 10월 18일 기사
15 영우원을 수원으로 천장한 후 현륭원이라 고쳐 불렀다. 고종 때 융릉으로 격상됐다.
16 『정조실록』〈41권〉, 정조 18년(1794) 11월 1일 기사

했던 수원화성 공사는 잠시 중단을 했지만 2년 9개월 만에 완공하는 괴력을 발휘했다. 우리가 간절히 바라는 지도자상이다.

백성만 생각한 진정한 성군 정조正祖 : 1752~1800, 재위 1776~1800

정조 이산李祘은 1752년 사도세자와 혜경궁 홍씨 사이의 둘째 아들로 태어났다. 형 의소세손이 정조가 태어나던 해, 세 살로 요절했기 때문에 사실상 장남이 되었다.

정조는 11살 때 아버지 사도세자가 뒤주에 갇혀 죽임을 당하는 아픔을 삼켜야 했다. 노론 세력을 싫어했던 사도세자는 노론 벽파에 의해 죄인으로 몰렸다. 때문에 정조도 '죄인지자 불위군왕罪人之子 不爲君王' 처지에 몰렸다. 죄인의 아들은 임금이 될 수 없기에 할아버지 영조는 정조를 자신의 맏아들이자 사도세자의 이복형인 효장세자의 양자로 입적한 뒤 세손으로 삼아 왕위를 물려줬다. 효장세자는 정빈 이씨의 아들로 10세에 이미 죽었다. 효장세자는 정조가 즉위하면서 진종眞宗으로 추존됐다.

정조는 왕이 되는 길도 험난했지만 25세에 왕위에 올라 두 차례 암살 위협을 받고 24년 간 재위하던 49세에 영욕의 24년을 뒤로 하고 승하했다.

생부 사도세자를 죽음으로 몰고간 노론 벽파 세력 때문에 정치력을 발휘하기가 쉽지 않았지만 남인 채제공을 비롯해 정약용 등 인재를 적절히 활용함으로써 견제 세력으로 키워 가기도 했다.

정조가 세종과 함께 조선 최고의 성군 반열에 오른 것은 바로 백성을 위한 사랑과 개혁을 추진했기 때문이다. 규장각을 설립하고 정약용을 비롯한 초계문신을 중심으로 조선의 르네상스를 꿈꿨던 정조였다.

군왕으로서 정조는 일이 안 풀리면 모든 것을 자신의 탓으로 돌렸다. 기상 이변 조차도 하늘 탓이 아닌 자신의 탓으로 돌렸다. 겨울에 얼음이 얼어야 저장해 뒀다 여름에 쓰는데 봄이 다가오는데도 얼음이 얼지 않자 정조는 "곰곰이 그 이유를 생각해보니 누구에게 잘못이 있는 것인가? 첫째도 내가 부덕한 탓이요, 둘째도 내가 부덕한 탓이다. 얼음이 얼지 않으면 기근이 든다고 했는데, 생각이 여기에 미치니 차라리 죽고 싶은 심정이다."[17]라며 자신의 탓으로 돌렸다. 이것이 성군 정조 리더십의 출발점이다.

'사민이시' 정조의 '수원화성' : "아름다움은 적을 두렵게 한다."

정조가 야트막한 수원 팔달산八達山 꼭대기에 올랐다. 해발 146m로 낮지만 주변이 모두 평원이다 보니 동서남북 사방팔방을 한눈에 조망할 수 있는 산이다. 그래서 일찍이 태조太祖 이성계가 이 산을 팔달산이라 이름했다 전한다.

정조는 팔달산 동쪽 평원에 성을 쌓고 새로운 도시를 건설하고자 했다. 아버지 사도세자의 묘역을 수원 읍치에 조성하다 보니 그곳 민가를 옮겨야 했는데 바로 이곳으로 이전해 도시를 만들기로 한 것이다. 도시 이름도 다시 지었다. 화성華城이다. 이로써 수원도호부는 화성유수부로 승격됐다. 성과 도시가 하나의 이름을 갖게 된 것이다.

---

17 『정조실록』〈6권〉, 정조 2년(1778) 12월 19일 기사

'화성'이란 이름을 사용한 것에 대해 정조는 다음과 같이 말했다. "현륭원이 있는 곳의 산이 화산花山이다. 화華 땅을 지키는 사람이 요堯임금에게 세 가지 축원한 뜻[18]을 취하여 이 성의 이름을 화성華城이라고 하였는데 화花자와 화華자는 통용된다. 화산의 뜻은 대체로 8백 개의 봉우리가 이 한 산을 둥그렇게 둘러싸 보호하는 형세가 마치 꽃송이와 같다 하여 이른 것이다."[19]라고 설명했다.

이렇게 하여 축성1794~1796년하니 총 길이 5.7km의 오늘날 수원화성이다. 우리나라의 초기 근대 석조 건축물의 꽃이다. 그 성격은 정치·군사적 함의를 갖지만 실로 이를 뛰어넘는 창의적인 건축과 예술의 꽃으로 승화된다.

성에는 문이 있기 마련이다. 서울 한양도성에 사대문이 있듯이 수원화성에도 동서남북 4개의 대문이 있다. 창룡문蒼龍門(동문)·화서문華西門(서문)·팔달문八達門(남문)·장안문長安門(북문)이 그것이다. 이들 문이 모두 옹성을 갖추고 있는 것도 특징이다. 이는 강력한 수비망을 갖추고 성에서의 공격력을 강화하는 장치다. 한양도성과 구별되는 조선후기 성벽의 진보된 축성 양식이다.

아쉽게도 일제 강점기에 많이 훼손됐고 6.25 한국전쟁 때도 폭격을 맞아 무너지기도 했지만 『화성성역의궤華城城役儀軌』라는 완벽한 기록물이 있었기에 그대로 재현해낼 수 있었다. 이것이 유네스코 세계문화유산에 등재될 수 있었던 밑알이 됐다. 벽돌 한 장 크기와 재질까지도 기록돼 있다.

---

18 요임금이 화(華) 지방을 돌아볼 때 그곳을 지키는 봉인이 세 가지 축원한 일. 곧 장수(長壽)·부(富)·다남자(多男子)로 후세에 송축하는 말로 쓰인다. -『장자』〈천지〉
19 『정조실록』〈39권〉, 정조 18년(1794) 1월 15일 기사

수원화성 _장안문

    수원화성에는 성곽을 따라 총 48개의 시설물을 건축했다. 놀라운 것은 모두 모양과 양식이 다른 창의적인 건축물이라는 데 있다. 때문에 수원화성 자체가 하나의 거대한 종합 예술품인 것이다.

    이곳에는 두 개의 장대將臺가 있다. 장수가 병사들을 훈련 사열할 때 지휘하던 곳이다. 동쪽에 동장대, 서쪽에는 팔달산 정상에 서장대를 지었다. 화성을 축성하면서 정조는 "아름다움은 적을 두렵게 만든다."라며 성곽의 건축물도 아름답게 짓게 했다. 이는 말하자면 '디자인 경영'이다. 동장대 또한 바로 그 웅장함과 수려함을 반영해 탄생시킨 걸작 중 하나다. 연무대鍊武臺라고도 불린 동장대에선 각종 위민 행사를 베풀기도 했다. 이 연무대라는 이름이 있어, 오늘날 논산 훈련소를 연무대라 부른다.

    장안문은 정조가 한양에서 내려올 때 들어오던 관문이므로 정문 역할을 했다. 보통 정문은 남쪽에 위치하지만 한양이 북쪽이고 임금이 기준이 돼야 하니 장안문이 그 역할을 했다. 이름을 '장안長安'으로 한

수원화성 _ 팔달문

수원화성 _방화수류정

것도 이 정문을 들어서면 곧 '장안시내'이라는 의미다. 또한 임금의 만수무강의 의미도 담고 있다. 남쪽의 팔달문은 정조가 사도세자의 현륭원에 갈 때 드나들었던 문이다. 갖출 것을 다 갖춘 완벽한 성문이다. 이 문으로 삼남지방을 두루 오갈 수 있으니 팔달문인 것이다.

　4대문 중 보물로 지정된 것은 팔달문제402호과 화서문제403호이다. 다른 문들이 훼손되고 피폭될 때 살아남은 온전한 문이기 때문이다. 화서문 현판 글씨는 당시 채제공이 썼다. 이 문이 있어 주변이 화서동이다. 화서문 밖 화서역 주변에는 '꽃뫼마을'이라는 이름의 아파트가 많은데, 서글픈 전설이 서려있다. 옛날 홀아버지를 모시며 효심 극진했던 처녀가 자기집 머슴에게 몸이 더럽혀진 후 죽었는데 그 무덤에서 해마다 꽃이 화려하게 피어 꽃잎이 휘날렸다고 한다. 그 뒤로 그 무덤을 '꽃뫼'라 불렀고 주민들은 음력 8월 동제를 지내왔다.

수원화성 _동북공심돈

　방화수류정訪華隨柳亭은 언덕 위 작은 정자로, 지극히 아름다운 건축물이다. 공식 명칭은 4개의 각루角樓 중 하나인 동북각루이다. 평상시에는 정자 기능을, 전시에는 포루로 기능이 전환된다. 정조가 이곳에 행차해 활을 쏘기도 했다. 성곽 밖 연못과 함께 미의 극치를 연출한다.
　두 개의 수문 중 북수문인 화홍문華虹門은 무지개 모양을 한 7개의 홍예문으로 건축됐다. 홍예문을 만드는 이유는 무지개 너머 이상향을 추구한다는 의미도 있다. 그 수문 위에 건축물까지 지은 특이한 구조이다. 이곳은 외부에서 성 안으로 물이 들어오는 곳이므로 신성한 물이 들어오길 염원했다. 그래서 화홍문 앞 양쪽에 돌로 만든 이무기 상이 나란히 있다. 이무기가 있으면 물이 마르지 않는다는 믿음이 있었다. 옛날 아들을 소망한 여성들이 이 돌가루를 긁어 먹으면 아들을 낳는다 하여 이무기 석상의 얼굴이 많이 망가져 버렸다.

수원화성 _ 봉돈

　창룡문과 동장대 사이에 있는 동북공심돈東北空心墩은 중국 천진의 계평돈薊平墩을 본떠 지은 특수한 구조물이다. 원통형 벽에 난 구멍은 적에게 화력을 쏟아 부을 포구砲口다. 우리에겐 매우 낯선 건축물이지만 선진 기법을 과감히 수용한 사례다.

　또 하나 특징적인 것은 봉돈烽墩이다. 정보를 주고받는 봉화 기능과 포를 쏠 수 있는 돈대 기능을 동시에 갖춘, 조선 역사상 유일한 형태의 군사 시설물이다. 봉화는 산 정상에 있기 마련이지만 성곽 위에 설치한 것도 또 하나의 특징이다. 현장을 지휘했던 장수 출신의 화성유수 조심태의 아이디어라고 한다. 그만큼 수원화성은 창의력을 발휘한 걸작품의 진열장 같은 곳이다.

　이 화성 안에 행궁이 있다. 팔달산 동쪽 사면에 동향으로 자리잡았다. 행궁行宮은 왕이 궁궐을 떠나 머무는 임시 어소를 말하는데 화성행궁은 정조가 은퇴 후 살기 위해 지은 특별한 행궁이다. 때문에 경복궁·창덕궁과 같은 정궁의 형식인 삼조삼문三朝三門을 갖추었다. 삼조 중 치조治朝 공간은 혜경궁 홍씨의 진찬례가 열린 봉수당과 유여택이다. 봉수당奉壽堂은 화성행궁의 핵심 건물이다. 이름에서 보듯 만수무강의 소망을 담았다.

정조는 수원을 상업 및 농업도시로 육성했는데 이때 화성 외곽 동서남북으로 저수지를 만들었다. 가장 대표적인 저수지가 장안문 밖 송죽동에 있는 만석거萬石渠다. 이곳에 대유둔大有屯 국영농장을 만들고 농업용수를 확보하기 위해 만석거를 만든 것이다. 얼마나 많은 곡식을 생산하기 위한 염원이었던지 이름 '만석萬石'에서도 드러난다. '만 섬의 쌀', 즉 '많은 양의 쌀'을 생산하기 위한 저수지였다. 이처럼 매사에 목표 지향적 좌표를 세웠다. 수원에 서울대학교 농과대학, 농업진흥청현재는 전북 전주시로 이전 상태이 있었던 것은 이와 무관치 않다.

정조 당시엔 같은 수원에 있었지만 현재는 도시가 분리돼 경기도 화성시에 속해 있는 융건릉隆健陵과 용주사龍珠寺도 정조의 피와 땀의 흔적이다. 융릉은 아버지 사도세자와 혜경궁 홍씨의 합장릉이다. 건릉은 정조와 부인 효의왕후의 합장릉이다.

융건릉의 동쪽에 위치한 용주사는 정조가 사도세자의 묘를 이전한 후 능찰로 삼기 위해 세운 사찰이다. 정조는 단원 김홍도를 보내 사찰 건설을 돕게 했다. 삼문三門이 있는 등 유교적 색채가 짙은 사찰이다. 용주사는 시인 조지훈의 시 '승무'의 탄생지이기도 하다.

우리 땅 그랜드 투어

수원엔 또 무엇이 있나?

수원화성박물관은 수원화성에 대한 각종 자료들을 볼 수 있는 곳이다. 수원화성과 화성행궁의 실체와 함께 이론적인 지식을 곁들일 수 있다. 화성행궁 앞쪽 수원천 건너편에 위치해 있다.

수원에는 **해우재**解憂齋라는 독특한 화장실 문화 전시관이 있다. 장안구 이목동에 있는 해우재는 사찰에서 말하는 화장실 '해우소'에서 따온 말로 '근심을 푸는 집'이다. 수원은 세계 화장실 문화 운동의 발상지로서, 해학적이면서도 초자연적인 모습의 조형물 속으로 들어가 인간의 배설물에 대해 진지하게 생각해 보게 하는 공원이다.

다소 생소한 축구박물관도 있다. **수원축구박물관**은 2002년 6월 18일 월드컵 한국 대 이탈리아 16강전에서 혈투를 벌였던 연장 후반 12분, 당시 이탈리아 프로축구 페루자 소속 안정환의 극적 헤딩 결승골로 한국이 2:1 승리한 감동을 그대로 전해줄 박물관이다. 1882년 한국 최초의 축구화, 1950~1970년대의 축구용품, 1960년대 한국 대표 선수단 명단, 박지성 기념 코너 등이 있어 축구에 관심이 많은 사람들에게 흥미로운 시간을 제공한다.

광교상현IC 남쪽 영통구 하동에 있는 광교호수공원은 총 6.5km의 순환 보행로를 가진, 우리나라 도심 속 호수 공원으로는 매우 큰 규모를 자랑한다. 동쪽의 신대저수지와 서쪽의 원천저수지가 있고 그 사이에 각종 시설물을 갖췄다. '물의 도시' 수원水原을 상징이라도 하듯 친자연 환경 속 다양한 수변 시설을 갖추고 있어 산책하기에 아주 좋다.

수원은 통닭거리로도 유명하다. 팔달문을 들어서면 직선으로 난 대로 정조로正祖路와 수원천 사이에 가게가 빼곡하게 있다. 1970년대부터 형성된 통닭집들은 이제 전국적인 명성을 갖고 있다.

수원화성박물관

함께 이야기할 만한 사람인데 이야기하지 않으면 사람을 잃는 것이요, 함께 이야기할 만한 사람이 못 되는데 이야기하면 말을 잃게 된다. 지혜로운 사람은 사람도 잃지 않고 말도 낭비하지 않는다.

『논어』〈위령공〉편

제2편
옛것에서 새로운 것을 창조한다

• 이황의 '온고지신溫故知新' •

〈안동〉

자 왈
子曰,

온 고 이 지 신　가 이 위 사 의
溫故而知新 可以爲師矣.

〈위정〉

공자께서, "옛것을 잘 익혀 새로운 것을 알아내면 스승(군자)이 될 수 있다."라고 하셨다.

원문 속 산책

'온溫'에는 '따뜻하다.'는 뜻과 함께 '익히다.', '학습하다.', '복습하다.' 란 의미도 있다. 물을 뜻하는 '삼 수氵' 변이 말해주듯, 받아둔 지 오래된 물은 차갑지만 다시 불을 지펴 끓이면(복습하면) 따뜻해진다는 진리를 품고 있다. 그래서 옛것을 다시 갈고닦으면(데우면) 따뜻한 새것으로 만들어 낼 수 있다는 것이다.

'스승이 될 수 있다.'란 말은 군자가 될 수도 있고, 신지식으로 무장해 앞서가는 사람이 될 수도 있다는 의미다.

'온고지신'의 시사점

천상천하에 완전히 새로울 것이 없다. 모두 어제의 일이 바탕이 되

온고지신의 상징물 호자
[국립부여박물관 소장]

어 오늘을 거쳐 내일의 일로 이어져 간다. 과거에 대한 올바른 지식과 이해가 없으면 현재를 통찰할 수 없고, 미래를 제대로 준비해 나갈 수 없다.

우리 헌법에서도 이를 놓치지 않는다. 헌법 제9조는 '국가는 전통문화의 계승·발전과 민족문화의 창달에 노력하여야 한다.'이다. 전통을 '계승'하고 새로운 '창달'을 위해 노력해야 한다는 것이다. '온고지신'을 대변한 말이다.

연암 박지원의 법고창신法古創新도 같은 맥락의 표현이다. 즉, '옛것을 바탕으로 해서 새로운 것을 만들어 낸다.'는 것이다. 옛것을 답습만 하면 발전이 없으므로 그 시대에 맞는 창조 정신이 반영돼야 한다는 것이다. 그렇다고 옛것 자체를 없애면 근본이 없는 것이 되므로, 근본 위에서 창조를 더해야 한다.

100여 년 전에 발명된 전화기, 카메라, 타자기, 전자계산기 등 옛것을 다시 들여다보고 새로운 아이디어를 떠올려 만들어 낸 것이 오늘날 첨단 스마트폰이다. 그 속 하나 하나의 기능들은 사실 새로울 것이 없다. 그러나 그 옛 바탕 위에서 칩이라는 창조물을 반영한 결과는 가히 메가톤급 물건이 되었다. 이 스마트폰은 앞으로 또 다른 창조물을 낳을 것이다.

1500년 전 우리 조상들이 토기로 만든 소변기 호자虎子가 오늘날 응용돼 병원에서 화장실을 이용할 수 없는 환자의 소변용 의료기기로 사용되고 있음을 알고 나면 깜짝 놀랄 일이다. '옛것'은 창조의 어머니이다.

옛것을 이해하고 내 것으로 만들어 즐길 줄 알아야 창조로 이어진다. 공자는 "아는 것보다는 좋아하는 것이 더 낫고, 좋아하는 것보다는 즐기는 것이 가장 좋다."[20]라고 말했다. 공자 스스로도 "옛것을 믿으며 좋아한다."[21]라고 분명히 말하고 있다.

공자가 제자 자공과 시에 관해 토론하다가 이해력이 빠른 자공에게 "지나간 것을 말해 주니 다음에 올 일을 아는구나."[22]라며 칭찬했고, 배우기를 좋아한 안회에 대해 "같은 잘못을 두 번 저지르지 않았다."[23]라고 극찬했다. 역시 옛것을 알면 다가올 것을 알 수 있고, 과거의 잘잘못을 꿰고 있어야 같은 잘못을 되풀이하지 않음을 보여준다.

'과거'는 거울로 삼아야 할 교훈이다. '과거'는 곧 '미래'다. '과거'를 배워서, '미래'를 내다보기 때문이다. 끔찍한 고문으로 악명 높았던 옛 형무소를 보존하는 이유도 과거의 잘못을 반면교사로 삼기 위함이다. 과거가 지워지는 순간부터 과거는 잊힌다.

---

20 知之者 不如好之者 好之者 不如樂之者(지지자 불여호지자 호지자 불여락지자) - 『논어』〈옹야〉
21 信而好古(신이호고) - 『논어』〈술이〉
22 告諸往而知來者(고제왕이지래자) - 『논어』〈학이〉
23 不貳過(불이과) - 『논어』〈옹야〉

이황의 '온고지신溫故知新'

문밖에서 '이서방' 하고 부르는 소리에 정신이 번쩍 든 24살1524년 청년은 그제서야 자신이 누군지, 무엇을 해야 하는지를 다시 깨닫게 되었다. 그는 조선 최고 학자로 칭송받는 퇴계 이황이었다.

인생 역정 한바퀴 돈 시점인 1568년 7월, 68세의 퇴계는 새 임금 선조宣祖(1567년 즉위)의 간곡한 부름으로 한양으로 다시 올라왔다.

조선 최초 방계에서 탄생한, 전혀 준비되지 않은 16살의 왕 선조, 그리고 노환의 퇴계, 종묘사직을 생각하니 둘 다 앞이 캄캄하긴 마찬가지였다. 퇴계는 선조 임금이 된, 중종中宗의 일곱째 아들 덕흥군德興君의 3남인 하성군河城君 균鈞의 긴급 과외선생이 되어야 했다.

퇴계의 학문 방식은 옛글을 읽고 외우는 데서 끝나는 것이 아니라, 그 내용으로 자기 성찰하는 데 있었다. 진정한 도학道學(성리학)을 추구했다. 그리고 그것을 자신의 것으로 체화해 냈다.

퇴계는 고려 때 들어온 성리학性理學이 자신의 시대인 조선 중엽이 되어서도 체계화 되지 못한 것을 한탄해 하며 고전 속으로 들어가 성찰함으로써 내일 가야 할 길을 찾았던 것이다. 고전 속에 묻혀 송나라 주자朱子(본명은 주희)의 '이기이원론理氣二元論'을 발전시켰고 나아가 조선 성리학을 집대성한 성현으로 자리매김했다. 주희는 만물의 근원을 '이理', 음양오행을 '기氣'라 하고, '이'는 만물에 '성性'을 주고 '기'는 만물에 '형形'을 주는데 사람의 '성'에 있어서 '이'는 본연의 성, '기'는 기질의 성이 된다는 것이다. 여기서 '성'과 '이'의 개념을 바탕 삼은 학문이 바로 '성리학'이다.

퇴계가 옛것에서 새길을 제시한 온고지신의 완성작은 『주자서절요

朱子書節要』와 『무진육조소戊辰六條疏』, 『성학십도聖學十圖』 등이다. 자신에 앞선 선현들의 이론을 바탕으로 해 자신의 학문적 독창성으로 완성시킨 『성학십도』는 '준비되지 않은' 선조의 '성군聖君 교과서'로 만들어졌다. '성학'이란, 말 그대로 '성인聖人이 되기 위한 학문'이다. 성인은 인간으로서 도달할 수 있는 최고의 경지다. 그 길로 가기 위한 유교 철학적 지침을 10가지 도표로 간결하게 설명한 것이 『성학십도』다.

퇴계는 『성학십도』를 바치며 어린 임금께 두 번 절하고, "먼저 뜻을 세우시어 '순舜 임금은 어떤 사람이고 나는 어떤 사람인가를 비교한 후, 나도 노력하면 순 임금처럼 된다.'라고 생각하시어 공부에 힘쓰시길 바랍니다."[24]라며 당부했다. 이어 10폭 병풍과 수첩에 이 내용을 담아 방 안에 두고 수시로 익히기를 청했다. 『성학십도』는 생이 얼마 남았을지 모를 조선 최고 학자가 아무것도 모르는 어린 왕에게 해줄 수 있는 마지막이자 모든 것이었다. 그리고 무거운 발걸음으로 고향 예안禮安(지금의 안동)으로 내려간 이듬해 이 성현은 마침내 눈을 감았다.

퇴계 선생은 조선의 수많은 선비들과 다른 독특한 삶을 살았다. 명성과 벼슬을 구걸하지 않았고 뒤로 물러나 차분히 자기 인격을 수양하는 진정한 유비군자[25] 정신의 소유자였다. 때문에 그는 과거시험에 붙기 위한 공부가 아니라 진정 고전을 읽고 사색한 후 자신의 것으로 만들어 가는 위기지학爲己之學을 추구했다.

그래서 그의 영원한 로망은 항상 벼슬자리에서 물러나는 것이다. 역사상 퇴계만큼 벼슬을 많이 사양한 사람은 없을 것이다. 중종中宗·

---
24 『퇴계집』〈권7〉, 차, 이황 지음, 이광호 옮김, 『퇴계집』, 한국고전번역원, 2017
25 有斐君子(유비군자) : 인격과 학식이 훌륭한 선비 - 『시경』〈위풍〉'기욱장'에서 유래. 『대학』〈3장〉

인종仁宗·명종明宗·선조까지 네 명의 임금이 벼슬을 내린 것만 해도 170회 안팎이 되지만 그 절반은 사양하고, 마지못해 나아가도 다음날 그만두거나 대부분 병을 이유로 곧바로 사직하곤 했다. 오죽하면 자신의 호를 '퇴계退溪'라 배수지진 격으로 짓고 고향의 개울가로 물러나 학문에만 전념하려 했겠는가? 퇴계를 그리워한 명종 임금은 과거시험 문제에 '초현부지招賢不至(불러도 오지 않는 어진 신하)'라는 시로 출제했을 정도다.

퇴계는 나아가고 물러나는 처신도 고매했지만, 옛것에서 새로운 창작을 이끌어낸 온고지신의 결실 또한 범인이 따라갈 수 없는 경지에 있었다. 퇴계는 줄곧 '옛 선현의 가르침을 따른다.'고 했고 저술들 또한 옛것을 바탕으로, 학문이 최고에 이른 자신의 창의성을 가미해 완성했다.

이로써 퇴계학파가 탄생했다. 후학들은 물론 중국·대만·일본 심지어 서구에서도 퇴계학에 대한 연구가 활발해지며 동양 도의철학道義哲學의 창시자로 추앙받는다.

퇴계가 남긴 2500수가 넘는 시와 3000통이 넘는 편지는 차치하고서도, 온고지신으로 빚어낸 저술로, 정지운鄭之雲의 『천명도설』을 다시 손질한 『천명도설후서天命圖說後敍』는 북송의 유학자 염계 주돈이周敦頤의 '태극도太極圖'와 대비를 이루는 것으로, 인간 중심의 실천적 성리학을 담아냈다. 특히 천명도와 관련, 호남의 젊은 학자 고봉 기대승奇大升이 퇴계의 내용에 의문을 제기하면서 퇴계와 고봉은 8년 간 '사단칠정四端七情 논쟁'의 편지를 주고받는 조선 초유 학문의 토론장을 열었다.

퇴계는 또한 주자의 전집인 『주자대전朱子大全』의 방대한 책 속에서 편지 부분만 뽑아 다시 간추린 『주자서절요朱子書節要』를 내면서 "학문을 하려면 이 책보다 절실한 것이 없다."고 말했다.

'퇴계 이황'이란 저 명성에도 24살 때까지 과거에 세 번 낙방했다. 물론 그 자신이 합격의 간절함이 없었다. 학문을 하면서 스스로 느끼기에, 시험을 위한 공부가 진정한 학문이 아님을 알았고 시험은 말하자면 '취미 삼아' 본 것이다.

그러던 20대 때 어느 날 문밖에서 '이 서방'이라는 한마디 소리에 살펴보니 늙은 종을 찾는 소리였던 것이다. 그 순간 '내가 아직 한 가지 호칭도 이루지 못해 욕을 보는구나.'라고 스스로 탄식하면서 과거시험 합격을 의식했다. 그럼에도 28살에 서울에서 소과小科인 진사시에 응시한 후 곧바로 고향으로 향했는데 한강을 건너기 전에 합격 소식을 들었지만 뒤도 돌아보지 않고 내려가버렸다. 그에겐 합격 여부가 중요한 게 아니었다. 나중에 모친의 권유로 할 수 없이 대과大科 문과에 응해 과거 합격은 34살에 이루어졌고 이때부터 벼슬길에 나아갔다.

퇴계는 전형적인 대기만성형이었다. 말년으로 갈수록 학문은 더욱 활짝 꽃피웠다. 인생 마지막 날이 성현 퇴계의 정점이었다.

조선 성리학 이끈 '유비군자' 퇴계 이황退溪 李滉 : 1501~1570

퇴계 이황은 안동 예안의 온계리溫溪里(현 안동시 도산면 온혜리)에서 진사 이식李埴과 춘천 박씨 부인 사이의 다섯 아들 중 막내로 태어났다. 부친의 전처인 의성 김씨 소생의 형 둘과 누이 한 명도 따로 있었다. 부친은 퇴계가 태어난 이듬해 사망했다. 어머니는 퇴계를 낳던 날 밤에 공자가 대문 안으로 들어오는 꿈을 꾸었다고 한다.

퇴계는 숙부 송재 이우李堣의 각별한 가르침을 통해 학문을 배웠다. 스무 살에 밤샘 주역 공부로 이때부터 심신이 쇠약해졌다는 이야기도 있다.

어려서부터 고결한 퇴계의 성품으로 인해, 어머니는 퇴계에게 "뜻이 높고 깨끗하므로 세상이 너를 받아주지 않을 것이다. 벼슬은 고을 현감 정도가 좋고 높은 벼슬은 적당하지 않다."라고 일러줬다. 아들의 성향을 정확히 진단한 어머니는 퇴계가 37세 때 68세로 세상을 떠났다.

퇴계는 실로 벼슬을 가장 많이 사양한 선비로 꼽힌다. 거절하기가 지겨울 지경이 됐다. 1549년 풍기 군수 시절 1년도 못돼 사직서를 올렸다. 세 차례나 올려도 허락하지 않자 그냥 떠나 고향으로 돌아가 버렸다. 퇴계의 인품으로 보면 전혀 어울릴 것 같지 않은 일이 사직과 관련해 일어났다.

평소 겸손하고 온화한 가운데 오로지 자신을 성찰하는 학문에 몰두했고 후진들에게도 그런 가르침을 전했다. 젊고 뛰어난 후진 고봉 기대승에게도 아끼는 마음으로 "재주를 숨기면 주변 사람들의 질시를 피할 수 있다."라고 조언했다.

퇴계는 사화士禍의 소용돌이 속에서 태어나고 또 그 속에서 세상을 살았다. 무오사화1498년가 일어난 지 3년 후인 1501년 태어났고, 태어난 지 3년 후 갑자사화1504년가 몰아쳤다. 그리고 19살에 정암 조광조趙光祖가 사사된 기묘사화1519년를 봐야 했고, 45살에 명종이 즉위하면서 일어난 을사사화1545년에서는 퇴계 자신도 삭탈관직 되는 비운을 겪었다. 이 사건 이후 친형 온계 이해李瀣는 목숨을 잃었다.

난세에 살았지만 그는 치세治世의 해법을 경세經世가 아닌 학문적 완성으로 해결하려 했다. 그것은 바로 성학이었다. 따라서 성학은 퇴계가 꿈꾼 학문의 최종점이었고 자신의 인생 마지막 순간에 『성학십도』를 군왕에게 올림으로써 위대한 학자의 학문과 인생 여정도 마무리했다.

1570년 12월 8일 유시酉時(오후 5~7시), 병석의 퇴계는 몸을 일으켜 달라고 한 후 앉아서 역책[26]했다. 70세였다.

'온고지신' 퇴계의 '도산' : "인생 마지막 날이 인생의 전성기."

퇴계 선생의 숨결은 안동시 도산면 일대에 산재한다. 많은 것들이 사라져 없어지기도 했지만 아직도 집과 서당 등이 있어 퇴계의 향기를 느껴볼 수 있다.

퇴계 선생이 태어나 자란 집은 도산면 온혜리의 노송정老松亭이다. 온혜리는 과거 온계리溫溪里로 불렸는데, 온천물이 흐르는 계곡이란 의미대로 지금도 이 마을엔 도산온천이 있다. 그 온천물의 은혜를 입고 있으니 온혜리다.

노송정은 퇴계의 조부 이계양李繼陽이 단종端宗 시절인 1454년 이 마을에 들어오면서 지었다. 노송정은 이계양의 호이기도 하다. 집 주변에 노송이 많았다. 이곳에 들어와 집을 지은 사연은, 1453년 수양대군이 조카 단종의 왕위를 빼앗기 위한 계유정난癸酉靖難을 일으키자 이계양 옹은 은거하기로 결심했다. 한 스님을 만나 도움을 줬는데, 스님은

---

[26] 易簀(역책) : 학문이 높은 선비가 앉은 채로 죽음을 맞는 것. 증자의 죽음에서 유래했다.

보답으로 함께 온혜리에 들어와 좋은 터를 잡아줬다. 스님은 이 터에서 귀한 자손이 태어날 것이라고 예언해줬다. 이에 집을 지으니 아들·손자 모두 뛰어난 학식으로 명망이 높았는데 그 중 퇴계는 500년 조선사에 독보적인 족적을 남겼다.

퇴계는 1501년 이 집에서 태어났으며 태어난 방을 퇴계태실이라 부른다. 정문인 솟을대문은 모친이 공자가 들어오는 꿈을 꾼 태몽으로 성림문聖臨門이라 부른다. 퇴계의 제자 학봉 김성일金誠一이 이름을 지었다 한다. 이 꿈은 훗날 우암 송시열宋時烈의 부친도 똑같이 꾸고 송시열이 태어났으니 묘한 인연을 갖고 있다.

'성림문'이라 쓰인 솟을대문을 들어서면 정면에 정자 노송정이 있고 오른쪽에 사당이 있다. 왼쪽 '온천정사溫泉精舍'라는 현판의 규모가 큰 집이 퇴계태실이 있는 생가 본채다. 'ㅁ'자형 구조를 갖춘 전형적인 사대부 가옥이다. 안으로 들어가면 삼면으로 계자난간을 두른 돌출된 방이 있는데, 이 방에서 퇴계 선생이 태어났다. 정면에 '퇴계 선생 태실'이라는 현판이 걸려 있다. 마루에는 손님을 맞을 때 사용할 밥상이 빼곡히 진열돼 있어 유학자 집안의 분위기를 느낄 수 있다.

퇴계태실의 굴뚝이 아주 특이하며 매력적이다. 겸손하게도 굴뚝은 마당 쪽 처마에 낮게 여러 개의 작은 구멍으로 설치했는데 부엌에서 불을 지피면 뽀얀 연기가 뽀송뽀송 피어 오르는 것이 아주 인상적이다. 바람이 잠잠할 땐 낮게 깔리어 사람이 지나가면 뒤따라가는 연기가 마치 손님을 반가이 맞이하는 주인과 같다.

노송정 현판은 명필 한석봉의 글씨다. 노송정에는 옥루무괴屋漏無愧와 해동추로海東鄒魯라는 편액이 있는데, '옥루무괴'는『시경』에 나오는

퇴계태실

'상재이실 상불괴우옥루相在爾室 尙不愧于屋漏"에서 인용한 것으로, '사람이 보지 않는 곳에서도 늘 행동을 삼가해 하늘에 부끄러움이 없도록 하라.'는 뜻으로,『중용』과『대학』에서는 이를 '신독愼獨'이란 말로 강조하고 있다. '해동추로'는 '해동, 즉 조선의 공자와 맹자가 태어난 곳'을 뜻하는데 이는 퇴계 선생을 공자와 맹자에 비유한 말이다.

근처 온계 종택 삼백당三栢堂은 퇴계 선생의 형인 온계 이해李瀣 선생이 20세 되던 해 노송정 본가에서 분가해 살던 곳이다. 퇴계 선생도 그곳서 어머니를 모시고 5년 간 살았다. 온계 종택은 명성황후 살해 사건 이후 내려진 단발령에 반발해 의병을 일으킨 지암 이인화李仁和 의병장의 생가이기도 하다. 온계 선생의 12세손이다. 일제에 의해 소실된 후 무려 110년이 지난 2011년 다시 예전 모습으로 낙성식을 가

계상서당

졌다.

  온혜리에서 하천을 따라 동쪽으로 가면 토계리인데 이곳엔 퇴계 후손이 지은 퇴계 종택이 있다. 퇴계의 손자 동암 이안도李安道가 한서암 남쪽에 처음 지은 후 주변에 옮겨 짓는 변천 과정을 겪다가 1907년 왜병의 방화로 완전 소실되었고 1926~1929년 13세손 하중 이충호李忠鎬가 새로 지어 현재 이르고 있다.

  퇴계 종택 도로 맞은 편 토계천 산비탈에는 계상서당溪上書堂이 있다. 퇴계 선생이 51세에 제자들을 맞기 위해 조금 더 크게 지은 집이다. 이곳에서 58세의 퇴계는 23세의 율곡 이이의 방문을 맞아 2박 3일간 함께 지냈다. 퇴계에게 1558년은 각별한 해다. 봄에 율곡이 도산 집으로 찾아왔고, 가을에 32세의 고봉 기대승이 서울 집으로 찾아와 각각 첫 만남을 가졌다. 둘 다 퇴계가 생각한 후생가외後生可畏의 대표 주자였다.

퇴계는 같은 예안 출신의 선배 농암 이현보李賢輔처럼 도연명의 전원으로의 '귀거래歸去來'를 꿈꾸며 낙향해 학문을 즐기는 것을 가장 큰 낙으로 삼았다. 때문에 벼슬길에 나아간 후 출처를 반복했고 낙향해 생활할 때 곧잘 집을 짓곤 했다. 재혼한 권씨 부인과 서른 살에 지산와사芝山蝸舍라는 작은 집을 지었고, 46세 때 벼슬을 내려두고 고향으로 와서는 양진암養眞庵을 지었는데 이때부터 호를 퇴계라 불렀다. 양진암은 퇴계 묘소로 오르는 입구 도로변에 있었다. 지금도 길가에 검고 둥그런 바위가 있는데 이것이 동암이라는 바위다. 바위 뒤쪽 계단 옆에 '양진암 고지養眞庵古址'라는 표석이 있다. 도로가 생기면서 밀려난 것이다. 50세에는 한서암寒棲庵을 지었다가 아들에게 물려줬다. 퇴계의 묘소는 양진암 터에서 계단길 따라 산으로 오르면 둘째 며느리 봉화 금씨 묘 위쪽에 있다.

퇴계 선생은 명종 때인 1557년 낙동강의 경치를 품은 도산陶山 기슭에 도산서당陶山書堂을 짓기 시작해 1561년 무려 5년에 걸쳐 완공하고 무척 기뻐했다. 퇴계는 『도산기陶山記』에서 도산에 대해 전해오는 말로, 산이 겹쳐 만들어졌기 때문이라는 이야기와 질그릇 굽던 곳이라는 두 가지 유래로 불리게 됐다고 했지만, 한편으론 도산의 '도陶'를 전원으로 돌아간 도연명陶淵明으로 생각하고 자신도 도연명처럼 작은 이상향을 얻은 기분에 취했으리라. 각종 사화가 난무하는 조정을 벗어

도산서원 전경

도산서원 앞 시사단

나 풍광 좋은 낙동강변에 넓게 학당을 마련해 위기지학을 할 수 있고 후학을 양성할 수 있으니 이보다 더 바랄 것이 뭐가 있을까?

퇴계는 이 도산서당 터를 얻고 나서 얼마나 기뻤던지 시를 남기지 않을 수가 없었다. 〈도산서당 지을 터를 얻고서〉란 시다.

"계상서당에 비바람 치면 침상도 가릴 수 없어
거처를 옮기려 좋은 곳 찾아 숲과 언덕을 누볐네.
어찌 알았으랴 백년토록 은거해 수양할 땅이
평소에 나무하고 낚시하던 곁일 줄이야.
나를 보고 웃는 꽃 정이 가볍지 않고
벗 찾으며 노래하는 새 의미가 깊네.
삼경[27]을 옮겨 살기로 마음 먹으니
즐거운 곳에서 누가 함께 향기를 이어받을까?"[28]

평소 땔감나무하고 낚시하던 바로 그곳이 학문의 요람으로 재발견될 줄이야. 이 역시 온고지신인가? 퇴계 사망 4년 후 후진들은 도산서당 뒤편에 도산서원을 건립1574년하면서 이제는 '도산서원'이란 이름으로 더 유명해졌다. 선조도 한석봉의 명필을 빌려 '도산서원陶山書院'이란 편액을 하사했다.

도산서원 입구 주차장에서 들어가다 보면 공자의 77세 적손이자 마

---

[27] 三徑(삼경) : 은사의 집 뜰. 한(漢)의 은사 장허(張翊)가 뜰에 작은 세 갈래 길을 내고, 송죽국(松竹菊)을 심어 친구 양중(羊仲), 구중(裘仲)과만 사귀고 세상에 나오지 않았다는 이야기에서 유래.

[28] 『퇴계집』〈권2〉시, 이황 지음, 이광호 옮김, 『퇴계집』, 한국고전번역원, 2017

지막 연성공衍聖公(황세가 내려준 작위)이었던 고 공덕성孔德成 선생이 방문해 쓴 '추로지향鄒魯之鄕(공자와 맹자의 고향)' 비석이 있다. 중국에서는 모택동에 의해 파괴된 공자 유적과 유교 정신이 안동에 와보니 퇴계 선생이 그 사상을 온전히 보전해 마치 공자와 맹자의 본향을 보는 것과 같다는 의미로 썼다. 이로써 안동은 공자의 후손도 인정한 공자·맹자의 고향과 같은 곳이 되었다.

퇴계 선생은 도산서당 방에 책을 많이 두었는데 책이 성현과 같다 하여 감히 그 방에서 자지 않고 바로 옆 한 사람 누우면 움직일 수 없는 공간에서 취침했다고 한다. 서원의 동재엔 나이 많은 제자가, 서재엔 젊은 제자가 사용한 기숙사다.

도산서원 앞 낙동강 건너편 언덕으로 조성한 곳에 시사단試士壇이라는 비각이 내려다 보인다. 1792년 정조 임금이 퇴계 선생의 학덕을 기리기 위해 특별과거인 '도산별시'를 치른 곳이다. 지방에서 치른 아주 특별한 시험이었다.

낙동강이 유유히 흐르는 오른쪽으로는 용처럼 생긴 산이 강물을 따라 꿈틀거리는 모습인데 이것이 '천원 지폐' 뒷면에 등장하는 배경 그 모습이다. 평소 퇴계가 눈에 담고 사색했을 풍경을 지폐에 새겼다.

도산서원을 거닐다 보면, 이 산비탈 외딴 곳에서 매화를 어루만지며 낙동강을 바라보았을 노학자 퇴계의 모습이 아른거린다. "저 매화에 물을 잘 주어라." 마지막 유언이 된 말이다. 퇴계 선생은 갔지만 그의 향기는 여전히 은은하다. 도산서원이 유네스코 세계문화유산에 등재2019년됐으니 당당히 세계인의 유산인 것이다.

도산서원 전교당

우리 땅 그랜드 투어

안동엔 또 무엇이 있나?

　퇴계 선생 묘소에서 가까운 곳에 역시 퇴계의 후손인 시인 **이육사 문학관**이 있다. 본명이 이원록李源綠인 이육사는 〈청포도〉, 〈광야〉 등 유명한 시를 남긴 일제 강점기 저항시인이다. '이육사'란 이름은 감옥에서 받은 수인 번호 '264'에서 따왔다 전한다.

　추로지향 안동엔 **유교문화박물관**이 있다. 진정한 유교의 고장 안동의 정체성을 느껴볼 수 있는 곳이다.

　하회탈과 풍산 류씨들의 고장인 **하회마을**은 엘리자베스 여왕과 부시 대통령도 찾은 가장 한국다운 전통마을이다. 아버지 부시는 2005년, 아들 부시는 2009년 방문했다. 이 역시 유네스코 세계문화유산이다. 서애 류성룡 선생의 고향으로도 유명한 이 마을은 낙동강이 휘감아 돌아가는 河回(하회) 곳에 섬처럼 떠있는 듯한 지형이다. 골목골목에서는 시간이 멈춰선 한국형 중세마을의 분위기를 그대로 느낄 수 있고 강 건너 부용대에 오르면 마을이 발 아래 '그림 같은picturesque' 풍경으로 펼쳐진다. 이 '그림 같은 풍경'은 아름다움을 넘어 자연과 인간이 공존하는 숭고함과 경외심의 표현이기도 하다. 이러한 천연 전망대가 있다는 것도 너무나 감사하다.

하회마을에서 강 상류 쪽엔 병산서원이 있다. 도산서원과 함께 유네스코 세계문화유산이 된 자랑스런 문화재다. 역시 풍산 류씨 집안에서 세운 것으로 서애 선생이 현재의 위치로 옮겼다. 입교당 마루에 앉아 만대루 기둥 사이로 보이는 앞산과 낙동강은 한 폭의 액자 속 그림과 같다. 자연과 인간의 손길이 일체가 된 건축미를 감상하노라면 시간 가는 줄 모른다.

봉정사鳳停寺는 유네스코 세계문화유산에 등재된 7개의 사찰 중 하나다. 서기 672년 의상대사의 제자 능인 스님이 창건했다고 한다. 절 이름은 능인스님이 종이로 봉황을 접어 날리니 이곳에 봉황鳳이 멈춰 섰다停 하여 지은 이름이다. 이곳의 극락전은 고려시대 양식으로 우리나라에서 가장 오래된 건축물 중 하나다. 국보 제15호다.

봉정사 극락전

안동 시내에는 1519년에 지은 오래된 한옥 **임청각**臨淸閣이 있다. 중종 때 형조좌랑을 지낸 고성 이씨 이명李洺이 지었다. 원래 99칸 집이었다고 하나 일제 강점기 때 철길이 나면서 부지가 헐려 나갔다. 초대 국무령1925~1927년 사이 대한민국 임시정부의 수반을 지낸 석주 이상룡李相龍 선생의 생가로, 독립운동가 집안으로 유명하다.

임청각 가까운 곳에는 통일신라 시대 전탑인 **안동 법흥사지 칠층전탑**이 있다. 벽돌로 쌓아 올린 칠층탑의 상승감이 고색창연함과 어우러져 이국풍을 자아낸다. 국보 제16호다.

하회마을

도산서원 천원 지폐 그림 배경지(위) / 도산서원 추로지향 비석(아래)

중용의 도를 행하는 사람과 함께할 수 없다면, 차라리 열광적인 사람이나 지조가 굳은 사람과 함께하라. 열광적인 사람은 진취적이며, 지조가 굳은 사람은 해서는 안 될 일은 하지 않는다.

『논어』〈자로〉편

제3편
군자는 단순한 그릇이 아니다

• 이원익의 '군자불기君子不器' •

〈광명〉

자 왈　군 자 불 기
子曰, 君子不器.

〈위정〉

공자께서, "군자란 한 가지 일만 할 줄 아는 단순한 사람이어서는 안 된다."라고 하셨다.

원문 속 산책

'기器'는 흔히 '그릇', '도구'를 뜻한다. 그릇은 물건을 담는 도구로 쓰인다. 용도가 단순하다. 그래서 사람을 그릇에 비유하면 '한 가지밖에 할 줄 모르는, 편협되고 융통성이 없다.'는 뜻이 된다. 군자라면, 다양한 능력을 갖추고 매 상황에서 그 역할을 해내야 한다. 다재다능이 군자의 덕목임을 알 수 있다.

공자는 군자의 다재다능에 있어서 중요한 것 중 하나로 문무겸비를 꼽았다. 무예를 닦지 않았더라도 최소한 무武에 대한 지식을 갖추고 있어야 한다.

이와 관련, 공자는 이웃 강국 제나라 군주 경공景公과 협곡회맹에서 자신이 수행하고 간 노 정공定公이 제나라 측으로부터 살해 위협에 처하자 자신이 직접 나서 제 군주에게 예법으로써 항의해 위기를 모면했다.

마차몰기 [린쯔 고차박물관 소장]

뿐만 아니라 자신에게 일격을 당한 제 경공에게 과거에 빼앗은 노나라 땅을 되돌려 주게 한 굴욕까지 안겼다. 이는 어디까지나 문무를 겸비한 공자의 지혜와 예법, 그리고 용기 삼박자로 빚어낸 외교적 역량으로 높이 평가된 사례다.

'군자불기'의 시사점

한 가지만 알고 자기 주장만 고집하는 사람이 아니라 사고의 유연성과 어떠한 상황이 닥쳐도 능히 해낼 수 있는 인재를 원한 것이다. 오늘날 우리가 목말라하는 전인교육이다.

그릇은 물건을 담는 그 한 가지 기능과 정해진 크기만큼만 수용하는 용량의 한계를 갖고 있다. 군자는 그렇게 단순하거나 편협해서는 안 된다. 하긴 '그만한 그릇'도 못 되는 사람이 높은 자리에서 군림하는 것도 문제다. 군자, 즉 지식인이라면 다양한 영역의 통섭을 통해 광범위한 지식을 이해하고 당면 문제를 해결할 수 있어야 한다. 문제의 원인이 복합적으로 얽혀있기 때문이다. 아울러 비전을 제시하고 새로운 것을 창조할 줄 알아야 한다.

공자는 "도에 뜻을 두고, 덕을 지키며, 인을 좇아, 육예를 즐겨라."[29] 라고 주문했다. 오늘날 우리는 예법 공부하는 사람, 수학 공부하는 사람, 음악 공부하는 사람이 각각 따로 있다. 그러니 자기 전공을 벗어나면 모든 것이 낯설다.

무신 이순신 장군이 임진왜란 중에 명문장으로 『난중일기』를 남길 수 있었던 것도 젊어서 학문을 연마했기 때문이다. 즉, 문무를 겸비했기에 가능했다. 문신의 교육을 받지 않고 활과 칼만 쓸 줄 알았다면 『난중일기』는 존재하지 못했을 것이며, 『난중일기』가 없었다면 임진왜란의 기록과 이순신의 활약상도 대폭 가려져 있었을 것이다. 이순신은 청소년기에 학문에 정진했으며, 스무 살이 넘어서 본격적으로 무예를 닦았다.

이순신 장군이 무예를 닦아 장수로서 전쟁에 나아갔지만 그가 목숨을 걸고 나라를 지킬 수 있었던 것은 성리학으로 다진 충효 사상 덕분이다. 특히 장군은 노모를 극진히 모셨는데 이 가족에 대한 사랑과 군주에 대한 충성이 있었기에 나라를 위해 목숨을 아까워하지 않았다. 그 힘은 바로 충효사상이었다.

오늘날 한 분야 전공만 따지는 대학 교육에서, 영역이 분할되어 외딴 지식만 교육을 받으면 세상의 거대한 파고를 넘어서기 어렵다. 모든 일들은 복합적으로 얽혀있다. 그럼에도 한 가지 기술만 배우게 하여 '레디 메이드 인생ready-made life(기성품 인생)'을 만들어 내고 있다.

---

[29] 志於道 據於德 依於仁 游於藝(지어도 거어덕 의어인 유어예) - 『논어』〈술이〉

근래 전세계적으로 부는 인문학과 자연과학의 통섭 바람이나 우리 선현들이 성리학과 수리, 천체, 지리학을 넘나들며 공부한 것도 결국 인간 본연의 알고자 하는 다양한 욕구의 발현이었던 것이다. 전자공학을 공부하는 사람도 연구실에서 전자기기 스위치를 끄고 나오는 순간 그의 욕망은 인문·문화·예술로 향하며, 그 환경 속에서 머물며 함께 살아간다는 사실을 잊지 말아야 한다. 우리는 지금 인간 본연의 욕구로 회귀하기를 갈망하고 있다.

굳이 '그릇'이 되려면 차라리 '아주 멋진 그릇'이 되어야겠다. 공자도 이 말을 빠뜨리지 않았다. 자공이 자신의 인물평을 요청하자, "너는 그릇인데, 호련이다."[30]라고 치켜세웠다. 호련은 크기와 용량이 제한적인 그릇과 달리 '귀하게 쓰일 특정 역할의 그릇'을 말하는데, 종묘에서 예기禮器로 쓰이는 옥그릇이다. '훌륭하고 존경할 만한 인물'로도 비유된다. 다시 말해, 어느 분야에서 최고의 권위자가 된다면 좋다는 의미이다.

이원익의 '군자불기君子不器'

선조 연간, 벼슬길에 나아간 지 5년 차 27세 오리 이원익李元翼은 성절사聖節使 권덕여權德輿의 질정관質正官 자격으로 명나라로 향했다. 아직 벼슬이 낮은데다 초년생이다 보니 동행했던 노련한 역관들조차 업신여겼다. 명나라는 만주에서 부흥한 후금後金의 기세로 어수선한 정국이었으니 조선의 사신을 맞이하는데 크게 신경을 쓸 여유가 없었

---

30 女器也 瑚璉也 (여기야 호련야) - 『논어』〈공야장〉

오리집
[충현박물관 소장]

고, 이 틈을 이용해 역관들은 언제나 그랬듯이 상행위로 자신들의 잇속을 챙기며 시간을 낭비했다. 역관들은 사신들이 자신들의 통역 없이는 업무를 수행할 수 없으니 은근히 배짱을 부리기도 했다.

이때 작은 체구의 햇병아리 외교관 이원익이 명나라 예부상서를 직접 만났다. 그리고 아무도 몰랐던 히든 카드 '중국어'를 술술 쏟아냈다. 예부상서는 이원익의 강단 있는 모습에 눌려 자신도 모르게 의자에서 일어나 "잘 알았습니다." 하고는 처리할 일을 인준했다.[31]

사신도 아닌 수행자가 혈혈단신으로 단숨에 해결해버린 것이다.

이 모습을 본 역관들은 깜짝 놀라고 두려움에 떨었다. 이원익은 무슨 일이 있었냐는 듯 태연하게 그들을 대했다.

23세에 첫 벼슬길에 올라 88세까지 장수하며 60년 공직생활을 한 이원익은 매 순간 시대가 그를 필요로 했다.

첫 벼슬이던 승문원 권지정자權知正字에서 부정자, 정자를 거치며 통

---

31 『오리선생문집』 속집 부록 〈오리연보〉, 함규진·이병서, 오리 이원익 그는 누구인가, 녹우재, 2013

과 의례로 배우는 중국어를 이원익은 악착같이 터득했다. 남들은 역관이 있는데 왜 사대부가 쓸데없는 데 시간을 낭비하느냐며 비아냥거릴 정도였다. 이원익의 생각은 달랐다. 내 머리 속에 있는 것과 매번 남의 머리를 빌려야 하는 것의 차이는 너무나도 크다는 것을 잘 알고 있었다.

이원익의 중국어 실력이 이번엔 나라를 구한다. 임진왜란 초기 이원익은 평안 감사이자 도순찰사로 평안도 지역 작전을 지휘했다. 막 명군이 도착하자 이원익은 통역 없이 중국 장수들과 직접 소통했다. 1593년 1월, 명군 지휘 장수 이여송李如松에게 평양성의 지도를 건네며 작전을 수립했는데, 서로 말이 통하니 평양성을 함께 탈환하는데 큰 도움이 됐다. 백척간두에서 나라가 서서히 기력을 회복하니 선조 임금도 "이 나라에는 오직 이원익 한 사람뿐이다."라고 말하기도 했다. 이 무렵 이원익은 명나라 군에게 염초焰硝(화약) 제조법을 배워 화약무기를 한 단계 발전시키기도 했다.

선비가 역관이 할 일이라고 제쳐두고 경학에만 매달려 공부했다면 이런 국난을 극복하는데 큰 도움이 되지 못했을 것이다. 이원익은 60년 공직 생활 가운데 무려 40년을 재상宰相(종2품 이상 관직)으로 지냈다. 무엇보다도 선조·광해군·인조 3대에 걸쳐 6차례 영의정에 부름을 받았던 전무후무한 이력의 소유자다. 물론 그가 원한 것이 아니라 '시대임금'가 그를 불렀다. 마지막 영의정은 1625년 8월이다.[32] 이는 그해 2월 21일 3년 간의 영의정 자리에서 하직한 지 6개월 만의 일이다.

46세에 임진왜란이 일어나자 선조는 평양을 거쳐 의주로 몽진할 구

---

32 『인조실록』 〈9권〉 인조 3년(1625) 8월 7일 기사

상을 갖고, 평안도에서 고을 수령을 한 이원익을 먼저 평안 감사로 보내 민심을 달래게 했다. 임진왜란 때 이원익의 활약은 눈부셨다. 평양성 탈환은 물론, 전쟁이 다소 소강 상태이던 1595년 권율 장군을 제치고 4도평안·충청·호남·영남 도체찰사가 되어 남쪽으로 내려가 성주에 체부體府를 열었다. 이때 우의정을 겸했다. 삼도수군통제사 이순신을 만나 전략을 공유하고 이순신의 요청에 따라 병사들에게 소를 잡아 회식을 열어줬다. 이로 인해 한산도에는 '정승봉政丞峰'이라는 봉우리 이름이 탄생했다. 이원익은 경상도 내륙을 중심으로 성을 신축하거나 보수하는데 힘썼다. 그러던 중 정유재란이 발발할 것을 예견한 이원익은 부하 장수 정희현鄭希玄의 심복 허수석許守石을 시켜 부산 왜영에 불을 지르게 했다. 허수석은 왜영에 의심 없이 드나들 수 있었던 인물이었기에 무기고와 군량미, 선박을 대거 방화하는 전과를 올렸다.

그러나 이 사건은 이순신에게는 뜻밖에 천추의 한이 되기도 했다. 그 시각 부산 앞바다를 순찰했던 이순신 휘하 군관이 불 난 광경을 보고 자신이 불을 질렀다고 허위보고를 했다. 자체 화재인 줄 알았으니 그 공을 자신이 챙겨도 탈이 없다고 생각한 것인데, 이순신은 그대로 믿고 장계를 올렸다. 이것이 나중에 문제가 된 '남의 공로를 가로챈 죄'였고, 곧이어 죽음의 문턱에 가게 된 원인 중의 하나가 됐다.

하지만 이원익은 사형에 처한 이순신 구명에도 적극 나섰다. 선조를 비롯한 조정 대신들이 이순신을 사형으로 몰고 갈 때 이원익은 행지중추부사行知中樞府事 약포 정탁鄭琢과 함께 이순신의 입장을 대변하고 나섰고 그 결과 분위기가 급반전돼 이순신은 기사회생했다.

이원익은 나라의 존망이 걸린 일에도 능력을 십분 발휘했다.

이원익이 생각한 국가 경영의 핵심은 '백성의 생활 안정'이다. 41세 이던 1587년 평안도 안주安州 목사로 임명됐을 때 그는 백성의 생활 안정이 얼마나 중요한가를 절실히 깨달았다. 당시 안주는 오랜 재해로 민심이 흉흉했고 모두가 지방관으로의 부임을 꺼려하던 최악의 고장이었다. 폼 나는 '지방관의 행차'는 꿈도 꿀 수 없이 그는 바삐 달려갔다. 굶주려 죽어가는 사람들의 참혹한 현장을 목도한 이원익은 평안 감사에게 조곡 1만석을 긴급 요청해 사람부터 살렸다. 그런 다음 뽕나무를 심고 양잠업을 일으켰는데 안주의 뽕나무는 가장 무성하게 자랐고 덕분에 주민들의 생활이 속속 안정되었다. 뽕나무만 봐도 배가 부를 지경에 이른 백성들은 뽕나무밭을 '이공상李公桑(이원익 공의 뽕나무밭)'이라 불렀다.[33] '오로지 백성만 바라본다.'는 것이 이러한 사람을 두고 한 말이다. 조정은 파당 정치로 싸우는데, 가는 곳마다 백성들을 감동시키니 훗날 평안 감사 시절에는 주민들이 평양에 이원익 생사당生祠堂을 세워 그를 기렸다. 사당은 보통 죽은 후 추모하기 위해 세우는 것이니, 그에 대한 백성들의 존경심이 얼마나 절절했는지를 알 수 있다.

　백성을 향한 이원익의 결정적 정책이 대동법이다. 방납의 폐단으로 백성이 극도로 고초를 겪는 가운데 영의정 류성룡이 임진왜란 중 실시했지만 거센 반대에 부딪혀 폐지됐다. 류성룡과 민생의 고충을 함께 봐왔던 이원익은 1608년 광해군이 즉위한 해 선혜청을 설치하고 경기도에 시범적으로 대동법을 실시했다. 많은 백성이 환호성을 올렸지만 역시 기득권의 반대도 만만찮아 결국 폐지됐다가 인조 때 조익趙翼과 효종 때 김육金堉으로 하여금 다시 명맥을 잇게 했다.

---

33 『선조수정실록』〈21권〉, 선조 20년(1587) 4월 1일 기사

이원익은 황해도사오늘날 부지사로 부임했을 때 감사오늘날 도지사인 율곡 이이李珥를 상관으로 모시고 일하면서 군적을 정리하고 체계화하는 창의성도 발휘했다.

오랜 행정가였기에 많은 업적을 남겼겠지만, 역으로 말해 한 가지 재능이 아닌 다방면으로 능통했기에 오랜 행정가로서 국가에 봉사할 수 있었다.

거문고와 같은 예술 방면에도 능해, 칩거 시에는 집에서 거문고를 타면서 국정을 구상하곤 했다. 그의 집엔 앉아 거문고를 타던 탄금암彈琴巖이 남아있다.

150년 후 정조는 이원익에 대해 "내가 이 사람을 재상으로 쓸 수 없어 아쉽다."라고 토로했다.[34]

꼭 한번 만나고 싶은 국무총리
오리 이원익梧里 李元翼 : 1547~1634

오리 이원익은 '오리 정승'으로 유명하지만, 한편으론 명성만큼 많이 알려지지 않은 인물이기도 하다. 1547년 지금의 서울 동숭동 부근에서 태어났다. 집이 성균관 바로 근처였다. 태종의 12남 익녕군益寧君 이치李袳의 4세손으로, 왕족 출신이다. 아버지까지 3대는 과거에 응시할 수 없었기에 이원익이 집안에서 과거에 나선 첫 후손이 됐다.

부인은 고려 말 충신 포은 정몽주鄭夢周의 7세손이다.

---

34 『홍재전서』 제23권 〈제문〉5 '문충공 이원익을 기리는 치제문, 함규진·이병서, 오리 이원익 그는 누구인가, 녹우재, 2013

영의정 동고 이준경李浚慶이 스승이었으나 율곡 이이는 물론 퇴계 이황의 학문도 사숙했다. 젊어서부터 독서에 깊이 빠져들었으며 자신을 위한 공부, 즉 위기지학에 임했다.

23세이던 1569년선조2 부태묘별시35에 급제하면서 처음 관직에 나아갔다. 첫 직책 승문원 권지정자로 시작한 이원익은 이후 세 군왕에 걸친 60년 세월 속에서 영의정에 여섯 번 오르며 나라를 이끌어왔다. 선조 때 두 번에 이어 광해군이 즉위하면서 첫 영의정으로 발탁됐고 출처를 거듭한 가운데 한 번 더 기용됐다. 특히 인조반정으로 광해군을 몰아낸 인조가 즉위하면서 '광해군의 영의정'인 이원익을 또 첫 영의정으로 앉혔다. 오늘날 우리 사회에서는 감히 상상할 수 없을 인사였다.

이원익은 매번 사양했지만 그 역시 시대의 부름을 거역할 수 없었다. 인조 등극 후 광해군은 죽음을 맞게 됐는데, 그를 구한 사람이 또한 이원익이다. 인조 측에서는 죽여 마땅할 광해군인데, 영의정이 그를 살려야 한다는 주장은 자기 목숨을 내놓지 않고선 감히 할 수 없는 용기였고 소신이었다.

광해군에 의해 혈육이 몰살 당하고 자신도 10년 간 유폐되었던 인목대비가 광해군 처형을 요구하자 이원익은 인조에게 눈물로 호소했다. 배수진을 쳤다. 광해군을 죽여야 한다면 자신이 이 자리에 있을 명분이 없다고 설득했다. 인조도 그 큰 뜻을 이해했다. 광해군은 목숨을 건져 강화도로 유배 갔다.

여기서 중요한 것은, 영의정에 등용된 그가 자리를 지키려 정권에

---

35 祔太廟別試(부태묘별시) : 임금의 3년상 신주를 태묘에 모실 때 치른 별시

영합하지 않았다는 점이다. 오히려 정변을 일으킨 왕을 설득해 사지에 몰린 왕의 목숨을 구한 것인데, 이는 자신의 목숨을 내놓지 않고선 할 수 없는 일이었다.

네 편 내 편으로 갈라 사람의 목숨을 쉽게 처단하는 것을 일평생 반대해온 이원익이었다. 지혜로운 우리 조상들은 정치적 난제를 그렇게 풀어왔다.

인조 때 한 번 더 영의정의 부름을 받게 되는데 그때 나이가 79세였다. 노쇠해 차마 걷지를 못한 채 사양하는데, 왕이 가마를 내려 모시고 오게 했다. 나라는 그의 목숨이 다할 때까지 그의 지혜를 빌어다 썼다. 정묘호란1627년까지 겪은 이원익은 명청明清 교체기에 조선의 활로를 모색했다.

그런데 여섯 차례 영의정을 지낸 나라의 원로가 물러난 뒤, 비바람도 막을 수 없는 금천衿川(지금의 광명시와 서울 금천구 일원)의 두세 칸 초가에서 말년을 보냈다. 이 소식을 듣고 인조는 집을 지어주고 옷을 내렸다. 죽어서도 만세에 잊히지 않을 청백리의 표상이다.

옛 사람들은 말한다. "류성룡은 속이려고 해도 속일 수 없고, 이원익은 속일 수는 있으나 차마 속이지 못하겠다."[36]라고.

'군자불기' 이원익의 '관감당': "이원익을 보고 느껴라."

광명에는 1627년 1월 인조가 오리 이원익에게 특별히 하사한 집이 있다. 청백리 재상의 노후 생활이 너무나 안쓰러웠기 때문이다. 오리

---

[36] 『회은집』〈122〉, 함규진·이병서, 오리 이원익 그는 누구인가, 녹우재, 2013

관감당

관감당 마당 측백나무

선생은 선조 때 임진왜란 호성공신에 녹훈됐지만 사패賜牌를 받지 않았기 때문에 전답이나 노비도 없이 지냈다. 이원익에게 녹훈된 호성공신 2등급에겐 본인과 부모·처자에게 각기 2계의 관계를 더해주고, 반당 6인, 노비 9구, 구사 4인, 전 80결, 은자 7냥, 내구마 1필을 내리는데 청렴의 표상 이원익은 받지 않은 것이다.

인조는 "40년 동안 정승을 지냈으면서 몇 칸 초옥에 살며 비바람도 가리지 못한다니 그의 청백한 삶이야말로 옛날에 없던 일이다. 내가 평소 경모했던 것은 그의 공덕 때문만이 아니다. 맑고 검소한 삶의 자세를 여러 관료들이 본받는다면 백성이 곤궁하게 될까 걱정할 것이 뭐가 있겠는가? 그의 검소한 덕행을 높이 표창하여 드러내지 않을 수

오리 이원익 종택

없다."³⁷라고 말했다.

 이렇게 지어준 집이 '관감당觀感堂'이다. 인조가 이원익의 충심을 '보고 느꼈다.' 하여 모든 사람들도 '보고 느껴라.'는 뜻이다.

 이 집을 지으면서 오고 간 군신 간의 멋진 대화가 있다. 이원익은 황송해 하면서 "경기 백성들의 노고가 심합니다. 병든 신하를 위해 집을 짓도록 할 수 없습니다."라고 하니, 인조는 "경을 위해 집을 짓는다고 하면 경기 백성들이 반드시 달려올 것이다. 즐겁게 일하고 수고로움을 생각하지 않을 것이다."³⁸라며 치켜세웠다. 우리가 꼭 만나보고 싶은 정승이다.

 광명시 소하동에는 이원익이 말년에 생활한 집과 유적이 있다. 인조가 지어준 관감당과 이원익 종택, 종택에서 세운 종가박물관인 충현박물관 등이 있어 40년 정승을 지냈으면서도 비가 새는 두 칸 초가

---

37 『인조실록』〈24권〉, 인조 9년(1631년) 1월 11일 기사
38 『택당시장』〈361〉, 함규진·이병서, 오리 이원익 그는 누구인가, 녹우재, 2013

탄금암

에서 살다 간 청렴 오리 선생의 얼을 느껴볼 수 있다.

정문을 들어서면 우측에 충현박물관, 좌측에 이원익 종택이 나란히 있다. 종택 왼쪽으로 가면 관감당이 있다.

한양 출신인 오리 선생이 이곳 금천으로 내려온 것은 부모의 선산이 있었기 때문이다. 정묘호란 후 3년이 지난 1630년 오리 선생은 84세의 노인이었음에도 부모의 묘소 아래에 초가를 짓고 홀로 살았다. 60여 년 충신으로서 나라에 봉사한 그는 마지막으로 부모 묘소 곁에서 효심을 다하는 것으로 인생을 정리할 생각이었다. 그 마지막 4년, 병자호란이 닥치기 2년 전 88세의 인생 역정을 마무리했다. 그가 남긴 족적은 실로 손에 다 꼽을 수 없다. 여러 차례 외란外亂과 내란 때마다 문신인 그가 최전선에 나아가 나라를 위해 감당해야 했던 수많은 일들, 그는 완벽히 수행해냈고 이제 팔순이 넘어 좀 쉬고 싶었을 터다. 그 마지막 순간 관감당은 그의 일생을 함축한 공간이 됐다. 관감당은 아쉽게도 그가 사망하고 2년 뒤 병자호란 때 소실됐다. 오래 방치돼

오리영우

오다 1916년에 다시 지었다.

군자불기라 했듯이 오리 선생은 재주도 많았는데 거문고도 곧잘 탔다. 뜰의 넙적 바위가 거문고를 탔던 바위라 해서 탄금암이라 부른다. 탄금암 옆에는 수령 400년이 넘은 측백 고목이 있어 집의 내력을 말해준다. 오리 선생이 어린 묘목을 심었을 것으로 추정된다.

관감당 뒤편으로는 사당 오리영우梧里影宇가 있다. 오리 선생의 영정을 간직하고 있다. 이곳의 영정은 1580년에 그린 것으로 추정되며 작자 역시 미상인데, 영정의 화기畵記를 통해 밝혀진 바로는 평양의 백성들이 제작해 그곳 생사당에 모셨던 영정으로 알려졌다. 오른손에 홀笏을 들고 있는 모습이 이채롭다. 사당은 숙종이 1693년 짓고 현판을 내렸다. 17세기 후반 사당의 건축 양식이다. 오리영우가 있어 이 마을이 영당影堂마을로도 불려왔다.

효종 9년1658에 지은 '충현서원'은 철거됐고 지금은 터만 남았다.

오리영우 뒤편에는 두 개의 정자가 있다. 둘 다 표석만 남기고 사라졌던 것을 1993년 복원했다. 이 중 삼상대三相臺의 '삼상'이란 우의정·좌의정·영의정 삼정승三政丞을 의미하고 왼쪽의 풍욕대風浴臺는 '바람으로 목욕한다.'는 뜻이다. 풍욕은『논어』〈선진〉편에 나오는 말로, 공자가 제자들에게 "어떤 사람이 너희를 알아준다면 무엇을 하겠느냐?"라고 묻자, 증점[39]이 "기수에서 몸을 씻고 무우에서 바람을 쐰 후 노래하며 돌아오겠습니다."[40]라고 말한 데서 유래했다. 기수는 산동성 곡부에 있는 강이고, 무우는 그곳에서 노나라가 기우제를 지내던 제단이다.

충현박물관에서 보이는 앞산에는 이원익 선생의 묘와 신도비가 있다. 전주 이씨 묘역에 함께 있다. 정경부인 연일 정씨와 쌍분으로 조성됐다. 묘비의 글은 희미해 졌으나 이준李埈이 찬하고 손녀 사위인 미수 허목許穆이 썼다. 묘역 아래쪽에 있는 신도비는 두 마리의 용이 여의주를 물고 다투는 모습이 생동감 있게 조각돼 있다.

묘역 아래 대로변에는 2001년에 건립한 오리서원이 있다. 생애와 공적을 기리기 위한 기념관이자 선생을 사표로 삼아 가르침을 받을 수 있는 인성 교육 시설이다.

---

39 曾點(증점) : 증자의 아버지로 증석(曾皙)으로도 불린다.
40 浴乎沂 風乎舞雩 詠而歸(욕호기 풍호무우 영이귀)

우리 땅 그랜드 투어

광명엔 또 무엇이 있나?

우리 역사상 기억해야 할 '또 한 명의 이순신'이 있다. 임진왜란 때 나라를 구한 충무공 이순신李舜臣이야 너무나 당연한 존재감이지만 바로 그 이순신을 보필하며 생사를 함께한, 또 한 명의 장수 무의공 이순신李純信이다. 한자 이름이 다르다. 양녕대군 후손이니 왕족이다.

1591년 방답 첨절제사[41]로 부임해 전라좌수사 이순신 휘하의 장수로 맹활약 했다. 충무공 이순신 휘하의 중위장으로 옥포해전에서 함께 전공을 세운 것을 비롯, 숱한 전투를 거쳐 정유재란 때는 경상우수사로 참전했고 마지막 전투 노량해전에서 삼도수군통제사 충무공 이순신이 전사하자 그를 대신해 군사를 지휘하며 전쟁을 승리로 마감했다. 둘 사이 사사로운 인간미 넘치는 일도 있다. 이순신李舜臣 장군이 감옥에서 죽다 풀려난 1597년 4월 1일, 남대문 밖으로 나오던 그날 밤 이순신李純

---

41 『난중일기』에 '방답첨사 이순신'으로 기록돼 있다.

信이 술을 갖고 찾아와 함께 취하며 위로했다.[42] 충무공 역시 잊지 못할 순간이었을 것이다. 이순신 李純信은 전란 7년 동안 이순신 李舜臣을 가까이서 모신 충실한 휘하 장수였다.

그가 잠든 곳 **무의공 이순신 묘**는 KTX 광명역 근처, 광명시 일직동 서독산 동쪽 기슭에 있다. 문인석엔 안상문, 당초문, 연판문이 새겨져 이채롭다. 하지만 망주석 하나가 파손되어 있고 묘소 진입로가 밭둑 석축 위로 아슬아슬하게 걸어 들어가야 하는 등 다소 방치된 듯한 분위기다.

KTX 광명 역세권은 새로운 쇼핑천국으로 부상하고 있다. 전국을 잇는 고속철과 제2경인고속도로를 비롯 4개의 고속도로가 접해있는 수도권 서남부 핵심 요지로 자리 잡았다. 대규모 유통업체들이 역 주변을 에워싸고 있다.

폐광산이 고품격 문화관광 자원으로 변신한 **광명동굴**은 광명의 대표적 여행지가 됐다. 1912년부터 약 60년 간 금·은·동·아연 광산으로 이름 날렸고, 1970년대에는 소래포구의 새우젓을 숙성시키던 공간이 되었다가 2011년 역사와 문화가 살아있는 동굴로 변모했다. 동굴 안에는 화려한 조명과 광산의 역사·와인 시음장 등이 있어 역사 문화 여행지로 손꼽힌다.

광명이 배출한 조선시대 비운의 여성 신지식인이 있다. 인조의 장남 소현세자의 빈 강씨다. 소현세자가 아버지로부터 견제 받다 죽은 후, 빈은 인조를 독살하려 했다는 모함을 받고 사사된 비운의 여성이다. 볼모로 잡혀갔던 청나라 심양 시절 빈 강씨는 노예로 팔려간 우리 백성을

---

42 『난중일기』〈정유년〉 4월 1일

구원하기도 했다. 그의 무덤이 **민회빈 강씨 능원**영회원이다. 낚시터로 유명한 노온사지라는 작은 저수지를 끼고 비포장도로 숲길로 들어간 곳에 있다.

안터생태공원은 도심 속 자연 생태계를 체험할 수 있는 곳이다. 고구려 주몽 설화에도 등장하는 행운과 복의 상징, 멸종위기 금개구리가 사는 안식처로 소중한 습지다. 각종 식물·어류·조류가 서식해 도심에서 자연의 생명력을 느낄 수 있게 한다.

광명스피돔은 세계 최대 규모의 자전거 문화 메카다. UFO를 연상시키는 건물 안에서는 경기 관람은 물론 자전거·롤러 등 각종 체험도 할 수 있다.

광명전통시장은 닭강정·족발을 비롯 20~30년 전통 맛집이 많다. 재래시장 특유의 훈훈한 온정도 넘친다.

광명동굴

안터생태공원

윗사람이 예를 좋아하면 백성은 공경하지 않을 수가 없고, 윗사람이 의를 좋아하면 백성은 승복하지 않을 수가 없으며, 윗사람이 신의를 좋아하면 백성은 진실하지 않을 수가 없다.

『논어』〈자로〉편

제4편
덕으로 다스리면 백성은 절로 따라온다
● 송준길의 '회덕회토懷德懷土' ●
〈대전〉

子曰,

君子懷德 小人懷土

君子懷刑 小人懷惠.

〈이인〉

공자께서, "군자는 베풀 덕을 생각하고 소인은 편히 살 방도를 추구하며, 군자는 법도를 생각하고 소인은 혜택 받기를 바란다."라고 하셨다.

원문 속 산책

'군자君子'란 기본적으로 학식이 높고 도덕성을 갖춘 인격자유학자를 뜻하지만, 상황에 따라 다양한 의미로 쓰인다. 때로는 백성을 다스리는 군주, 즉 지도자나 조직의 리더를 뜻하기도 하는데 이에 대비되는 소인은 백성 또는 조직원을 의미한다.

'회懷'는 '품다.', '생각하다.', '따르다.' '(마음속으로) 추구하다.'란 의미를 나타내고, '토土'는 '흙', '고향', '장소', '편안히 살 곳'을 뜻하지만 '하찮은 것'을 의미하기도 한다. '하찮은 것'을 의미할 때는 '土'를 '차'로 읽는다.

'회토懷土'는 '안락하게 살 곳을 염원하다.', '고향을 생각하다.'라는 의미도 갖고 있다.

덕이란 베푸는 행위이니, 군자는 덕을 베풀 것을 생각하는 공인인

덕을 품으면 사람이 모인다.
[쑤저우박물관 소장]

반면, 백성소인은 혜택만을 바라는, 즉 '하찮은 것'에 마음이 쏠려 있는 사인이다.

그러니 지도자는 우선 백성들에게 배불리 먹고 살 수 있도록 은혜를 베풀고, 그런 다음 가르쳐야 한다는 공자의 말씀이 한 치의 어긋남이 없다. 공자는 이미 2500년 전 인간의 심리를 정확히 꿰뚫은 철학 심리학자였다.

'회덕회토'의 시사점

'군자, 즉 지도자는 훌륭한 덕을 갖추려 하고 백성은 눈앞의 이익과 편히 살 것을 생각하며, 군자는 법도에 맞는 통치를 생각하고 소인은 자신에게 이익이 될 혜택만을 소망한다.'는 의미로, 군자와 소인의 상반된 생각을 보여주는 말이다.

노나라 임금 애공哀公이 백성이 잘 따르게 할 방법을 묻자, 공자는 "올바르고 곧은 사람을 그릇된 사람 위에 등용하면 백성이 잘 따르고,

그릇된 사람을 바르고 곧은 사람 위에 쓰면 따르지 않는다."⁴³라고 훈수했다.

공자는 정치를 덕으로 해야 한다고 강조한다. 그렇게 하면 백성은 떠나지 않고 자연스레 모여든다는 것인데, 이를 "덕으로 정치를 하면 북극성 주위로 수많은 별들이 에워싸며 모이는 것과 같다."⁴⁴라고 예를 든다.

그러니 '덕을 베푸는 사람은 외롭지 않고, 반드시 이웃이 있다.'⁴⁵라는 세상의 이치를 새겨봐야겠다.

법과 형벌에 앞서 덕을 베풀어야 한다. "법령政으로 이끌고 형벌로 다스리면 백성은 법망을 빠져나가 죄를 모면하되 부끄러움을 모르고, 덕과 예로 다스리면 염치를 알고 자신의 잘못을 스스로 바로 잡는다."⁴⁶

양보하고 배려하는 미덕이 손해가 아니라는 믿음을 주는 사회가 안착되기를 바랄 뿐이다.

어쨌든, 백성을 통치하는데 있어서 덕으로 보듬느냐 형벌로 다스리느냐 하는 문제이다. 가렴주구와 형벌이 앞서면 백성은 보다 안락한 삶을 찾아 떠나간다. 조선시대에도 관리들의 폭정에 시달려 산속에 숨어 화전민이 되어 살거나 멀리 떠나간 사례가 무수히 많다. 『정감록鄭鑑錄』 십승지마을을 찾아 숨어 산 것도 이와 무관치 않다.

훌륭한 인재가 남아서 함께 발전을 이루느냐, 국외로 빠져나가 인

---

43 擧直錯諸枉 則民服 擧枉錯諸直 則民不服(거직조제왕 즉민복 거왕조제직 즉민불복) - 『논어』〈위정〉
44 爲政以德 譬如北辰 居其所而衆星共之(위정이덕 비여북신 거기소이중성공지 - 『논어』〈위정〉
45 德不孤 必有隣(덕불고 필유린) - 『논어』〈이인〉
46 道之以政 齊之以刑 民免而無恥 道之以德 齊之以禮 有恥且格(도지이정 제지이형 민면이무치 도지이덕 제지이례 유치차격) - 『논어』〈위정〉

재 유출 현상을 빚느냐 하는 것이 국가와 기업에서 종종 당면하는 문제이다. 자기 재능을 십분 발휘하고 그에 따른 보상을 받을 수 있는 곳으로 이동하는 것이 세상의 이치일 것이다. 기업의 국외 이탈도 마찬가지다. '규제'를 통해 강압적으로 통제한다고 될 일이 아니다.

이에 공자는 5가지 미덕과 4가지 악덕을 부연했다. 5가지 미덕은 "백성에게 은혜를 베풀지만 낭비하지 않고, 일을 시켜도 원망을 사지 않으며, 뜻을 이루되 탐욕스럽지 않고, 넉넉해도 교만하지 않으며, 위엄을 갖추되 사납지 않은 것이다."[47]라고 했다.

또 4가지 악덕은 "가르치지 않고 (죄를 지었다고) 죽이는 잔혹함, 사전에 주의 없이 결과만 따지는 포악함, 명령은 느슨하게 하고 기일을 재촉하는 사악함, 나누어 주어야 할 것을 주지 않는 인색함이다."[48]라고 규정지었다.

송준길의 '회덕회토懷德懷土'

한 시골 아낙이 아이 하나는 등에 업고 다른 하나는 손을 잡은 채, 외로운 무덤 앞에서 통곡을 했다. 얼마나 슬펐던지 가슴이 찢어질 듯한 울음소리에 한 길손이 사연을 물었다. 아낙이 말하기를 "남편이 병들어 죽은 지 3년이 지났는데 대신할 사람을 구하지 못해 아직도 백골징포를 바치고 있습니다. 작년에 일곱 살 아이가 명단에 들어갔고, 올

---

47 君子惠而不費 勞而不怨 欲而不貪 泰而不驕 威而不猛(군자혜이불비 노이불원 욕이불탐 태이불교 위이불맹) - 『논어』〈요왈〉
48 不敎而殺謂之虐 不戒視成謂之暴 慢令致期謂之賊, 猶之與人也 出納之吝 謂之有司(불교이살위지학, 불계시성위지포, 만령치기위지적 유지여인야 출납지린 위지유사) - 『논어』〈요왈〉

핸 등에 업힌 네 살 아이도 이름이 올랐습니다. 남편의 무덤이 있어 고향에서 목숨을 보전하려 했지만 이제는 감당할 수 없어 도망가려 합니다. 그래서 지금 무덤 앞에서 작별을 고하는 것입니다."49

과연 공포의 가정맹호苛政猛虎다. 병자호란이 끝난 지 30년이 다 돼 가지만 백성들은 도탄에 빠져 헤어나지 못하고 있었다. 관리들의 착취로 백성들 사이에선 '나라 편', '백성 편'이란 망국적 표현이 난무했다.

1665년 벼슬길에서 물러나온 동춘당 송준길宋浚吉이 사람들에게 들은 이 이야기를 현종顯宗 임금에게 상소문으로 올렸다.

군자군주는 덕을 생각하고 소인백성은 편히 살 방도를 찾는다. 윗사람이 덕을 베풀지 않으면 백성은 살 만한 곳을 찾아 떠난다. 가렴주구에 못 견딘 아낙이 마침내 고향땅을 버린 것이다.

송준길은 백성이 1년 내내 힘들여 농사지어 풍년을 만난다 해도 빚 갚고 세금을 내면 쌀독이 이미 바닥나 매년 봄·여름 사이 푸성귀만 먹는 근심에 싸여 있는 것을 목도했다. 지난 봄에 길거리에 시신이 쌓였는데 내년 봄이 또 걱정이다. 하물며 흉년이면 오죽하겠는가? 더 지탱할 수 없자 끝내 산속으로 들어가 화전 생활을 한다. 이렇게 달아난 사람의 세금은 남아 있는 친인척과 이웃에게 부과하니 견뎌 낼 사람이 없다. 세상 풍속이 날로 불량해졌다. 건강한 사람은 도둑이 되고, 노약자는 죽어 구렁을 메울 것이 너무나도 뻔하니 이는 나라가 망해갈 형세라고 목청 높였다.

송준길은 임금에게 즉시 세금을 탕감하고, 내탕고와 각 고을의 창고를 열어 곤궁한 백성을 구제하도록 권했다. 이어 "임금 한 사람의 마

---

49 『현종실록』〈11권〉, 현종 6년(1665) 11월 29일 기사

음이 만화萬化의 근원입니다. 마음을 확립시켜 큰 일을 하시고 구병舊病(과거의 잘못)을 혁거하십시요. 하늘 탓으로 돌리지 말고 현 상황을 핑계대지도 말 것이며 방본邦本(나라의 근본)을 공고히 하시어 세도世道를 만회하시길 스스로 기약하소서."50라며 상소를 올리자, 현종 임금은 곤궁에 처한 민생의 심각성을 알겠다며 상의해 조처하겠다고 답했다.

송준길은 현종 임금에게 지난 10년 간 나라가 도탄에 빠진 것에 대해, 주자朱子의 말을 인용해 "군자 가운데 등용되지 않은 자가 있고, 소인 가운데 혹 제거되지 않은 자가 있어서 입니까? 대신이 그 직책을 상실하고, 천한 자가 정권을 훔쳐서 입니까? 남을 책망하는 데는 밝으면서, 자신을 반성하는 데는 지극히 못해서 입니까? 이러한 몇 가지 사유가 있은 뒤 반드시 재이災異를 부르게 되는 것입니다."라며 반성해 달라는 표현까지 썼다.

인과 덕, 예를 품고 살아가는 송준길은 오로지 위로는 임금을 생각하고 아래로는 주린 백성들이 흩어질까 걱정뿐이었다.

다투기를 싫어하는 송준길이지만 모함을 받은 적이 있다. 특히 스승 사계 김장생金長生을 위해 쓴 제사계문祭沙溪文에서 '퇴계를 버리고 율곡을 취했다.舍陶取栗(사도취율)'란 표현에 대해 일부에서 문제 삼자, 송준길은 '이기理氣를 논함에는 퇴계 주장을 버리고 율곡의 주장을 따랐다.'는 것임을 상기시키며 그 스승의 모든 것을 말한 것이 아님에도 앞말은 잘라버리고 뒷말만 갖고 공격하는 것에 불편해 했다. 오늘날에도 이러한 사례를 우리는 많이 보고 있다.

송준길과 일생을 함께 걸어온 송시열宋時烈은 "서로 매우 아끼고 좋

---

50 『현종실록』〈11권〉, 현종 6년(1665) 11월 29일 기사

아했다. 그런데 옥천의 전곽사우全郭祠宇를 철거하는 일에 끝내 서로 양보하지 않아 얼굴까지 붉혔는데, 후에 공公(송준길)이 임금님 앞에서 결국 내 말을 채택해줬다. 일을 처리함에 있어 빈틈이 없고 상세했으며 자기 의견을 버리고 남의 의견을 존중해주는 것이 이와 같았다."라며 극찬했다.

그 시절, 회덕현에 어진 현감이 부임했으니 그가 조이숙趙爾翻이다. 1659년 부임했을 때 대흉년으로 굶주린 백성들이 관아를 가득 메웠다. 조 현감은 해진 옷을 입은 채 이듬해까지 자신의 녹봉마저 구휼하는 데 사용하며 백성들을 돌보다 순직했다. 백성들은 통곡하며 불망비를 세워 추모했다. 송시열이 글을 짓고 송준길이 글씨를 쓴 거사비명去思碑銘도 세웠다.

송시열은 조이숙의 묘갈명도 썼는데, "경자년庚子年(1660년 현종 원년)에 오래된 솜옷만을 몸에 걸치고서 날마다 차가운 대청에 앉아 수적受糴(봄에 백성에게 꾸어준 곡물을 추수 뒤에 거두는 일)하느라고 마침내 병이 들었고, 10월 23일에 관청에서 세상을 떠났는데 나이는 45세였다. 이에 고을 백성들이 모두 모여 곡하면서 눈물을 흘렸다. 벼슬에 나가서는 청렴한 태도로 자신을 다스렸고, 죽은 뒤에는 심지어 염습할 이불조차 없을 정도였다고 한다."라고 했다.

훗날 회덕 사람들은 조이숙의 아들 조명세趙鳴世가 이웃 고을에 우거寓居하자, "그 사람이 사랑스러우면 그 집 지붕 위의 까마귀도 사랑스러운 법이다."라고 하면서, 마침내 서로 더불어 그를 고마워하고 편안히 살게 도와주었다.

군자가 덕을 베푸는 곳엔 사람이 모여들기 마련이다. 오늘날에도 살기 좋은 고장엔 인구가 유입되지만 먹고 살기 힘든 고장은 너나 할 것 없이 더 나은 곳으로 떠난다.

고려 태조 때부터 불려온 지명 회덕懷德(지금의 대전광역시 대덕구 회덕동 일대)은 1000년이 넘은 역사 속에서 덕을 품고 인으로 보듬어 온 고장이다. 한때 공주公州 관할의 작은 변방 고을이었던 회덕현이 대전리한밭 일대에 1904년 경부선 철도가 개통되고 1914년 호남선 철도까지 생기면서 공주에 있던 충청남도청이 1932년 대전으로 이전해 충청남도 대표 도시로 부상했다. 대전은 그 여세를 몰아 현재 대한민국 제 5대 도시 대전광역시2020년 1월 현재 서울·부산·인천·대구에 이어 인구 147만여 명가 될 만큼 인구가 늘어난 것은 결코 우연만은 아닐 것이다. '덕德'은 사람을 불러 모은다.

자신의 죽음에도 예 갖춘 '예학종장'
동춘당 송준길同春堂 宋浚吉 : 1606~1672

송준길은 1606년 서울 정릉동에서 태어나 세 살 때 아버지 송이창宋爾昌을 따라 회덕으로 내려왔다. 어려서부터 눈매가 아름답고 봉황같이 잘생긴 용모로 가는 곳마다 사람들이 송준길을 보고 싶어 했다. 그럼에도 송준길은 언제나 거경궁리居敬窮理 자세로 침착하며 올곧은 품행을 유지했다.

『사략史略』을 배울 때 아버지로부터 '남이 감히 속이지 못하는 경우', '남이 차마 속이지 못하는 경우', '남이 속일 수 없는 경우' 세 가지가 있는데 이는 어째서 생기는 것이냐고 묻자, 어린 송준길은 "위엄이 있으면 남이 속이지 못하니, 이는 두려워하기 때문입니다. 인자한 마음이 있으면 남이 차마 속이지 못하니, 이는 진심으로 복종하기 때문입니다. 슬기로운 꾀가 있으면 남이 속일 수 없으니, 이는 총명함에 복종하기 때문입니다. 이 중, 남이 차마 속이지 못하는 것이 으뜸이고, 속일 수 없는 경우가 그 다음이며, 감히 속이지 못하는 것이 맨 나중입니다."라고 말하자 아버지가 몹시 기특해 했다고 한다.

송준길은 효종孝宗과 현종의 스승이었고 숙종肅宗이 원자 시절 또한 가르침을 전해 '왕의 스승'으로 유명했다. 당대 명필로도 명성이 자자했다. 대제학을 역임한 문신 우복 정경세鄭經世의 사위가 되었고, 숙종의 계비이자 장희빈에 의해 시련을 겪었던 인현왕후仁顯王后가 그의 외손녀이다.

한 살 아래 우암 송시열과는 친척으로, 옥천 외가에서 태어나 8살 때 회덕으로 온 송시열이 8~9살에 송준길의 집에서 함께 생활하며 공부했다. 송시열이 다 해진 옷을 입고 있으면 어머니한테 말한 후 자신의 옷을 벗어줬다는 일화도 전한다. 이후 송시열과 함께 국정을 주도하기도 하고 물러나기도 했으며 평생 동지로 살았지만 송시열의 그늘에 가려진 편이다. 모두 은진 송씨인 송준길·송시열·송규렴宋奎濂을 '회덕삼송懷德三宋'이라 부른다.

송시열과 함께 이이李珥·김장생金長生의 문인으로 서인西人 계열로 분류됐지만, 남인南人인 퇴계 이황 선생을 꿈속에서도 만날 만큼 크게 흠모했다. 꿈에서 퇴계 선생을 만난 후 시 한 수를 남겼다.

"언제나 퇴도退陶(퇴계 이황) 선생을 흠모했기에

돌아가신 후에도 정신이 통했는가
이 밤 꿈속에서 가르침을 듣고
깨어나 보니 달빛이 창에 가득하네."⁵¹

자식들에게도 퇴계 선생의 책을 늘 책상 위에 두고 읽게 했다.

평소 조용하고 원칙을 중시하면서도 남을 배려했던 성향으로 살아 웬만한 정치인이 겪었을 유배 한 번 가지 않았다. 또한 겸손함이 넘쳐 자신의 흔적조차 남기지 않아 초상화도 없다. 이러한 성향으로 인해 훌륭한 족적을 남겼음에도 그를 아는 사람이 많지 않은 편이다.

67세 인생의 마지막 날, 부축을 받으며 일어나 옷깃을 여미고 꿇어앉았다. 주변 사람들이 편히 앉기를 청하자 "이렇게 앉지 않으면 불안하다."라며 예학禮學의 종장宗匠다운 모습으로, 스스로에게도 예를 받들어 생을 마감했다. 사후 영의정에 추증됐다.

'회덕회토' 송준길의 '동춘당' : "늘 봄만 같아라."

동춘당 송준길 선생 집안이 회덕에 정착한 것은 7대조 쌍청공 유愉가 조선 태종 때 벼슬을 버리고 내려와 집 한 채를 지어 살면서 시작됐다. 그 집이 쌍청당雙淸堂이다. 지금도 중리동에 남아 있다. 쌍청당의 자손이 번창하자 사람들은 이 마을을 송촌宋村이라 불렀고 지금도 대전시 송촌동으로 이어가고 있다. 송촌동 일대 아파트는 '선비마을'이라는 이름을 쓰고 있는데 바로 송준길을 비롯한 은진 송씨 집안 선비

---

51 송준길 지음, 『동춘당집』, 정태현 옮김, 이라나 평설, 한국고전번역원

들의 세거지에서 비롯된 것이다.

쌍청당에서 동쪽으로 2km 거리에 송준길의 부친 송이창이 온돌방과 마루로 구성된 당堂 한 채를 지었는데 병자년1636년 이후 허물어진 것을 송준길이 1643년 봄 동쪽으로 조금 떨어진 개울가에 다시 옮겨 짓고 '동춘同春'이라 당호를 내걸었다. '만물과 더불어 봄을 함께한다.'는 의미다. 그리고 자신의 호도 '동춘당同春堂'이라 했다. 좌의정을 역임한 포저 조익趙翼은 송준길의 '동춘'이란 말 속에는 '봄은 만물을 낳는 기운이므로, 이는 곧 인을 추구한다.'는 의미라고 풀이했다. 즉, '회덕懷德'을 의미하는 말이다.

실제로 송준길은 송시열·송규렴과 함께 회덕에 처음으로 향약을 보급해 주민들의 활로를 모색했다. 높은 관직에 있었지만 항상 지역사회와 함께하면서 민생을 챙겼다.

동춘당은 작지만 실로 아름다운 한옥이다. 단아하다는 느낌이 절로 든다. 조선 중기 충청도 선비의 기풍이 묻어난다. 보물 제209호로 지정돼 있다. 정면 3칸 중 왼쪽 1칸은 온돌방이고 나머지 2칸은 대청마루로 돼 있다. 특이한 것은 건물의 동서남북 문이 모두 크기와 기능을 달리한다는 점이다. 정면인 남쪽 대청 2칸의 문은 여름철 개방을 위해 큰 문으로 달았고 방문은 황토벽 가운데에 아담하게 달았다. 동쪽은 햇빛의 눈부심을 막기 위해 나무판자로 가림막식 벽을 했고 북쪽은 북풍을 막으려 문을 작게 했다. 서쪽 문 또한 의미 깊다. 담장 너머엔 집으로 출입하는 골목이 있어 왕래하는 사람들의 소리를 차단하기 위해 문을 아주 작게 만들었다. 문 하나 하나에도 기능성을 부여한 지혜가 돋보인다. 굴뚝은 보통 집들과 달리 서쪽 벽 아래 구멍으로 만들었

동춘당

동춘당 굴뚝과 마루

는데, 이는 겸허함의 표현이다.

처마와 마루 기둥은 투박할 만큼 아주 소박하다. 꾸밈없는 모습은 좋은데, 한편으론 쓰러질 듯 불안해 보이기도 한다.

'동춘당' 현판 글씨는 인생 동반자였던 우암 송시열이 송준길의 곧은 성격을 묘사하듯 정성껏 또박또박 썼다. 현판 맨 왼쪽 작은 글씨 '화양동주華陽洞主'는 송시열의 호 중 하나다. 송시열의 대표 호는 '우암 尤庵'이다. 항상 말이 많았던지, 벗 창주 김익희가 송시열에게 "그대가 말이 많으니 '말에 허물이 적다.'[52]고 할 수 없다. 그러니 나는 그대의 서재 이름을 '우尤(허물)'라고 해야겠다."라 했는데 송시열이 김창주에게 편지를 쓸 때마다 스스로 '우암'이라고 쓰면서 대표 호가 됐다고 한다. '말이 많으면 허물도 적잖다.'는 옛사람의 충고가 크게 와닿는다.

담장 밖 노송마저 예학의 종장에게 예를 갖춘 모습을 하고 있다. 담장이 낮은 것은 너와 나 사이 벽을 낮춘다는 의미를 담았다. 송준길 선

---
52 言寡尤(언과우) - 『논어』〈위정〉

송시열이 쓴 '동춘당' 현판

생의 정신을 잘 반영하고 있다.

골목 안쪽에는 사랑채 및 안채가 'ㅁ'자형을 이루는 송준길 선생의 집이 있고, 그 우측에는 보기 드물게 사당이 두 개나 있다. 4대조까지 모신 가묘家廟와 송준길 선생만 따로 한 번 더 모신 별묘別廟가 있다. 특이한 사례다.

담장 밖 동쪽으로 다소 떨어진 곳에 자리한 한옥은 송준길의 둘째 손자 송병하宋炳夏가 분가하면서 거주한 후 그의 후손이 대를 이어 살고 있다. 송준길은 가족들에게 "이 아이는 우리 집 어사 손자가 될 재목이다."라고 할 정도로, 송병하는 어릴 때부터 주목을 받았다고 한다. 외직 현감·군수로 몇 차례 부임했지만 병을 이유로 높은 관직에 나아가지는 않았다.

우리 땅 그랜드 투어

대전엔 또 무엇이 있나?

    오늘날 대전의 모태가 된 회덕현은 대덕구 **회덕동 행정복지센터**동사무소 자리 일대에 있었다. 고을 관아와 객사, 그리고 각종 부속 기관이 이 주변에 자리했다. 회덕초등학교는 환곡을 비축하던 창고가 있었던 자리로 알려졌다. '대덕'이란 말도 대전과 회덕에서 따온 말로, 더 나아가 '큰 덕大德'을 품은 땅으로 이어가려는 의지가 담겨 있다.

    행정복지센터 정문 앞에는 고을 현감 등의 송덕비가 나란히 세워져 있다. 곳곳 산재한 것을 한 곳에 모은 것이다. 이곳이 '덕을 품은 고장' 회덕현 행정 중심지였음을 지금도 어렴풋하게나마 느낄 수 있게 한다.

    회덕에는 일찍부터 성리학의 싹이 트고 있었다. 조선 전기에 박팽년朴彭年과 김정金淨을 배출한 저력이, 후기엔 송준길과 송시열로 이어질 수 있었다. 대전 가양동에는 **박팽년 유허 비각**이 있다.

    회덕향교는 조선 초기에 건립한 것으로 추정되는데 관아 북쪽 산비

회덕향교

탈에 있다. 완만한 경사를 따라 홍살문과 하마비를 지나 외삼문을 통해 들어가면 전학후묘의 배치를 하고 있다. 제사 공간인 대성전에는 중국의 5성 4현5성(공자·안자·증자·자사·맹자) 4현(주돈이·정호·정이·주희)과 우리나라 18현설총·최치원·안향·정몽주·김굉필·정여창·조광조·이언적·이황·김인후·이이·성혼·김장생·조헌·김집·송준길·송시열·박세채의 위패가 모셔져 있다. 매년 봄·가을 제사를 올린다.

송준길·송시열과 함께 '회덕삼송'으로 불리는 제월당 송규렴의 집 **제월당과 옥오재** 또한 회덕의 이미지를 품고 있다. 그 시절엔 계족산 기슭 풍광 좋았을 자리가 지금은 경부고속도로와 계족로가 생기면서 두 대로 사이에 갇힌 형국이 돼 버렸다. 제월당은 별당이며, 옥오재는 사랑채다. 이외 안채와 사당, 장서각이 있어 조선시대 사대부 가옥의 품

송시열 남간정사

격을 말해주고 있다. '제월霽月'은 '광풍제월光風霽月'의 준말로, '비 갠 뒤의 맑은 바람과 달'을 뜻하는데, 선비의 맑은 마음을 비유한 말이다. 중국의 황정견黃庭堅이 주돈이周敦頤의 인품을 두고 한 말이다. '옥오재玉吾齋'는 명나라 유학자 방정학方正學이 '차라리 기와로서 온전할지언정 깨지는 옥은 되지 않겠노라.'는 말을 남겼는데, 옥오재는 '나는 깨지는 옥이 되겠노라.'라고 했으니 정의를 위해선 목숨도 불사하겠다는 선비의 기개가 담겨 있다.

우암 송시열의 유적은 **우암사적공원**에 있다. 아름다운 연못을 가진 정자 남간정사南澗精舍가 있다. '남간南澗'은 주자의 시구 '운곡남간雲谷南澗'에서 따온 말로, '양지바른 곳에 졸졸 흐르는 개울'을 뜻한다. 실제로 뒤뜰 샘에서 나오는 물을 건물 밑으로 흐르게 설계해 자연을 거스르지 않는 선비 정신을 엿볼 수 있다. 공원 내에는 송시열의 문집인『송자대전宋子大全』의 목판이 장판각에 보관돼 있다.

　대전은 유성온천으로 대변되는 온천의 고장이기도 하다. 채만식의 소설『탁류濁流』에서 약국 주인 박제호가, 결혼하자마자 남편이 죽으며 만신창이가 된 초봉이와 함께 서울로 올라가는 길에 유성온천으로 유인해 또 다시 수렁으로 빠뜨린 장소로 등장한다. 이미 1930년대에도 유성은 온천으로 유명했음을 문학 작품을 통해 알 수 있다.

　대전은 근현대사를 거치며 급격하게 성장한 도시인 만큼 그 흔적도 고스란히 남아 있다. 대전 주민들 사이에서 불리는 으능정이 문화거리가 그곳이다. 과거 대전의 중심지였던 은행동·선화동 일대를 부르는 말이다. '은행나무 아래 정자'가 있어 '으능정이'라 불렸다는 재미있는 표현이 오늘날에도 문화거리로 원도심 상권을 형성하고 있다. 지금은 화랑·공연장·전시실·골동품점 등 문화예술 관련 업종 150여 업소가 성업 중이며 다양한 축제 속 활기가 넘친다. 2013년 개장한 길이 214m, 폭 13.3m, 높이 20m의 아케이드형 LED 스크린은 밤이 되면 화려한 빛의 도시로 안내한다.

　대전의 빵집 성심당, 대흥동 성당 등도 모두 으능정이에 있다. 성심당 빵은 2014년 프란치스코 교황이 방한했을 때 KTX로 배달해 식탁에 올리는 영광을 누렸다. '성심당聖心堂' 이름에서 보듯, 주인이 가톨릭 신자였던 점이 인연이 됐다고 한다.

　은행동·대흥동·선화동을 중심으로 그 한 켠에는 80년 역사를 달려온 옛 충남도청 건물이 1km 직선 도로중앙로를 따라 대전역과 서로 마주 바라보고 서 있다. 충남도청이 2013년 홍성군 홍북읍 내포 신도시로 옮겨감으로써 옛 청사는 대전 근현대사 전시관으로 변신해 지난 80년 발자취의 기록을 안고 있다. 등록문화재 제18호다.

대전은 우리나라가 과학입국으로 가는 데 앞장 선 과학의 도시다. 그 선봉에 엑스포 과학공원이 있다. 1993년 대전엑스포가 끝난 뒤 시설과 부지를 국민과학교육의 장으로 활용해 오고 있다. 어린 학생들에게는 과학의 상상력과 꿈을 키워주는 과학공원이다.

계족산 황톳길을 창안해 '회덕 경영'을 선도하는 맥키스컴퍼니 조웅래 회장

맨발로 땅과 교감을 나눌 수 있는 곳, **계족산 황톳길**이다. 계족산 능선을 따라 총 길이 14.5km의 황톳길을 걸으며 잠시 태초의 자연 속으로 여행할 수 있다. 여기엔 '회덕 경영철학'이 담겨있다. 대전 지역 소주 업체 맥키스컴퍼니 구 선양 조웅래 회장이 2006년 등산을 할 때 하이힐을 신고 온 여성에게 자신의 운동화를 벗어주고 맨발로 걷고 난 후 그날 밤 맨발 지압의 효과를 온몸으로 느꼈다. 이 효과를 많은 사람과 나누고 싶어 스스로 비용을 들여 개발했다고 한다. 조웅래 회장은 이 황톳길에서 보여주듯 자연과 사람을 이어주었고, 문화와 사람을 이었으며, 또한 사람과 사람을 이어간다는 '사람과 사람 사이 Link Tommorrow' 기업이념으로 덕을 품은 '회덕의 정신'을 이어가고 있다.

모두가 싫다 해도 좋은 점이 없는지 반드시
살펴봐야 하고, 모두가 좋다 해도 나쁜 점
이 없는지 반드시 살펴봐야 한다.

『논어』〈위령공〉편

제5편

어려운 일엔 앞장, 이익은 나중에

● 이순신의 '선난후획先難後獲' ●

〈통영〉

번지문지 자왈
樊遲問知, 子曰,

무민지의　경귀신이원지　가위지의
務民之義　敬鬼神而遠之　可謂知矣.

문인　왈
問仁, 曰,

인자선난이후획　가위인의
仁者先難而後獲　可謂仁矣.

〈옹야〉

번지가 지혜에 대해 여쭈자, 공자께서, "사람이 지켜야 할 도의에 힘쓰고 귀신을 공경하되 멀리하면 지혜롭다고 할 수 있다."라고 말씀하셨다. 인에 대해서는 "어려운 일은 앞장서서 하고, 이익을 챙기는 일은 나중으로 돌리는 것이 인이라고 할 수 있다."라고 하셨다.

원문 속 산책

'귀신鬼神'이란 말은 '제사를 모실 조상, 즉 그 영혼'을 말한다. 귀신을 공경하는 것은 조상에 감사해 하되 제사를 예법에 맞게 올리는 것이고, 멀리하라는 것은 너무 미혹에 빠져서는 안 된다는 이야기다. 너무 빠지면 살아있는 사람이 경제적으로 힘들테니 적당히 하라는 것인데, 고지식할 것 같은 공자이지만 실은 매우 실용주의자이자 진보적인 사상가이다.

공자는 번지樊遲에게 '선난후획'과 같은 의미로 '선사후득'[53]이란 말로도 가르쳤다. 번지는 공자의 제자로 제나라 사람이다. 공자의 제자는 3000명에 달했다. 당시 중원을 중심으로 한 중국 전체의 인구가 1000만 명이었다고 하니 제자 수가 놀랍다.

---

53 先事後得(선사후득) - 『논어』〈안연〉

공자의 노나라는 물론 주변국에서도 제자들이 몰려왔다. 이 중 뛰어난 사람을 '72현七十二賢(77현으로도 본다).'이라 하는데 이들은 6예에 뛰어난 제자들, 그러니까 공자학당의 학위를 받을만한 제자이다.

다시 압축해 '공문십철孔門十哲'이 있다. 『논어』〈선진〉편에 나오듯 덕행이 뛰어난 안연顏淵·민자건閔子騫·염백우冉伯牛·중궁仲弓, 언어에 능통한 재아宰我·자공子貢, 정사에 밝은 염유冉有·계로季路, 학문이 심오한 자유子游·자하子夏가 공문십철이다. 이 네 개 분야를 또한 '공문4과孔門四科'라 한다. 공자 문하의 전공필수 과목인 셈이다.

공자를 스승으로 모신 사람들은 나이도 천차만별이다. 자로子路는 공자보다 9살 아래로 동생弟뻘이고, 안연은 30살 적은 아들子뻘이다. '동생과 아들'이니 이들이 곧 '제자弟子'이다.

'선난후획'의 시사점

귀신에 대한 공경은 필요하나 너무 의탁하지 말고 현실의 삶 속에서 자신의 노력으로 살아가야 한다. 조상의 제례를 받들되 과도한 미혹에 빠지지 말고 현실을 보라는 말이다. 공자가 제례를 중시하지만 얼마나 현실주의자인가 하는 것을 잘 보여주는 대목이다. 예를 갖추고 진실한 마음으로 임하면 족하다는 것이다.

어려운 일이 닥쳤을 때 자신의 이익을 접어두고 앞장서서 그 위기를 막아내는 사람이 있는 반면, 그 뒤에서 자신의 사욕만 챙기려는 사람이 있다. 그는 조직이 곪아 터져도 자신의 이익만 추구하지만 결국 곪아 터지면 그의 손에는 아무것도 남지 않을 것이다. 진정 인을 지닌 사람은 자신의 사욕보다 전체를 위한 공동의 선을 추구하는 사람이다.

솔선수범은 누구나 쉽게 말하지만, 진정한 군자는 막상 어려운 일이 닥쳤을 때

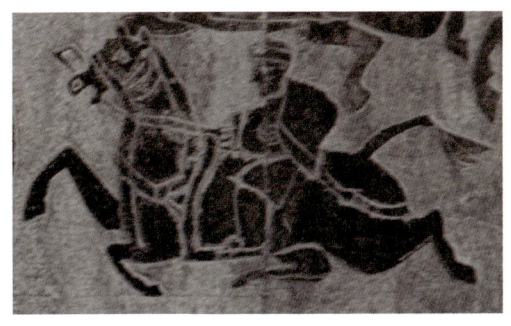

선난후획 [린쯔 고차박물관 소장]

"말하고자 하는 바를 먼저 실천으로 옮기고, 그런 후에 따르게 한다."[54]라고 했다.

말만 번지르르한 사람에 대해선 '교언영색 선의인'[55]이라고 경계한 바 있다. "말이란 그 뜻을 올바르게 전달하면 그것으로 충분하다."[56]라는 것이다. 굳이 말에 기교를 부린다면 뭔가를 숨기거나, 뭔가를 과장 선동하기 위함일 것이다. 그래서 속고 속이는 일은 '말'에서 시작된다.

이러한 부류의 사람으로, 특히 소인의 경우 "잘못을 저지르면 반드시 말을 그럴싸하게 꾸며댄다."[57]라고 주의를 준다.

그래서 "옛사람들이 말을 함부로 하지 않은 것은 행동이 뒤따르지 못할 것을 부끄러워했기 때문이다."[58]라고 했다.

공자는 "군자는 말하는 데는 어눌하지만, 행동하는 데는 민첩하려

---

54 先行其言 而後從之(선행기언 이후종지) - 『논어』〈위정〉
55 巧言令色 鮮矣仁(교언영색 선의인) - 『논어』〈학이〉
56 辭 達而已矣(사 달이이의) - 『논어』〈위령공〉
57 小人 之過也 必文(소인 지과야 필문) - 『논어』〈자장〉
58 古者言之不出 恥躬之不逮也(고자언지불출 치궁지불체야) - 『논어』〈이인〉

고 노력한다."⁵⁹라고 했다. 말보다 실천이 중요하다는 것이다. 오늘날 우리 현실을 보면 말만 많다. 언행 불일치로 세상이 어지럽다. 공자의 이 말을 가장 잘 실천하는 사람들이 핀란드 국민이다. 우선 말이 적고, 남에게 상처 줄 말을 하지 않으며, 말을 하면 진실만 하되 반드시 지킨다. 핀란드가 세계 1등 경쟁력을 갖는 이유가 여기에 있다.

공자가 말한 이러한 사람은 대체로 자리에 연연하지 않는다. 또한 높은 자리를 탐하려 남을 모함하지 않는다. 반면 어려운 일이 있을 때 뒤로 숨는 사람은 이익이 보이면 꼭 제일 먼저 달려든다고 한다. 이 사람들에 대해 공자는 "자리가 없는 것을 근심하지 말고, 어떻게 그 자리에 서고 잘 해낼 것인가를 걱정하라."⁶⁰라고 일침을 가한다.

이순신의 '선난후획先難後獲'

1592년 4월 30일 새벽, 비가 쏟아지는 창덕궁 인정전 뜰에 백관과 인마人馬가 가득 찼다. 선조 임금과 동궁은 말을 타고 중전 등은 뚜껑이 있는 교자轎子(가마)를 탔다. 홍제원洪濟院(서울 홍제동에 있던 역원)에 이르러 비가 더욱 심해지자 숙의淑儀(후궁의 품계) 이하는 교자를 버리고 말을 탔다. 궁인들은 모두 통곡하며 걸어서 따라갔으며 종친과 호종하는 문무관은 그 수가 100명도 되지 않았다. 점심을 벽제관碧蹄館(고양시 벽제역에 있던 객관)에서 먹는데 왕과 왕비의 반찬은 겨우 준비 되었으나 동궁은 반찬도 없었다. 병조판서 김응남金應南이 흙탕물 속을 분주

---

59 君子欲訥於言 而敏於行(군자욕눌어언 이민어행) - 『논어』〈이인〉
60 不患無位 患所以立(불환무위 환소이립) - 『논어』〈이인〉

히 뛰어다녔으나 어찌 해 볼 도리가 없었고, 경기 관찰사 권징權徵은 무릎을 끼고 앉아 눈을 휘둥그레 뜬 채 어찌할 바를 몰랐다.[61]

임진왜란으로 백성도 울고 하늘도 눈물 흘린, 선조 몽진 길 첫날 진풍경이었다. 왜란이 일어나고 보름 남짓 만에 왕은 궁성을 버리고 몽진에 나섰다. 신하들의 반대는 거셌다. 우승지 신잡申磼은 자결할지언정 전하의 뒤를 따르지 못하겠다고 했다. 수찬 박동현朴東賢이 도성을 나가지 말라며 통곡하자 선조는 얼굴빛이 변하며 내전으로 들어가버렸다.[62] 왕조 시대 나라의 주인이라 자처하던 왕이 나라를 버린 것이다.

조선 개국 후 200년 간 전쟁을 잊고 태평을 누리며 굳어졌던 안일함이 부른 대참화였다. 그때까지 일본은 전국시대를 거치며 전쟁 경험이 풍부한 장수와 병사들로 무장했고 조선은 병기를 녹여 쟁기로 쓰며 태평세월 속 당파싸움에 빠져 있었다.

4월 13일 오후 부산 앞바다에 도착한 왜군은 14일부터 전투를 벌이며 파죽지세 한양으로 진격했다. 선조가 한양을 버리고 떠난 지 사흘 후인 5월 3일, 왜군 장수 고니시 유키나가小西行長는 한양을 무혈로 접수했다.

죽음을 무릅쓰고 싸울 것인가, 나라를 잃어도 자신만 살고자 할 것인가? 선조는 후자를 택했다. 아예 명나라 땅으로 망명하고자 했지만 신하들의 강한 반대로 국경선 근처 의주까지 가서 피신했다. 그곳의 압록강만 건너면 명나라였다.

그 무렵 육군과 달리 충무공 이순신李舜臣 장군의 수군은 연전연승

---

[61] 『선조실록』〈26권〉, 선조 25년(1592) 4월 30일 기사
[62] 『선조실록』〈26권〉, 선조 25년(1592) 4월 28일 기사

으로 왜군의 발을 꽁꽁 묶었다. 바닷길 사수가 중요했던 것은 무엇보다 일본 병참의 무력화와 호남 곡창지대 보존이 가능하기 때문이다. 왜군의 병참은 바닷길로 수송해야 했다. 우마차 길이 험난하고 시간이 오래 걸리는 육로는 처음부터 선택의 대상이 아니었다. 이순신이 바다를 포기할 수 없었던 것은 바로 왜군의 이 급소를 잘 알고 있었기 때문이다. 군량미와 병기가 공급되지 않으면 왜군의 진격도 멈출 수밖에 없다. 실제로 평양성까지 점령한 고니시 유키나가는 더 이상 북쪽으로 올라가지 못했다. 선조가 머문 의주를 눈앞에 두고도 더 진격할 수 없었던 것은 통영 앞바다에서 이순신이 거둔 한산대첩이라는 결정적 승리 때문이었다. 승승장구하던 일본 육군은 평양성에서 고립된 것이다. 서애 류성룡柳成龍은 그의 저서 『징비록懲毖錄』에서 한산대첩 승전을 두고 "전라도와 충청도를 보전할 수 있어서 나라의 중흥을 이룰 수 있었다. 이 어찌 하늘의 뜻이 아니겠는가?"라며 크게 의미를 부여했다. 전라도와 충청도는 곡창지대이기에 왜군으로부터 지키는 것이 중요했고 나아가 우리가 전력을 재정비하는데 결정적인 역할을 했다.

　임진왜란의 조짐은 여러 가지로 나타났다. 임진왜란이 발발하기 전인 1588년 일본 사신이 머무는 한양의 동평관東平館에서는 무장 야나가와 시게노부柳川調信와 일본 성복사 승려 겐소玄蘇 등이 통신사와 함께 머물며 조선의 정세를 정탐했는데 비변사에서 김성일을 보내 탐문하니 겐소가 말하기를 "옛날 고려가 원나라 군대를 인도해 일본을 공격했으니 일본이 조선에 원한을 갚으려 하는 것은 당연한 일이오."하고는 일본으로 돌아가버렸다. 이후 1591년에 또 대마도주 소 요시토

시宗義智가 부산포에 와서 "일본이 명나라와 국교를 맺고자 하는데 조선이 아뢰어 준다면 매우 다행이겠지만, 그렇지 않는다면 두 나라는 평화 분위기를 잃을 것이오. 매우 중대한 일이므로 일부러 와서 알려주는 것이오."라고 했는데 조정에서는 회답조차 하지 않았다. 이후로 왜인이 다시 오지 않았을 뿐 아니라 부산포 왜관에 상주하던 왜인들이 돌아가서 텅 비자 사람들은 이상하게 생각했다.[63] 이처럼 징후는 뚜렷했다.

심지어 임진왜란이 일어나던 날 밤부터 비둘기처럼 생긴 회색빛 새 한 마리가 대궐 안 숲에서 몹시 슬프고도 다급하게 울기 시작해 수 일 동안 온 성 안을 날아다니며 울었다. 어떤 사람은 저 새가 바다에서 왔다고 했는데 울기 시작한 날이 바로 왜적이 상륙한 날이었다. 그 1년 전에는 죽은 자라들이 강을 뒤덮고 강물이 붉게 변해 사람들이 걱정했는데, 이때 이르러 왜변이 일어난 것이다.[64]

임진왜란은 이처럼 조짐과 함께 공개적으로 예고까지 있었지만 이 나라 지도자들의 경각심은 찾아 보기 어려웠다. 그러던 사람들이 전쟁이 나자 살자고 달아난 것이다. 평화로울 땐 자신이 주인이고 전시엔 백성을 앞세워 피를 흘리게 한 지도자들이었다.

그럼에도 묵묵히 난을 먼저 진압하고자 목숨을 내건 사람도 있었으니, 실로 하늘은 그 시대에 그 난국을 헤쳐갈 인재를 보내주기도 한다. 그가 바로 이순신이었다.

한산대첩으로 왜군을 궤멸시킨 이순신은 임진왜란 내내 그의 존재

---

63 『징비록』
64 『선조실록』〈26권〉, 선조 25년(1592) 4월 30일 기사

한산도. 왼쪽 연두색 숲이 삼도수군통제영 자리.

자체만으로도 왜군이 겁에 질려 도망치게 했다. 때문에 이순신은 어떤 고초가 있어도 살아남아야 했다. 이순신은 사형을 선고받고 행지중추부사行知中樞府事 약포 정탁鄭琢의 상소문신구차(伸救箚)으로 살아나왔지만 백의종군 길에 어머니가 세상을 떠났고 두 형이 일찍 사망해 사실상 장남임에도 제대로 장사를 치르지 못하고 남쪽으로 길을 재촉해야 했다. 평소에 아들 이순신이 안부 차 다녀갈 때면 아들 걱정은 하지 않고 나라 걱정만 했던 어머니였다. 이 환경 속에서도 이순신은 나라에 바라는 것은 없어도 '저 왜적만 쓸어버리면 한이 없노라.'고 다졌고 백의종군 길에서 다시 삼도수군통제사 복귀 명령을 받았다. 하지만 그가 인계받은 것은 고작 배 12척, 칠천량 해전에서 궤멸된 조선 수군의 처참한 성적표였다. 그래도 목숨을 다해 싸워야 했고 그는 명량해전을 완승으로 이끌었다. 전쟁 앞에서 '일단 나 살고 보자.'는 선조, '일단 나라부터 구하고 보자.'는 이순신이었다. 이순신은 나라에 목숨을 바쳤지만 대가를 바라지 않았다.

하늘이 내린 조선의 구원자
충무공 이순신忠武公 李舜臣 : 1545~1598

이순신은 1545년 3월 8일양력 4월 28일 서울 건천동현 중구 인현동에서 아버지 덕수 이씨 이정李貞과 어머니 초계 변씨 사이의 4형제 중 셋째로 태어났다. 어릴 때 3살 위 류성룡柳成龍, 5살 위 원균元均이 같은 동네에 살았다. 고려시대부터 문신 가문이었기에 이순신도 청소년기에는 학문을 익혔다. 이것이 『난중일기亂中日記』를 쓸 수 있었던 바탕이 됐다.

스무 살 무렵12살 이후부터 스무 살 사이 집안은 아산으로 이사했고 그곳에서 21살에, 보성 군수를 지낸 무인 방진方震의 딸과 결혼하면서 장인의 영향을 받아 무예를 닦기 시작했다. 덕분에 문무를 두루 겸비한 명장이 됐다.

이순신이 파직 당해 곤경에 처해 있을 때, 이조판서이던 같은 덕수이씨 율곡 이이李珥가 류성룡을 통해 만나길 청했지만 이순신은 인사권을 가진 집안 사람을 만나서는 안 된다고 할 만큼 공사를 가렸다.[65] 만남은 이루어지지 않았다.

정읍 현감 직위에서 임진왜란 1년 2개월 전 류성룡의 추천으로 전라좌수사가 되었다. 종6품에서 정3품으로 파격 승진한 것이다. 비변사 등의 숱한 반대에도 불구, 이때만 해도 선조는 불차탁용不次擢用(차례를 밟지 않고 발탁)을 내세우며 이번 인사에 더 이상 이의를 제기하지 못하게 했다. 하지만 선조가 이순신에게 기대했던 건 어쩌면 이순신이 용맹을 떨치며 연전연승하기 전까지만의 상황이었을지도 모른다. 이순신의 맹활약은 날이 갈수록 선조 자신을 나약한 왕으로 만들었기 때문이다.

정유재란이 일어난 직후 고니시의 계략에 말려들지 않은 이순신에게 선조는 '출동하라.'는 어명을 어겼다는 이유로 서울로 압송해 형신刑訊이라고 하는, 정강이를 때리는 문초를 심하게 가했다. 이 고문에서 이순신의 머리가 백발로 변해버렸다. 며칠 사이 그가 겪은 고통이 얼마나 소름 끼칠 정도였는지 알 만 하다. 평소 어머니를 뵈러 갈 때 한

---

65 김육, 통제사 이 충무공 신도비명

한산도 한산대첩 현장

두 올의 흰머리도 가리고 갔던 그였다. 차라리 죽고 싶었지만 그래도 죽을 수 없었던 것은 먼저 나라와 백성을 구해야 했기 때문이었다. 하늘이 부여한 그의 사명이었다.

이순신 장군은 스스로 제갈량을 흠모했다. '중원 땅을 회복한 제갈량이 그립다.'란 내용의 시도 남겼다. 그도 전쟁을 지긋지긋해 했음을 알 수 있다. 그 때문인지 사후 신도비명을 쓴 윤증尹拯은 "제갈승상의 시호가 충무忠武인데 이순신도 그와 같은 명성을 얻어야 한다."라고 했고 결국 이순신도 '충무공忠武公' 시호를 받았다.

'선난후획' 이순신의 '한산도'
: "이길 수 있을 때 싸우고, 싸우면 반드시 이긴다."

이순신은 통영 앞바다 한산도의 지리적 위치가 얼마나 중요한가를 잘 알고 있었다. 경상도 바닷길에서 전라도로 넘어가는 길목을 완벽하게 지키는 요새였다. 왜군이 거센 파도에 부딪히며 거제도 바깥쪽의 외해로 돌아서 호남으로 가기는 어려우니 거제도 견내량에서 나온 배가 내해인 한산도와 미륵도 사이를 지나 호남으로 향해야 했다. 바로 그 한산도의 가려진 천혜의 전략 요충지에 진을 치고 삼도수군통제영을 배치했다.

적진 턱밑까지 압박해 들어와 막고 있었으니 왜 수군으로서는 조선에 건너와 부산 일대에 주둔하면서 한 발도 나아가지 못하고 발이 묶인 형국이 됐다.

이순신은 한산도에 진을 치면서 사헌부 지평 현덕승玄德升에게 한산도의 중요성에 대해 편지를 보냈다. "호남은 국가의 보호막으로, 호남이 없으면 국가도 없습니다. 그래서 어제 진을 한산도로 옮겨 이로써 바닷길을 막으려고 합니다."[66] 여기서 '약무호남 시무국가若無湖南是無國家'란 어구가 널리 회자됐다. '호남이 국가의 보호막'이라 말한 것은 곡창지대, 즉 조선의 쌀창고임을 의미했다. 왜적의 수로를 봉쇄하고 호남 곡창지대를 지키면 전쟁은 반드시 우리가 이긴다는 것이었다. 왜적은 군량미가 떨어지고 곧 겨울이 오면 조선의 추위를 견뎌내기 힘들 것이기 때문에 호남의 곡창지대는 반드시 사수해야 했고 그 최적지는 조선의 바다를 왜적에게 최소한만 내주고 지킬 수 있는 한산도였던 것이다.

한산대첩은 1592년 7월 8일, 임진왜란 초기에 바다에서 적의 간담

---

[66] 湖南國家之保障 若無湖南是無國家 是以昨日進陣于閑山島 以爲遮按海路之計耳(호남국가지보장 약무호남시무국가 시이작일진진간한산도 이위차안해로지계이)

을 서늘하게 만든 중요한 전투였다. 이때만 해도 삼도수군통제영이 설치되기 전이므로 이순신은 전라좌수사였다. 삼도수군통제영이 설치되면서 통제사가 된 것은 1년 후인 1593년 계사년 8월 15일이었고 그 한 달 전인 7월 14일 전라좌수영의 진을 한산도에 옮겨온 것이다.

"맑다가 늦게 비가 조금 내렸다. 진을 한산도 두을포로 옮겼다. 몸이 몹시 불편하여 온종일 신음했다."[67]

그러나 그 전에도 한산도에 간간이 진을 치곤 했었다. 1593년 3월 8일에 '한산도로 돌아왔다.'[68]라는 일기가 있고, 그해 8월 10일 한산도 세포細浦(관암마을)로 진을 옮긴 기록도 있다. 그때까지는 잠시 머무는 정도에 불과했다. 이처럼 첫 전투 옥포해전 1592년 5월 7일 참가를 전후해 근처에 있던 한산도에 대해 각별한 생각이 있었음을 알 수 있다.

한산도 앞바다에서는 임진왜란 초반이던 1592년 7월 8일, 세계 해전사의 기념비적인 전투가 벌어졌다.

거제도 입구 견내량에 왜적선 70여 척이 정박해 있다는 정보를 입수한 이순신은 견내량으로 바로 진격하지 않고 배 5~6척을 보내 한산도 앞바다로 유인하는 전략을 썼다. 이는 5년 후 벌어진 명량해전의 전략과 정반대인 것으로 흥미로운데, 그것은 바로 공수가 뒤바뀐 상황이기 때문이다.

한산대첩에서는 공격을 해야 하는 입장이니 견내량의 좁은 해로에 들어가는 것은 바다도 좁고 얕아 우리 배 끼리 부딪혀 운신의 폭이 좁은 만큼 위험한 전투가 된다. 그래서 대여섯 척의 배를 보내 넓은 바다

---

67 『난중일기』〈계사년〉 7월 14일
68 『난중일기』〈계사년〉 3월 8일

로 유인, 주변 섬에 숨겨놓은 전선이 일시에 나타나 학익진鶴翼陣을 펼쳤다. 순식간에 바다 한 가운데서 적선을 포위하고 선두에 선 배 두세 척을 집중 깨뜨리기 시작하면서 겁에 질린 왜적을 섬멸한 것이다. 실로 위대한 전략가였다. 이날 이순신은 56척의 배로 학익진 전술을 펼쳐 왜적선 59척을 격파 또는 나포하고 8000명 내외의 왜군을 수장시킨 놀라운 전과를 올렸다. 살아남은 수 백명의 왜적은 한산도로 기어 올라갔는데 그 모습이 개미떼와 같다 하여 그곳 지명이 '개미목'이 되어 지금도 불리고 있다. 한산도에서 굶주림에 지친 왜적은 훗날 겨우 탈출할 정도로 참담한 전투가 됐다. 이 전투 이후 '이순신' 이름만 들어도 왜적은 도망가기 바빴다.

뜻대로 대승을 거둔 이순신은, 5년 후 정유재란 때 삼도수군통제사로 다시 부임했는데, 선조 임금이 배 12척으로 싸울 수 없으니 수군을 포기하고 권율 장군 휘하의 육군으로 싸우라고 하명했다. 이때 이순신은 스스로 '미신불사微臣不死'란 표현을 쓰면서 '아직도 12척의 전선이 남아 있다.'며 수군으로 싸우겠다고 말할 정도였다. '미신불사', '미신微臣'은 신하가 임금 앞에서 자신을 낮추는 말이니, '제가 살아 있는 한' 왜적은 감히 우리를 얕잡아보지 못한다는 것이었다. 스스로 자신을 내세우고 싶지는 않았겠지만 바다를 포기해서는 안 되는 절박한 순간이었기에, 얼마 전의 명령 불복종으로 사지에 몰렸음에도 다시 자신의 뜻을 내세우기 위해 할 수밖에 없었던 말이다. 이 '미신불사' 한마디에 다행히 선조도 순순히 응했고, 마침내 조선은 살아났다.

명량해전은 한산대첩과 달리 수비를 해야 하는 전투였다. 10배 이상이나 많은 적을 울돌목의 좁은 해로에서 맞았다. 수적으로는 이미 싸울 의미가 없는 전투였지만 적어도 병법은 그렇게 구사해야 했다. 이순신은 '한 사람의 병사가 길목좁은 통로을 잘 지키면 천 명도 두렵게 할 수 있다.'라며 병사들에게 용기를 심어줬다. 이것이 그가 남긴 유명한 어록 '일부당경 족구천부 一夫當逕 足懼千夫'이다. 공격해야 할 때를 알고, 공격해야 할 지형을 아는 장수였기에, 사지로 몰아넣는 선조의 무조건적 '돌격 앞으로!' 어명을 어겨서라도 거부하고 자신의 목숨을 내놓았던 이순신이었다. 그러니 23전 23승은 그저 하늘이 내린 선물만은 아니었다.

세계 해전사에서도 길이 빛날 이순신의 한산대첩은 그가 얼마나 '준비된 자'인가를 잘 보여준 이력이 있다. 임진왜란 1년 2개월 전 전라좌수사로 부임하자마자 성벽과 해자를 정비하고 여수 앞바다에 걸쇠사슬을 준비했으며 판옥선과 거북선을 건조하고 무기를 개량했다.

이 일련의 준비 과정은 한 편의 드라마와 같이 진행됐다. 임진왜란 보름 전 거북선의 시험운행을 성공리에 마쳤고, 하루 전에는 거북선에서 지자총통과 현자총통의 시험발사에 성공했으니 마치 전쟁 날짜를 알고 대비한 것과 같았다. 이러한 장수가 패한다는 것이 오히려 이상한 일일 것이다. 모두가 평화를 외칠 때일수록 방심은 금물이고, 사전 철저한 준비가 얼마나 중요한가를 일깨워준 이순신이었다. 평화는 내가 강할 때 누릴 수 있다는 이순신의 지혜를 배우게 한다.

한산도는 통영여객터미널에서 배로 30분 거리에 있다. '한산도'라고 하면 누구에게나 가장 먼저 떠오르는 구절이 있다. 〈한산도가閑山島歌〉란 이순신의 시다.

한산도 수루

"한산섬 달 밝은 밤에 수루에 홀로 앉아
큰 칼 옆에 차고 깊은 시름하던 차에
어디서 일성호가一聲胡笳(한 곡조 피리 소리)는 남의 애를 끊나니."

왜적이 침범해와 목숨 걸고 싸우다 적막한 바다 한가운데서 어느 날 밤 휘영하게 떠오른 달을 바라본 이순신은 어떤 생각에 잠겼을까?

한산도에 도착해 배에서 내리면 바닷가 산책길을 따라 10분 정도 거리에 제승당制勝堂을 비롯한 장군의 유적지가 있다. 이순신 장군은 운주당運籌堂이라 불렀는데 훗날 1740년영조 16에 제107대 통제사 조경趙儆이 칠천량해전 때 전소해 방치됐던 자리에 다시 짓고 제승당이라 친필로 쓰면서 바뀌었다. '운주'와 '제승'은 『사기』〈고조본기〉의

한산도 제승당

'군막 안에서 작전을 세워운주 천리 밖에서 승리를 쟁취세승한다.'69라는 말에서 유래했다. 1976년 중건했다. 조경 통제사의 아들 조심태趙心泰도 제143대 통제사가 되어 이곳에 왔다. 조심태는 정조대왕을 도와 수원화성 건설을 진두지휘한 인물이기도 하다.

바닷가 쪽 건물이 시에도 등장한 수루戍樓다. '수戍'는 '둔영', '병사兵舍', '지키다.'라는 의미이니 바다를 향해 망을 보던 망루다. 당시를 고증해 건립했으며, 현판의 '수루' 글자는 이순신 글씨를 집자한 것이다.

제승당 뒤쪽에는 한산정閑山亭인데 바다 건너편 과녁으로 활을 쏘던 곳이다. 해전을 염두에 둔 바다 위의 적을 향해 활쏘기 연습을 했으니 이순신 장군의 현장감과 치밀함은 가히 혀를 내두르게 한다. 전쟁 속 이순신 장군의 숨결을 느낄 수 있는 유적들이다.

---

69 運籌於帷幄之中 制勝於千里之外 (운주어유악지중 제승어천리지외)

이외에 조경 통제사가 세웠던 유허비와 1976년에 세운 영당인 충무사가 있다.

한산도 한산정(위)
한산도 제승당 유허비(아래)

우리 땅 그랜드 투어

통영엔 또 무엇이 있나?

통영엔 이순신 장군의 유적지가 유난히 많다. '통영統營'이란 지명 자체가 '삼도수군통제영'의 줄임말이고 과거 '충무시'라는 이름도 '충무공'에서 비롯됐으니 이순신을 논할 때 통영을 빼놓고 말할 수 없다.

세병관洗兵館은 이순신 사후 1603년 삼도수군통제영을 한산도에서 육지로 이전하면서 지은 객사 건물로 경회루, 진남관과 함께 규모 큰 한옥으로 꼽히는데, 그 중에서도 당시의 건물이라는 유일한 가치까지 지니고 있다. 국보 제305호다.

충렬사忠烈祠는 1606년 선조의 명으로 세운 사액사당이다. 현판 글씨는 동춘당 송준길의 글씨다. 명나라 신종 황제가 선물했다는 '명조팔사품' 유물이 있다.

착량묘鑿梁廟는 이순신 장군을 존경한 수군과 백성들이 장군 사후 1년 뒤 세운 사당으로, '이순신 장군 최초의 사당'이라는 의미를 지녔다. '착

'은 '파다.'라는 뜻인데 왜군이 이순신 장군에게 쫓길 때 미륵도와 육지 사이의 좁은 바닷길을 파고 달아난 데서 유래했다. 그곳을 '판데목'이라 부른다. 소설가 박경리의 시 '판데목 갯벌'을 비롯 몇몇 작품에도 판데목이 등장한다.

통영은 스스로 바다의 땅이라고 부른다. 500개가 넘는 섬을 갖다 보니 바다 면적이 땅 면적보다 넓기 때문이다. 그러니 소매물도, 장사도, 연화도, 욕지도, 사량도, 비진도 등 쪽빛 바다에 떠 있는 그림 같은 섬들이 즐비하다.

또한, 박경리와 유치진, 김춘수, 전혁림, 윤이상 등 내로라하는 문화예술계 대표 인사들의 고장이다. 이들의 기념관이 통영에 즐비하다.

이외에 미륵산 케이블카와 동피랑 벽화마을은 선도적인 바람을 일으켰으며, 지금도 통영 꿀빵, 충무 김밥과 함께 통영을 대표하는 아이콘이다.

세병관

소매물도 등대섬

현명한 사람은 도가 서지 않은 세상을 피해 은둔하고, 그다음 현명한 사람은 바르지 않은 지역을 피하며, 그다음 사람은 안색을 판단해서 피하고, 그다음 사람은 말이 바르지 않은 사람을 피한다. 그런 사람이 일곱 명 있었다.

『논어』〈헌문〉편

제6편
도가 없는 세상에선 재주를 숨겨라
● 조식의 '무도즉은無道則隱' ●
〈산청〉

子曰, 篤信好學 守死善道

危邦不入 亂邦不居

天下有道則見 無道則隱

邦有道 貧且賤焉 恥也

邦無道 富且貴焉 恥也.

〈태백〉

공자께서, "확고한 믿음으로 배우기를 좋아하며 목숨을 걸고 올바른 도리를 지켜야 한다. 위태로운 나라에는 들어가지 않으며 어지러운 나라에선 살지 말아야 한다. 천하에 도가 있으면 나오고 도가 없으면 조용히 숨어라. 나라에 도가 있는데 빈천하면 수치스러우며, 도가 없는데 부귀를 누린다면 부끄러운 일이다."라고 하셨다.

원문 속 산책

'위危'와 '난亂'의 의미를 세밀하게 들여다 보면, '위'는 '난이 일어날 조짐의 상황'을 말한다. 그러니 위급한 상황이다. 아직은 사건이 겉으로 발발하지 않은 상태다.

'난'은 병사를 동원한 하극상의 정변이다. 이미 발생한 상황이다. 흔히 말하는 '난리'다. 주로 신하가 군주를 내쫓고 정권을 빼앗는 일이 많았던 춘추시대의 정변을 말하는데, 도리에 어긋나는 이러한 나라에는 들어가지도 말고, 살지도 말아야 한다고 강조한다. 나아가 재능이 있어도 드러내지 말고 물러나 조용히 살라는 말을 함축하고 있다.

환갑이 다 된 공자가 진晉나라 경卿 조간자趙簡子를 만나러 위나라에서 황하에 이르렀을 때, 현인 두명독竇鳴犢과 순화舜華의 도움으로 정치에 참여한 조간자가 이들을 죽였다는 소식을 듣고 한탄하며 되돌아섰

무도즉은 [쑤저우박물관 소장]

다. 도가 없는 세상에 들어가서는 안 된다는 것이었다.

'무도즉은'의 시사점

'무도즉은無道則隱'은 막연한 도피가 아니라 악에 가담하지 말고 멀리하라는 뜻으로, 자신의 영달을 누리고자 권력자들의 무도한 일을 돕지 말라는 말이다. 공자는 이에 대한 예로, 사어史魚와 거백옥蘧伯玉을 치켜세웠다. 강직한 사어에겐 '화살처럼 곧았다.'라고 했고, 거백옥에겐 '나라에 도가 행해지지 않을 때 능력을 거두어 숨을 수 있음'을 감탄해 하며 군자로 평가했다.[70]

'은隱'은 도피가 아니라, 좋은 때를 만나 잘 쓰이길 위해 더러운 때를 묻히지 말라는 말이다. 물론 훗날 영원히 때를 만나지 못하면 차라리 묻어두고 말 일이다. 도가에서 은자隱者가 많은 이유가 그러하다. 배운

---

[70] 直哉史魚 邦有道 如矢 邦無道 如矢 君子哉蘧伯玉 邦有道則仕 邦無道則可卷而懷之(직재사어 방유도 여시 방무도 여시 군자재거백옥 방유도즉사 방무도즉가권이회지) - 『논어』〈위령공〉

사람이 악에 영합해 만세에 이름을 더럽힐 수 있겠는가?

공자 자신도 재상의 일을 볼 때, 제나라가 미인 80명과 치장한 말 120필을 보내 현혹하자 노 정공과 계환자가 정사를 돌보지 않고 유희에 빠져드는 것을 보고 나라에 도가 없다며 노나라를 떠났다. 이것이 공자 천하주유의 시작이었다.

『중용』에서도 이 말을 강조한다. "군자는 뜻에 맞지 않은 세상을 만나면 은둔하는 것이 도리이다."[71]

공자는 '현명한 사람은 도가 없는 어지러운 세상을 피한다.'는 '현자피세'[72]로도 그 의미를 강조하고 있으며, 이러한 사람을 또 '일민'[73]이라고 설명한다. 도가 서지 않은 세상을 피해 살면서 절의와 행실이 뛰어난 사람을 말한다. 그 예로 백이와 숙제, 유하혜, 소련, 우중, 이일이 있다고 언급했다.

백이와 숙제는 고죽국孤竹國의 왕자였지만 서로 왕위를 양보하다 주나라 문왕의 인품을 흠모해 주나라로 들어갔다. 하지만 이들이 도착했을 때는 문왕이 죽고 아들 무왕이 아버지 나무 위패를 수레에 싣고 은나라를 공격하러 나섰다. 백이와 숙제는 "장례도 치르지 않은데다 신하의 나라에서 군주은나라 왕를 치려는 것은 효와 인이라 할 수 없다."라고 항의했다. 무왕이 은나라를 정벌하자, 백이와 숙제는 주나라 백성이 되는 것이 부끄러워 주나라의 곡식을 먹지 않고 수양산에 은거해 고사리를 뜯어 먹다가, 그것마저 주나라 땅이라 해서 그냥 굶어

---

71 君子之道 費而隱(군자지도 비이은) - 『중용』〈제12장〉
72 賢者辟世(현자피세) - 『논어』〈헌문〉
73 逸民(일민) - 『논어』〈미자〉

죽었다.

조선시대 절개와 충절의 선비 동계 정온鄭蘊은 영창대군의 죽음이 부당하다며 광해군에 상소하다 제주도에 유배를 갔고, 병자호란 때 척화를 주장했지만 청나라에 굴복하자 수모를 참지 못해 자결했으나 실패해 은거했다. 결국 백이와 숙제처럼, 정온은 도가 행해지지 않은 세상을 등지고 덕유산에 들어가 조를 심어 먹고 살다 굶어 죽었다.

조식의 '무도즉은無道則隱'

1566년 명종明宗 임금이 66세의 남명 조식曺植에게 상서원尙瑞院(임금의 도장과 마패를 관장하던 기관) 판관判官(정5품) 벼슬에 거듭 제수하자, 남명은 마지못해 경상도 산청에서 올라와 경복궁 사정전에서 임금을 뵈었다. 그 동안 계속 벼슬을 사양했던 후였다.

명종이 유비劉備와 제갈량諸葛亮의 삼고초려를 거론하며 "그때 왜 세 번이나 찾아간 다음에야 신하가 나왔는가?" 하니, 조식은 "당시 시끄럽고 혼란했기에 원하는 바를 성취하려면 반드시 영웅을 얻어야 했으므로 세 번이나 찾은 것입니다. 제갈량은 영웅입니다. 한 번 불렀을 때 나아가지 않은 것은 사정이 있었을 것입니다. 그러나 유비와 30년 세월 동안 부흥을 도모했지만 천하를 회복할 수 없었으니 그가 나온 것에 대해 알 수가 없습니다. (중략) 소신은 헛된 이름만을 훔쳐 임금을 기망할 수 없었기 때문에 빨리 나올 수가 없었습니다."[74]라고 답했다.

임금이 다시 "제갈량이 꼭 세 번 찾기를 기다려서 나온 것은 어째서

---

74 『명종실록』〈33권〉, 명종 21년(1566) 10월 7일 기사

인가?" 하고 묻자, 남명은 대답하지 않았고, 대면 후 곧바로 고향으로 돌아가 버렸다.

벼슬에 뜻이 없기도 했지만 임금에게서 여전히 도를 찾아볼 수 없었기에 두말없이 떠난 것이다. 도가 바로 서지 않은 세상에서는 진정한 군자라면 나서지 않는 법이다. 남명은 평생 초야에만 묻혀 지냈지만 그의 명성은 조정에까지 크게 떨쳐졌다. 하지만 그는 그것을 '헛된 이름'이라 했고 그런 이름으로 임금을 기망해서는 안 된다고 했는데, 이는 실은 당시 조정에서 아첨하며 입신양명하던 권세가와 속유俗儒들을 향한 일침이었다.

당시 세상은 명종의 어머니 문정왕후의 남동생 윤원형尹元衡 일파가 권력을 독점하며 을사사화를 일으켜 세상을 어지럽혔고, 백정 출신 임꺽정이 경기도와 황해도를 무대로 활약을 펼친 후 서울 도성 안까지 출몰하기도 했다.

남명은 임금에게 군신 간에는 상하의 정에 틈이 없어야 참된 마음으로 미덥게 되는 것이라며, 역대로 보면 늘 임금은 어둡고 신하는 아첨했는데, 도유우불[75] 할 수 있었던 때는 태평천하 시대였던 삼대三代 때였음을 강조했다.

임금은 인재를 거울처럼 밝게 판별할 수 있어야 하고, 임금의 학문은 출치出治(정치)의 근본이므로 경연에서 청강만 할 것이 아니라 스스로 책을 통해 터득할 것을 주문했다. 올바른 정치는 상하가 미더운 연후에 제대로 된다고 했는데 그렇지 못한 현실에서는 출사出仕를 할 수 없다는 것이다.

---

75 都兪吁咈(도유우불) : 국왕과 신하가 선정을 베풀기 위해 벌이는 국정 논의

남명은 초야에서 지낸 선비라 해서 세상에 체념하지 않았다. 허황된 이름으로 녹을 받는 벼슬아치를 일갈했고 국정을 어지럽히는 왕과 측근들에 대해 목숨 걸고 단호한 목소리로 질타했다. 어지러운 세상에서는 출사는 하지 않되 근본은 바로 세워야 한다는 것이었다. 출처出處(관직에 나아가는 것과 물러나 집에 거처하는 것)의 명분을 분명히 했다.

남명이 올린 단성소丹城疏로 유명한 〈을묘사직소乙卯辭職疏〉는 과연 임금에게 할 수 있는 이야기인가 싶을 정도의 격한 내용이 담겨 있다.

"전하의 나랏일이 이미 잘못되었고 나라의 근본이 이미 망가졌으며 하늘의 뜻도 민심도 이미 떠나버렸습니다. 비유하자면, 벌레가 100년 동안 큰 고목 속을 갉아먹어 진액이 다 말랐기에 언제 폭풍우가 닥쳐와 쓰러질지 모르는 지경이 된 지 오래 되었습니다. (중략) 온 나라의 형세가 안으로 곪을 대로 곪았는데 책임지려는 사람 하나 없습니다. (중략) 백성의 고통은 아랑곳없이 내신內臣(조정의 신하)은 같은 무리끼리 용을 못에 끌어들이듯 하고, 외신外臣(지방관)은 백성의 재물을 긁어 이리가 들판에서 날뛰듯 하는데, 가죽이 다 해지면 털도 붙어 있을 데가 없다는 것을 알지 못합니다. (중략) 자전慈殿(모후인 문정왕후를 이름)은 생각이 깊다 하나, 구중궁궐의 과부深宮之一寡婦(심궁지일과부)에 불과하고, 전하는 아직 어리시어 돌아가신 선왕의 고아孤嗣(고사. 고아를 이름)일 뿐입니다. (중략) 군자를 좋아하십니까? 소인을 좋아하십니까? 전하께서 어느 것을 좋아하시느냐에 나라의 존망이 달려 있습니다. (후략)"[76]

감히 문정왕후를 '과부'라 했고, 왕을 '고아'라 했으니 천인공노할

---

[76] 『명종실록』 〈19권〉, 명종 10년(1555) 11월 19일 기사

말이었다. 22살의 왕도 대로하여 남명을 엄벌하려 했지만, 대신들이 송나라에서도 이러한 구절의 전례가 있었다며 만류해 화를 입지 않았고, 오히려 왕도 함부로 건들 수 없는 강단 있는 선비로 부상했다.

남명이 가장 경계한 것은, 도가 서지 않은 나라에서 벼슬에 나아가면 도를 이룰 수 없기에 결국 권력자에 이용만 당하고 이름을 더럽힌다는 것이다. 학문깨나 한 사람이 벼슬이나 탐하여 불의에 양심을 파는 속유를 꼬집은 것이다. 권력자는 이러한 벼슬에 아첨하는 자의 명성을 역으로 이용하며 권력을 유지하기 때문이다. '제갈량이 30년 동안 뜻을 이루지 못했으면서 왜 나아갔는지 모르겠다.'고 한 말은 바로 이 때문이다.

그럴 바에야 차라리 영원히 처사[77]로 남고자 했다. 남명은 각별히 자신의 사후 칭호를 '처사'로 쓰게 했고 '벼슬'을 쓰는 것은 자신을 버리는 것이라고 유언했다. 옛말에 '왕비를 배출한 집안보다 대제학을 배출한 집안이 더 낫고, 대제학보다 문묘 배향자를 배출한 집안이 더 나으며, 문묘 배향자보다 처사를 배출한 집안이 가장 영예롭다.'고 했다. 조선 500년 역사상 처사의 가장 전형적인 인물이 남명 조식 선생이다. 퇴계 선생이 벼슬길에 나오라고 편지로 권하자, 조식은 헛된 이름이나 훔쳐서 남을 속이려는 자들을 꾸짖고 타일러 주기를 당부하며 출사를 사양했다.

하지만 무도즉은은 '도가 없으면 숨어라.'는 것이지, 출사 자체를 반대한 말은 아니다. 유가儒家에서는 학문을 한 후 벼슬하는 것을 선비의 의무로 여긴다. 다만 도가 행해지지 않으면 물러나 때를 기다리는 것

---

77 處士(처사) : 학덕이 높지만 평생 동안 벼슬을 하지 않고 초야에서 학문을 하는 선비

산천재와 지리산

待時(대시)이다. 도가道家에서 말하는 '은일隱逸'과는 완전히 다른 개념이다. 도가에서는 세상에 나아가는 것을 기본적으로 반대하고 장자莊子처럼 절대 자유 경지인 '소요유逍遙遊'를 추구한다.

무도즉은은 고대 서양에서도 성행했다. 로마 시인 베르길리우스 Publius Vergilius Maro, BC 70~BC 19년도 속세를 떠나 그리스 이상향 아르카디아Arkadia를 염원하며 작품으로 남겼다. 사람이 많은 도시는 혼잡과 더불어 음모와 흑막이 끊이지 않았다. 때문에 불의에 얽히고 싶지 않았던 지식인들은 물러나 전원에서 독서하며 자연을 벗삼아 생활했다. 권력보다는 안빈낙도의 삶을 추구했다. 수도원도 그 중의 하나다. 이는 우리 선현들의 삶과 똑같았다. 즉, 이상 세계를 희구하려는 인간의 소망은 동서고금을 막론하고 한결같았던 것이다.

왕에게 호통친 초야의 '꼿꼿 선비'
남명 조식南冥 曺植: 1501~1572

남명 조식은 1501년 경남 합천군 삼가면 토동 외가에서 태어났다. 5세까지 외가에서 자라다 부친이 벼슬길에 나아가면서 서울 장의동현서촌에서 생활했다. 15세 무렵 부친이 함경도 단천 군수가 되자 함께 임지로 갔다가 18세에 서울로 왔는데 이때 이웃에 살던 청송 성수침成守琛을 만나면서 인생의 진로를 바꾸게 된다. 성수침은 기묘사화 후 두문불출하는 시은市隱(도시 속의 은둔자)의 삶을 살며 아들 우계 성혼成渾과 아들의 친구 율곡 이이李珥 등 후학을 양성하고 세속의 욕망을 멀리했다. 조식은 30세에 처가가 있는 김해에서 살며 자신의 호를 남명南冥이

남명 선생이 늘 품고 다녔던
'경의검'
[남명기념관 소장]

라 지었다. 48세에 다시 합천 토동으로 돌아와 살았고, 61세에 지리산 천왕봉이 바라보이는 산청군 덕산으로 들어와 생을 마감할 때까지 초야에 묻혀 살았다.

9세 때 큰 병을 앓아 어머니가 노심초사하자 조식은 "하늘이 나를 낳으실 때는 반드시 할 일이 있었을 것이니 요절할 일이 없습니다."라며 어머니를 안심시킬 만큼 비범했다. 43세 때 경상도 감사 회재 이언적李彦迪이 만나기를 청했지만 사양했다. 퇴계 이황과 동갑이었고 둘은 경상좌도와 우도의 스승으로 추앙받았으며 조식이 1년 남짓 더 오래 살았다. 둘은 만나지 못했다.

남명은 항상 칼을 차고 다녔다. 문무겸비의 상징이기도 했다. 그의 단검에는 "내면의 마음을 밝게 하는 것은 경이고, 밖으로 결단을 내리는 것이 의다."[78]라는 검명으로 자신을 연마했다. 이러한 수련이 도가 서지 않은 군왕에게도 당당하게 호통칠 수 있게 했다. 남명은 실천을 중시했기에 임진왜란 때 문하생인 정인홍鄭仁弘과 곽재우郭再祐 등과

---

78 內明者敬 外斷者義(내명자경 외단자의)

같은 의병장을 많이 배출했다. 남명 사상의 핵심은 '경의敬義'다.

남명은 인재로 쓰기 위한 선조 임금의 간곡한 부름에도 응하지 않았는데 병이 심해지자 선조가 어의를 내려 보냈으나 도착하기 전에 숨졌다. 72세. 평소 자신이 정해둔 산천재山天齋 뒷산에 장사 지냈다. "도량이 청고淸高하고 두 눈에서 빛이 나 세속의 사람이 아님을 알 수 있었고, 다른 사람으로 하여금 자신도 모르게 이욕의 마음이 사라지도록 했다."[79]라고 사관은 전했다. 영의정에 추증됐다.

'무도즉은' 조식의 '산천재' : "덕은 날로 새로워진다."

지리산은 오늘날도 많은 사람들이 즐겨 찾는 명산이다. 3개 도 5개 시군경남 : 산청군·함양군·하동군, 전남 : 구례군, 전북 : 남원시에 둘러싸인 백두대간의 종착역이다.

조선시대 많은 선비들이 유람을 즐기기도 했지만 남명 조식 선생만큼 지리산을 사랑한 사람도 드물다.

남명은 지리산을 10차례 이상 올랐다. 그 중 1558년 4월 11~25일 유람한 14박 15일의 여정은 유일하게 『유두유록遊頭流錄』이라는 기행기로 남겼다.[80] 58세 때다. 남명이 원래 저술을 남기지 않은 것으로 유명한 선비이다 보니 이 하나를 남긴 것만도 그나마 다행스런 일이다.

이때 남명은 동생 조환曺桓과 진주목사 김홍金泓, 벗 황강 이희안李希顏, 구암 이정李楨 등과 함께 했다. 정확히 몇 명이 떠났는지는 알 수 없

---

[79] 『선조실록』 〈6권〉, 5년(1572) 2월 8일 기사
[80] 강정화, 『남명과 지리산 유람』, 경인문화사, 2013

지만 비 때문에 절에 갇힌 일행이 40여 명이었다고 한다. 지리산 청학동으로 유명한 쌍계동과 신응동을 거쳐 유람한 이곳은 일찍이 세상을 등지고 은둔했던 통일신라 시대 고운 최치원崔致遠이 들어와 신선이 되었다는 곳이기도 하다. 늘 지리산 유람에서 감흥을 일으키곤 했지만 남명 일행은 이번에도 이곳이야 말로 도연명이 말한 무릉도원임을 깨닫는다.

당시 만수무강 복을 받은 사람에겐 환갑이면 또 하나의 인생이 시작된다. 남명은 바로 61세 되던 해 지리산 천왕봉이 올려다 보이는 동쪽 계곡으로 이주했다. 김해에서 합천으로 들어와 산 지 12년, 합천은 동생에게 넘기고 지리산 천왕봉 아래 산청군山淸郡 덕산德山으로 와서 새로운 강학 공간 산천재를 지어 학문을 이어갔다. '산천山天'은 『주역周易』〈대축괘〉에서 유래한 말로, 64괘 중 간괘艮卦와 건괘乾卦가 겹쳐진 형상을 이루는 괘다. '대축은 강건하고 독실하여 빛남이 날로 새롭다. 하늘이 산속에 있는 것이 대축이니, 군자는 이것을 본받아 옛 성현의 말씀과 행동을 많이 익혀 그 덕을 쌓는다.'는 의미를 담고 있는데, 남명은 '산천재'라는 이름을 제2 인생의 좌표로 삼은 것이다.

산천재를 지은 후 창에다 '경敬'자와 '의義'자를 붙여두고 수양했다. 이 두 글자는 남명 철학의 핵심 요체였다.

덕산 산천재에서 많은 후진을 양성했지만 특히 퇴계의 후학인 약포 정탁鄭琢이 이웃 진주향교 교수로 부임한 후 산천재로 남명을 찾아와 제자의 예를 갖췄다. 다시 정탁이 인사 발령으로 하직 인사하러 왔을 때 남명은 소 한 마리를 선물로 주며 타고 가게 했다. 정탁이 어리둥절해 하자, "자네는 말이나 기질이 너무 민첩하네. 묵묵하고 꾸준하게

산천재

행동해 원대한 경지에 나아가도록 하게. 이 소처럼 말일세." 이 가르침을 받은 약포 정탁은 훗날 나라를 구할 위인을 사지에서 살려냈다. 바로 이순신을 구명한 장본인이다.

또 한 명의 퇴계 후학 23세의 한강 정구鄭逑도 성주星州에서 찾아와 제자가 되었다. 정구는 두 해 전 도산으로 가서 퇴계의 제자가 되었기에 두 명현을 스승으로 모신 행운아다. 훗날 선조 임금이 정구에게 "너의 스승 이황과 조식의 학문과 기상이 어떠한가?"라고 물으니, 정구는 "퇴계는 온화순수하고 분명하며 사람들이 쉽게 찾아갈 수 있었고, 남명은 초연하고 지조가 굳세어 배우는 사람들이 요령을 얻기가 어려웠습니다."[81]라고 말했다.

산천재에서 생활하던 남명이 64세가 되던 해, 한 번도 만난 적이 없는 동갑내기인 퇴계 선생에게 편지를 보내 "요즘 공부하는 사람들을 보니 예절도 모르고 입으로 천리天理를 이야기하면서 헛된 이름이나

---
81 허권수, 『남명 조식』, 지식산업사, 2012

훔쳐 남을 속이려 합니다. 선생 같은 어른이 꾸짖어 그만두게 하지 않기 때문일 것입니다. 충분히 억제하고 타이르는 것이 어떻겠습니까?"[82]라고 하자, 퇴계는 젊은이의 기를 꺾어 기존의 틀 속에 억지로 가둬 넣으려고 해서는 안 된다고 답했다.

퇴계가 그러했듯, 남명 또한 노년으로 갈수록 인생이 절정에 달했다. 학문의 깊이는 물론 나라를 걱정하고 사회에 던지는 메시지는 더욱 애절했고 강력했다.

말년이던 선조 때 벼슬을 제수하며 조정에서 부르자, 남명은 "정치와 형법은 어지러울 대로 어지러워졌습니다. 공정한 도덕을 모두 잃었으며 인사 정책은 혼란할 대로 혼란해졌습니다. 나라의 창고는 텅 비었고 백성들에게는 온갖 세금을 멋대로 거둬 갑니다. 국방은 허술할 대로 허술해졌고 오랑캐는 우리를 업신여기고 있습니다."라며 사직장辭職狀을 올렸다. 우려처럼 20년 후 임진왜란이 일어났다.

남명은 그래도 부족했던지 '백성이 위험할 수 있다.'는 내용의 〈민암부民巖賦〉를 지어 올렸다. 『순자』〈왕제〉편을 인용한 말이다.

"배는 물 때문에 다닐 수 있지만, 물 때문에 뒤집히기도 한다네. 백성이 물과 같다는 소리, 옛날부터 있어 왔다네. 백성들이 임금을 떠받들기도 하지만, 백성들이 나라를 뒤집기도 한다네. (중략) 임금 한 사람으로 말미암아 편안하게 되기도 하고, 임금 한 사람으로 말미암아 위태롭게 되기도 하나니, (후략)"

---

[82] 『남명집』〈권2, 1장〉, 여퇴계서(與退溪書), 허권수, 『남명 조식』, 지식산업사, 2012

덕천서원

　남명 선생이 67세이던 1567년에는 의령宜寧에 살던 16살 청년 곽재우郭再祐가 산천재로 배움을 청하러 왔다. 이때 남명은 곽재우를 눈여겨봤고 자신의 외손녀를 그에게 시집 보냈다. 곽재우는 어릴 때 중국 사신으로 떠나는 아버지를 따라 중국에 가서 처녀의 초경으로 물들인 베를 선물로 받아와 옷을 지어 입고 다녔는데 스스로 '홍의장군紅衣將軍'이라 칭했고, 임진왜란 때 의병장이 되어 '홍의장군'으로 맹활약했다.

　산천재 후학들은 많은 의병장이 되어 임진왜란 때 공을 세웠다. 남명 선생이 이론적 학문이 아닌, 실천을 중시했고 병법을 가르친 덕분이다. 남명이 항상 단검을 차고 다녔듯이 선비도 문무를 겸비해야 한다는 가르침이 구국의 원동력이 되었다.

　산천재는 봄에는 하얀 매화, 여름에는 분홍빛 배롱나무꽃으로도 아

세심정

름답다. 냉철하고 지조가 높은 이 '꼿꼿 선비'에게 꽃이 부드럽게 느껴졌을까? 그가 마당을 거닐다 고개를 들어 꽃잎 사이로 천왕봉을 바라보며 많은 생각들을 했으리라. 이 매화는 '남명매南冥梅'로 불린다.

산천재는 북쪽에서 덕천강이 내려오고 서쪽에서는 지리산 중산리 계곡에서 발원한 시천천이 합류해 동류하는 지점에 있다. 덕천강은 진주 남강으로 합류한 후 낙동강으로 흘러간다.

남명 선생은 퇴계와 같은 해 태어나 퇴계의 부고를 들은 두 해[83] 뒤 자신도 영원히 떠났다. 한 사람은 도산에서, 또 한 사람은 덕산에서 생을 마감했다. 둘 다 세상에 나아가고 물러남을 분명히 했고 도연명의 무릉도원을 가슴에 품었다.

남명 선생은 산천재 뒷산에 잠들어 있다. 바로 아래엔 남명기념관

---

[83] 퇴계가 음력 12월 8일 사망했으므로 실제로는 1년 남짓 후가 된다.

과 신위를 모신 가묘家廟 여재실如在室이 나란히 있다. 모두 산천재와 이웃해 있다. 강이 합류하는 지점에는 덕천서원이 있다. 1576년 선생 사후 4년 뒤에 제자와 후학들이 덕산서원으로 세운 후 광해군 때 사액하면서 덕천서원으로 이름이 바뀌었다. 처음 덕산의 이름을 가졌을 때 도산퇴계 이황, 옥산회재 이언적과 함께 '삼산三山'의 하나로 규모와 명성을 가졌다.

앞쪽 도로 건너편에 세심정洗心亭 정자가 있어 시천천 맑은 물에 흐트러진 마음을 씻을 수 있겠다. 그 밖에도 남명 선생의 유적지로는 입덕문과 탁영대 등이 있으며, 지금은 사라졌지만 덕계 오건吳健과 사제지정을 나눈 밤머리재의 송객정 등이 있었다.

우리 땅 그랜드 투어

산청엔 또 무엇이 있나?

    산청은 해발 1915m의 **지리산** 천왕봉을 가진 명승의 고장이다. 천왕봉과 바로 아래쪽 법계사는 산청군 시천면 중산리에 속해 있다. 이 산의 동쪽 기슭에는 많은 사찰이 있다.

    내원사는 1300년 전 덕산사가 창건된 터에 다시 지은 사찰로 수많은 전설과 유적을 가진 불국토다.

    이름이 비슷한 **대원사**는 신라 진흥왕 때 창건한 사찰로, 조선시대에 사리 72과가 나왔다고 하며 탑에서 상스러운 빛이 발했다는 사찰이다.

    서쪽에 지리산이 있다면 동쪽에는 **황매산**이 있다. 합천과 경계를 이룬 황매산은 5월 철쭉이 온 산을 덮는 황홀한 풍경을 연출한다.

    우리가 잘 아는 고려시대 문익점의 목화씨 이야기는 바로 산청 **면화 시배지**에서 시작된다. 원나라에서 돌아오는 길에 목화 씨앗을 가져와 고향인 이곳에 심은 시배지가 단성군 사월리에 있다.

산청에는 또 한 명의 위인이 있다. 성철 스님이다. 면화 시배지 앞 남강 묵곡교를 건너면 단성군 묵곡리다. **성철 대종사 생가**와 기념관이 있다. 성철 스님은 대원사와 인연을 맺고 출가했다. 1981년 조계종 제7대 종정으로 추대됐을 때 추대식에 참석하지 않고 '산은 산이요, 물은 물이다.'라는 법어를 발표해 화제가 됐다.

조선의 명의 허준許浚이 산청에 와서 의술을 배웠다 하여 군에서는 **동의보감촌**을 조성해 매년 한방·한의학 축제를 연다.

'아름다운 우리의 옛 담 마을'이라는 뜻의 **남사예담촌**은 한옥 고택의 아름다움과 향토의 맛으로 정겨운 마을이다. 예로부터 많은 선비를 배출한 고장으로 자부심이 높다. 그래서 공자를 태어나게 한 이구산尼丘山을 이곳 마을 산에도 그렇게 부르고 있다.

오래된 역사 유적도 있다. 가야 제10대 임금의 무덤으로 전하는 **구형왕릉**이 있다. 바로 김유신의 증조부다. 신라 법흥왕에게 나라를 넘겨줄 때까지 11년간 가야 마지막 왕을 한 인물이다.

산청군에는 특이한 지명이 하나 있다. **생비량**生比良이다. 옛날 비량 대사比良大師란 스님이 살았다. 주민들의 어려운 일을 앞장서서 해결해주던 스님이 어느 날 마을을 떠났다. 주민들은 붙잡고 애원했지만 스님은 "내가 떠나더라도 마을을 '비량이 사는 곳'이라고 부르면 탈이 없을 것이다."라 말하고 떠났다. 주민들은 그때부터 '비량 스님이 산다.'해서 '생비량'이라 불렀고 지금도 〈생비량 찬가〉를 부르며 흠모하고 있다. 산청군 생비량면이 됐다. 갈등의 시대에 떠나는 리더를 눈물로 붙잡는, 우리가 듣기엔 너무나 간절한 이야기다.

동의보감촌(위) / 남사예담촌 부부 회화나무(아래)

성과를 빨리 내려하지 말고, 작은 이익을 추구하려 하지 말아라. 빠르게 서두르면 제대로 성과를 낼 수 없고, 작은 이익에 매달리면 큰일을 이룰 수 없다.

『논어』〈자로〉편

제7편
선배보다 더 유능한 후배를 기다린다

● 기대승의 '후생가외後生可畏' ●

〈광주〉

자 왈
子曰,

후생가외　　언지래자지불여금야
後生可畏 焉知來者之不如今也

사십오십이무문언　사역부족외야이
四十五十而無聞焉 斯亦不足畏也已.

〈자한〉

공자께서, "젊은 후배란 두려운 존재다. 장차 올 그들이 어찌 지금의 우리보다 못하다고 하겠는가? (그리고) 나이 사십 오십이 되어서도 명성이 알려지지 않는다면 이는 그다지 놀라워할 것이 못 된다."라고 하셨다.

원문 속 산책

'후생後生'은 나중에 태어나 아직 경험과 학식이 부족한 후배들이다. 반대로, 먼저 태어나고 학식을 갖춘 자가 '선생先生'이다.

후생의 추격과 선생의 분발 속에서 공자와 같은 성인聖人이 나오는데 성인은 인간으로서는 가장 높은 경지에 이른 사람이다.

공자는 한편, 나이 사오십이 되어 늙어서도 명성이 없다면 차라리 두려워할 것이 못 된다고 했는데, 이는 젊어서 열심히 하지 않았으니 기대하지 않는다는 것이다. 그러지 않기 위해선 젊어서 때를 놓치지 말고 열심히 하라는 말이다. '때가 있다.'는 말은 여러모로 중요하게 쓰인다.

공자의 특급 제자 안회 사당, 안묘

'후생가외'의 시사점

젊은 후배는 앞으로 어떤 역량을 펼칠 지 모르기 때문에 두렵다는 것이다. 이 두려움은 무서움이 아니라, 그 후배의 역량에 대한 경외감, 즉 주목하고 싶은 놀라움이다. 그리고 누군가는 선배가 이뤄놓은 '세계기록'을 경신해주기를 바라는 것이다. 청출어람을 기대하는 말이다.

부단한 노력으로 선배가 이루어 놓은 그 이상의 결과를 내놓으라고 가르치고 있다. 젊기 때문에 넘어져도 다시 일어나 도전할 시간과 용기가 있으니 달려들라는 이야기다. 그래야 선배도 후배가 두려워 더 열심히 정진하고 함께 두루 발전해 간다. 그렇게 할 후배가 언젠가는 기세등등하게 등장해주길 기대하는 것이다.

그런데 젊은 혈기로 의욕만 넘치는 것에 대해서는, "굳센 것을 좋아하나 배움이 뒤따르지 않으면 그 폐단은 광기에 이르게 된다."[84]라고

---

84 好剛不好學 其蔽也狂(호강불호학 기폐야광) - 『논어』〈양화〉

주의를 준다.

공자가 후생가외로 지목한 사람은 제자 안회顔回(안연이라고도 부름)다. 공문십철 중에서도 가장 총애했다. 애공이 "제자 중 누가 배우기를 좋아합니까?" 하고 묻자 공자는 단연코 "안회가 배우기를 좋아합니다."[85]라며 치켜세웠다.

계강자도 같은 질문을 하자, 공자는 "안회라는 사람이 있는데, 배우기를 좋아했지만 불행히도 단명으로 죽었습니다. 지금은 그런 사람이 없습니다."[86]라며 아쉬워했다.

안회가 이른 나이에 죽자 공자는 무척 애통해 했다. 공자는 "아, 하늘이 나를 버렸구나, 하늘이 나를 버려!"[87]라며 "안회를 위해 통곡하지 않고 누구를 위해 통곡하겠느냐?"라고 반문했다.

공자는 '하나를 들으면 열을 안다.'[88]고 하는 안회에 대해 자공에게 "너와 나는 그만 못하다."[89]라며 안회가 자신이 기대했던 후생가외의 존재임을 인정했다.

"장강의 뒤 물결이 앞 물결을 밀어내듯, 새로운 한 세대가 옛 사람을 바꾸려 하네."[90]라는 말처럼, 늘 뒤에 오는 후세가 더 나은 세상을 만들어 주기를 바라는 마음은 한결같다. 그래서 후생은 '꿈나무'이다.

---

85 有顔回者好學(유안회자호학) - 『논어』〈옹야〉
86 有顔回者好學 不幸短命死矣 今也則亡(유안회자호학 불행단명사의 금야즉무) - 『논어』〈선진〉
87 噫 天喪予 天喪予(희 천상여 천상여) - 『논어』〈선진〉
88 聞一以知十(문일이지십) - 『논어』〈공야장〉
89 吾與女 弗如也(오여여 불여야) - 『논어』〈공야장〉
90 長江後浪推前浪 世上新人換舊人(장강후랑추전랑 세상신인환구인) : 송나라 유부(劉斧)의 전기소설 『청쇄고의(淸瑣高議)』 중에서

기대승의 '후생가외後生可畏'

스무 살도 안 된 선조 임금은 스승으로 여겼던 퇴계마저 떠나려 하자, 학문하는 사람 중에 아뢸 만한 사람을 솔직히 추천해 달라고 당부한다. 퇴계 후임자를 추천해 달라는 것이다.

퇴계는 "그 일은 말씀 드리기 어렵습니다. 학문에 뜻을 둔 사람이 지금 어디 한두 사람뿐이겠습니까? 옛날에 어떤 사람이 정자程子(송나라 유학자로 염계 주돈이의 제자)에게 묻기를 '문인들 중에 누가 학문의 도를 얻었는가?' 하자, 정자는 '얻은 사람이 있다는 것은 쉽게 말할 수 없다.'고 하였습니다. 그 당시에 유작遊酢 · 양시楊時 · 사양좌謝良佐 · 장역張繹 · 이유李籲 · 윤돈尹焞 등 많은 사람이 있었음에도 얻은 사람이 있다고 말하지 않았는데 더구나 신이 임금을 기만하면서까지 아무개가 얻은 바가 있다고 아뢸 수 있겠습니까? 그 가운데 기대승이 문자文字를 많이 보았고 이학理學에도 조예가 가장 높으니 통유通儒입니다. 다만 그는 수렴 공부가 부족한 것이 미진한 점인데 소신이 평상시에 이 점을 부족하게 여겨 좀 더 공부하라고 권면하였습니다. 그러나 이러한 유자도 얻기가 쉽지 않습니다."[91]

모든 제자가 눈에 밟히는데 어떻게 한 사람을 추천할까? 퇴계는 자신의 고제高弟 류성룡과 정탁, 이이 등을 두고도 고봉 기대승奇大升을 천거했다. 통유라고 극찬하며 '얻기가 쉽지 않은 사람'이라고 했다. 조선 최고의 학자가 '가장最', '통유'라는 표현까지 쓴 유일한 후생이다. 그 옛날 공자도 같은 질문에 대해 '안회'라고 잘라 답한 사례가 있다.

퇴계는 평소에도 이이 · 기대승과 같은 소장 학자들을 후생가외의

---

[91] 『선조실록』, 〈3권〉, 선조 2년(1569) 3월 4일 기사

인물로 내심 기대해 왔다.

1558년명종 13 10월, 32살의 기대승은 과거에 급제하여 승문원 부정자副正字로 제수받고 벼슬길에 데뷔했다. 그 달에 마침 서울에 있던 퇴계 선생을 방문해 처음으로 사단칠정四端七情을 토론했다.

이는 엄청난 '사건'이었다. 사회 초년생이 58세의 원로 대학자인 성균관 대사성大司成(정3품)과의 첫 대면에서 대학자의 주장에 반론을 제기한 것이다. 최고 학자의 평생 학문의 근간을 뒤흔들 수도 있는 도전이었다. 당시 사회 질서로 보면 있을 수 없는 일이었다.

논쟁의 시작은, 추만 정지운鄭之雲의 『천명도설天命圖說』에서 사단칠정 내용을 퇴계가 수정했는데 기대승이 그 내용에 반박하면서 비롯됐다.

맹자는 "사람들이 어린아이가 우물에 빠지는 것을 보면 달려가 붙든다. 이는 그 부모와 가까이 지내기 위함이 아니요, 사람들에게 칭찬받기 위함도 아니며, 구하지 않아 원성을 듣기 싫어서도 아니다. 측은히 여기는 마음惻隱之心(측은지심)·부끄러워하는 마음羞惡之心(수오지심)·사양하는 마음辭讓之心(사양지심)·옳고 그름을 판별하는 마음是非之心(시비지심)이 없으면 사람이 아니다. 측은한 마음은 인仁의 단서이고, 부끄러워하는 마음은 의義의 단서이며, 사양하는 마음은 예禮의 단서이고, 옳고 그름을 가리는 마음은 지智의 단서이다. 이 사단四端의 마음을 지닌 것은 사지四肢를 갖고 있는 것과 같다."92라고 했는데, 이것이 사단四端이다. 또 『예기禮記』〈예운〉에 나오는 희喜(기쁨)·노怒(노여움)·애哀(슬픔)·구懼(두려움)·애愛(사랑)·오惡(미움)·욕欲(욕망)의 7가지 감정이

---
92 『맹자』〈공손추〉

칠정七情이다. 퇴계는 사단은 '이理(이치, 만물의 원리)'에 속하고 칠성은 '기氣(기질, 원리)가 구현된 실체'에 속한다고 보아 둘을 나눈 '이기이원론理氣二元論'을 주장했는데, 기대승은 사단과 칠정은 같은 것이기 때문에 나누어서는 안 된다理氣一元論(이기일원론)고 반박한 것이다.

오랜 토론을 거치며 퇴계는 고봉의 주장을 일부 수용해 '사단은 이치가 발동하나 기질이 따르고 있으며, 칠정은 기질이 발동하나 이치가 타고 있다.'[93]로 보완했다. 둘의 주장을 절충한 모습이다. 이를 사람과 말의 관계로 예를 들어, "사람이 말을 타고 출입하는 것을 '이'가 '기'를 타는 것에 비유했는데, 사람은 말이 아니면 출입할 수 없고, 말은 사람이 아니면 궤도를 잃으니 사람과 말이 서로 붙어 분리되지 않지만, '사람이 간다.'라고 말할 경우 굳이 말까지 언급하지 않더라도 말이 가는 것은 포함돼 있으니 이것이 '사단'이다. 또, '말이 간다.'라고 할 경우 굳이 사람까지 언급하지 않더라도 사람이 당연히 가는 것이니 이것이 '칠정'이다."[94]라고 설명한다. 즉, '이'와 '기'는 하나일 수도 있지만 방점을 어디에 어떻게 찍느냐에 따라 분리되기도 한다는 논리인 반면, 기대승은 이와 기가 아예 분리될 수 없다고 주장했던 것이다.

'이와 기가 상호 발한다.'는 퇴계의 주장을 호발설互發說, 분개分開라 하고, 이와 기는 서로 떨어질 수 없어 하나로 합해 보는 고봉의 주장을 혼륜渾淪이라 한다.

뜨거운 서신 논쟁은 서로 일정 부분을 수용하며 쟁점의 간극을 좁혔지만 결론을 내리지 못한 부분도 있다. 고봉은 퇴계의 주장을 수용

---

93 四則理發而氣隨之 七則氣發而理乘之(사즉이발이기수지 칠즉기발이리승지)
94 『양선생 사칠·이기 왕복서』

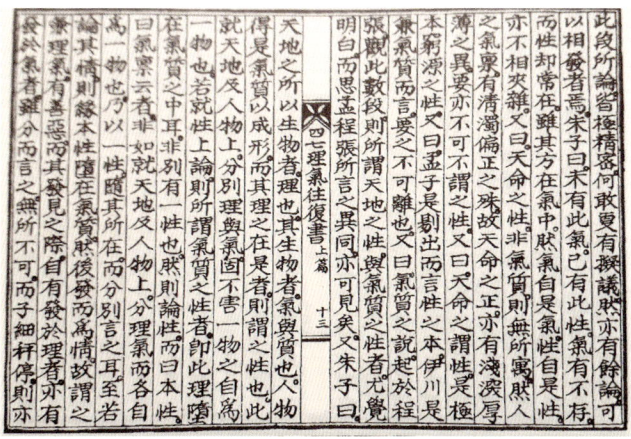

사단칠정 편지 글 [월봉서원 소장]

해 고친 내용을 다시 확인해 달라고 했고, 퇴계 역시 고봉에게 수정한 내용을 다시 자문하기도 했다.

고봉은 서신에서 "성정性情과 이기理氣에 대해 상세하게 밝히시어 깨닫는 바가 많습니다. 하지만 의심을 없애지 못하는 곳이 있습니다. 선생님께서 끝까지 가르쳐 후학을 깨우쳐 주시면 천만다행이겠습니다."[95]라는 식으로 썼고, 퇴계는 "손수 쓰신 논설을 보여주시고 잘못을 가리켜 드리내시며 정성껏 깨우쳐 주시니 더욱 깊이 깨닫게 됩니다. 그래도 의심스러운 점이 없어지지 않아 아래 몇 말씀 적겠으니 바로잡아 주시기 바랍니다."[96] 하는 식으로, 서로 극진한 예를 갖춰 논쟁했다.

이 논쟁은 1559년부터 1566년까지 8년간 편지로 펼쳐졌다. 한국

---

95 〈퇴계에게 답해 사단칠정을 논한 글〉
96 〈사단칠정이 이기로 나뉜다고 한 논설〉

유학사에서 가장 빛나는 학문적 토론으로 평가 받는다. '선생先生'의 학문에 '후생後生'의 도전이 있었기에 학문을 한 단계 발전시켰다. 나아가 후학들에게 주리론主理論과 주기론主氣論의 사상적 연구를 확대시켰다. 나이와 지위를 떠나 예를 갖춘 품격 논쟁은 우리가 오래 두고 닮고 싶은 장면이다.

서신에는 사단칠정뿐 아니라 서로의 고향 안동과 광주로 가서 사는 이야기, 건강을 염려하는 내용도 있어 인격자들의 교유交遊 방식을 잘 보여주고 있다.

둘의 이별도 각별했다. 1569년 3월 퇴계가 조정에서 마지막으로 낙향할 때 기대승, 박순朴淳 등이 모시고 동호東湖(옥수동 앞 한강) 강변에서 함께 자고 다음날 강을 건너며 시를 주거니 받거니 했고, 봉은사奉恩寺(현 강남구 삼성동 소재)에서 하루 더 숙박하며 이별을 아쉬워했다. 어쩌면 이 순간이 살아서 마지막이 될지도 모른다는 생각을 둘 다 했으리라. 그리고 그것이 현실이 됐다.

이듬해 퇴계의 부고를 받은 고봉 기대승은 통곡했고 도산에 사람을 보내 조문한 후 묘갈명서墓碣銘序를 직접 짓고 또 묘지墓誌를 지으며 스승에 예를 갖췄다.

그러한 고봉이지만 그도 역시 이태 뒤 1572년 46세의 나이로 생을 마감했다. 일찍 사망하는 바람에 제자를 제대로 양성하지 못했고 호남 성리학의 토대를 구축하지 못했다. 그의 이론은 율곡에 의해 기호학파에 흡수됐다.

하지만 그는 후왕들도 탄복한 지식인이었다.

효종 임금은 1655년 제문을 보내며 "문정공 조정암조광조 선생이 돌아가신 후 도가 황폐해졌으니 도산이황에서 계승하여 창도하였는데 진실로 뿌리와 줄기가 되었다가, 경卿(기대승)께서 도와 좌우로 접하여 바른길로 인도하였도다."라고 했다.

정조 임금도 1788년 제문을 올리며 "선배도 두려워하였다. 훌륭한 그 말씀이여, 같은 시대에 태어나지 못함이 한스러워라. 촛불을 여러 번 바꾸어 켜고 책을 읽으며 서너 번 무릎을 치고 감탄하였도다. 이는 실로 정신끼리 사귄 것이로다."라며 감탄을 보냈다.

선배를 긴장시킨 청출어람 재능
고봉 기대승高峯 奇大升 : 1527~1572

행주 기씨 기대승은 1527년 광주현 광주광역시에서 태어났다. 조상은 대대로 서울과 그 인근에 거주했지만 아버지 물재 기진奇進은 동생 복재 기준奇遵이 기묘사화에 연루돼 목숨을 잃자 세상을 뒤로 하고 광주로 내려가 터를 잡아 살다 기대승을 낳았다. 기준은 광해군 때 영의정 기자헌奇自獻의 증조부다. 숙부의 죽음을 알게 된 기대승은 과거시험 공부에 연연하지 않고 위기지학의 학문에 힘썼다.

7세 때 이미 새벽에 일어나 정좌하고 책을 읽었으며 어른들이 걱정하면 "나는 공부가 좋아서 합니다."라고 똑 부러지게 말했다. 25세 때 알성시에 급제할 수 있었지만 문정왕후의 동생 윤원형이 그를 꺼려 고의로 낙제점을 주어 낙방했다.

이웃 장성의 하서 김인후金麟厚와 정읍의 일재 이항李恒 등과 교유하며 학문의 깊이를 더해 갔다. 조정에서 일할 땐 세속을 초월했고 행동은 오로지 퇴계를 본보기로 삼았다. 올곧은 성격으로, 사람을 쉽게 용납하지 않았지만 퇴계 선생에게만은 마음 속으로 복종했다.

14년 간 벼슬길에 오르내리던 기대승은 1572년 46세 때 한양에서 고향으로 가던 중 천안에서 생긴 병이 태인전라북도 정읍시에 도착했을 때 극심해져 그곳에서 생을 마쳤다. 선조 임금은 덕원군德原君으로 봉하고 문헌공文憲公 시호를 내렸다.

기대승 선생 후손은 퇴계 선생의 인품을 극찬한다. 후손으로 광주시 월봉서원 마을에서 살고 있는 죽헌 기규철奇奎喆 선생은 "웬만한 사람 같으면 자식만큼 나이 차이 나는 사회 초년생이 따지고 들면 '버르장머리 없다.'며 혼내고 배척했을 텐데 퇴계 선생은 8년 동안이나 후배의 의견을 존중하고 수용하며 함께 학문을 발전시켰다."라며 존경했다.

'후생가외' 기대승의 '월봉서원'
: "혜성처럼 나타나 긴 여운 남기다."

고봉 기대승은 조선 성리학 사상 혜성처럼 나타났다 사라진 인물과 같다. 32세에 이미 큰 빛을 발하며 세상에 출사해 모든 사람들의 시선을 집중시켰지만, 출처를 거듭하다 46세라는 짧은 인생을 마감했으니 그의 빛을 세상 구석구석까지 비추기에는 시간이 너무나 짧았다. 어찰에 밝혀진 병명은 볼기에 종기가 났으며 상기증上氣症(기가 거슬러 올라와 폐도를 막는 병)이 원인이었다.

짧은 일생에도 그를 빛나게 했던 것은 퇴계 선생을 만나 감히 벌인

사단칠정 논쟁이었다. 어쩌면 퇴계 없는 고봉은 없었을 테고, 또한 고봉 없는 퇴계는 성리학의 섬세한 부분까지 다 다듬지 못했을 것이다.

고봉의 존재는 결국 아홉 살 아래 율곡 이이에게도 지대한 영향을 끼쳤다. 고봉이 사망하던 1572년 율곡과 우계 성혼이 뒤이어 1년 동안 9차례의 사단칠정 논쟁을 이어갔기 때문이다. 퇴계와 고봉 두 지성인의 구도자적 논쟁은 조선 최고의 학문적 토론사를 남긴 것이다.

영남학파와 기호학파에서 성리학을 크게 일으켰듯이, 호남의 성리학을 짊어진 인물이었지만 미처 제자를 양성하기도 전에 사망했기에 꽃을 피우지 못했다.

고봉 기대승의 학문적 토양은 바로 고향 광주에 있었다. 광산구 백우산白牛山 남쪽 임곡동, 두정동이 그가 태어나고 자라며 공부한 곳이다. 어릴 때부터 매일 새벽에 일어나 자세를 바로 하고 책 읽기를 게을리하지 않았다. 『효경孝經』과 『소학小學』의 통달을 시작으로 『대학大學』, 『중용中庸』, 『맹자孟子』로 이어지며 세상의 이치에 대해 옳고 그름을 배웠다.

하지만 광주엔 아버지 때 터전을 닦고 기대승이 비교적 짧은 인생을 마감했기에 많은 유적은 없는 편이다. 고봉 기대승의 대표적인 유적지로는 월봉서원月峯書院을 꼽을 수 있다. 광산구 광산동에 있다. 이곳 마을 이름으로 '너브실'이라고도 하는데 이 말이 한자어로 '광곡廣谷'이다. 마을 앞에는 장성호에서 내려오는 황룡강黃龍江이 흘러 광주 시내에서 영산강으로 들어간다.

월봉서원이 있는 산은 백우산으로, 판사등산이라고도 부른다. 월봉서원은 기대승 사후 6년이 지난 1578년 처음 세울 때는 광산구 산월

월봉서원

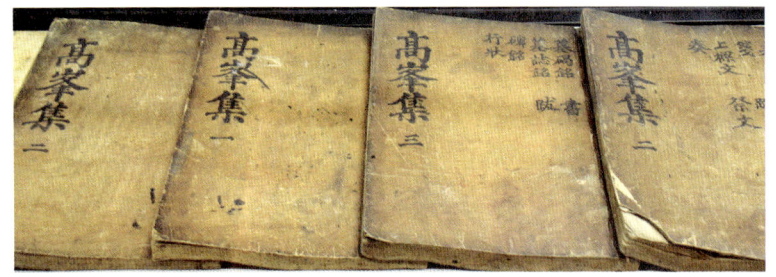
고봉집 [월봉서원 소장]

동 월봉마을에 있었다. 지금은 번화한 광주시내 아파트 단지로 둘러싸여 있다. 영산강 변 들판 작은 봉우리에 달이 뜨니 '월봉月峯'인 것이다. 효종 임금 때 월봉서원으로 이름이 정해지며 사액서원이 됐다. 하지만 흥선대원군 때 철폐령으로 문을 닫은 후 1941년 종가의 터가 있던 지금의 위치 광산동에 빙월당氷月堂을 지으면서 월봉서원이 새롭게 태어났다.

빙월당은 영조 때 초건한 강당이다. '빙월'이란 명칭은 1655년 효종이 고봉 선생을 기린 제문에서 '그대의 정신은 잘 단련된 금과 같고 윤택한 옥과 같으며, 맑은 수월水月과 같고 결백한 빙호氷壺(옥항아리 속의 얼음처럼 맑은 마음)와 같도다.'라고 한 데서 따왔다. 지금 빙월당에서는 고봉 선생의 문집과 학문, 사상을 엿볼 수 있다.

월봉서원은 이곳 행주 기씨 마을 맨 안쪽 산비탈에 자리한다. 서원 입구에 들어서면 좌측의 존성재存省齋, 우측의 명성재明誠齋라는 기숙사가 있는데 현판 글씨가 모두 동춘당 송준길의 작품이다. 정면에 보이는 큰 건물이 빙월당이며 그 왼쪽에 장서각이 있다. 장서각에는 고

빙월당

봉 선생의 문집 판각 등이 보관돼 있다. 빙월당 뒤쪽 내삼문을 들어서면 숭덕사가 있다. 고봉 선생을 배향하는 사당으로, 매년 3월과 9월 향사제를 지낸다.

월봉서원 옆에는 고봉 선생 신도비 백우정이 있다. 서원 입구 체험관에서는 다양한 인문학 프로그램이 운영된다.

주차장에서 작은 다리를 건너 산길로 오르면 고봉 선생의 묘소가 있다. 그 길로 계속 오르면 고봉이 한때 학문을 하기 위해 지은 귀전암歸全庵 터가 있다. '귀전'은 증자曾子가 말한, '부모가 낳아준 몸을 온전하게 보전해 돌아간다.'는 뜻으로 어릴 때부터 『효경』에 심취했던 기대승의 효 사상을 엿볼 수 있다.

마을 입구에는 칠송정이 있다. 기대승의 장남 함재 기효증奇孝曾이 아버지 기대승의 묘소에 시묘하던 곳으로, 훗날 정자를 짓고 7그루의

월봉서원 마을

소나무를 심어 칠송정이라 불렀다. 기효증은 임진왜란을 맞아 의병장으로 활약하며 쌀 3,200석을 확보해 뱃길로 선조 임금의 행재소에 직접 전달하기도 했다.

고봉 기대승이 태어나 자란 곳은 월봉서원 마을에서 남쪽으로 약 4~5km 떨어진 광산구 두정동이다. 판사등산의 남쪽 농경지 주변이다. 이곳에는 특별히 남은 유적은 없고 고봉 선생이 심었다는 500년 가까이 된 은행나무 두 그루만이 자리를 지키고 있다.

고봉이 44세에 서울에서 내려와 집 가까운 곳에 쉬면서 학문을 하기 위해 낙암樂庵을 짓고 몹시 흡족해 하며 퇴계 선생에게 자랑까지 한 유적을 볼 수 없는 것이 안타깝다. 퇴계가 '낙암'의 액자와 〈낙암기〉를 지어 보내줄 정도로 두 사람의 우정이 담겨 있던 곳이다. '낙암'은 퇴

월봉서원 고봉 묘소

계 선생이 고봉 선생에게 보낸 편지에서 '가난할수록 더욱 도를 즐겨야 한다.'[97]는 말에서 고봉 선생이 '낙樂'자를 따온 것이다. 그러니 퇴계 선생도 얼마나 흡족해 했을까?

---

[97] 貧當益可樂(빈당익가락). 정병련,『고봉 선생의 생애와 학문』, 전남대학교출판문화원, 2018

우리 땅 그랜드 투어

광주엔 또 무엇이 있나?

무등산無等山, 1187m은 광주광역시의 상징물이다. 호남 동쪽의 광양 백운산1228m을 제외하면 지리산 서쪽 호남 땅에서는 '가히 등급을 매길 수 없는 독보적인 산'이니 무등산인 것이다. 2013년 국립공원으로 지정됐다. 정상 부근의 서석대, 입석대로 불리는 주상절리 기암괴석이 아름답기로 유명하다. 유네스코 세계지질공원이다. 이러한 경관과는 달리 광주에서는 '어머니의 산'으로 부른다. 옛사람들은 주로 북쪽의 원효사에서 서석대로 산을 올랐지만 요즘은 길이 많다. '무등산 수박'으로 유명한 산이다. 이곳에서는 '푸렝이수박'이라고 한다.

무등산의 명찰 **증심사**證心寺는 통일신라 철감선사가 창건한 사찰로 오백나한전이 유명하다. 1443년 전라감사 김방金倣이 오백나한을 제작해 봉안했는데 오백나한상과 개미에 관한 재미있는 설화가 전해온다. 김방이 대규모 방죽 공사를 맡아 하는데 커다란 개미집을 발견했다. 무시하고 공사를 강행할 수도 있었겠지만 불심이 그윽했던 김방은 개미집을 무등산 기슭으로 정성스레 옮겨주었다. 그러던 어느 날, 개미들이 줄지어 쌀을 물고 김방의 양식 창고로 부지런히 나르고 있었다. 김방은 이 쌀로 방죽 공사 인부들과 일을 할 수 있었고 개미의 은혜에 보답하기 위해 오백나한전을 지었다 한다. 양보와 배려 정신을 새삼 상기시켜주는 이야기다.

광주는 예향이다. 그 전통을 계승하는 곳이 **광주전통문화관**이다. 증심사 입구에 있다. 신명나는 국악과 각종 공연 및 전시가 연중 펼쳐져 예향 광주의 혼을 느껴볼 수 있다.

동구청 근처 **국립아시아문화전당**은 아시아 각국 문화의 향기를 체험할 수 있는 세계적인 복합문화공간이다. 전시와 공연, 도서관 시설을 갖추고 있다.

양림동 역사문화마을은 근현대 역사와 향수를 자극하는 곳이다. 미국 선교사들이 교회와 학교, 병원을 세우며 '서양촌'을 일군 곳이다. '광주의 예루살렘'으로도 불리는 이곳은 선교사들이 남긴 유산이 많다. 오웬 기념각, 광주양림교회, 광주기독병원, 수피아여고, 우일선미국명 Wilson 선교사 사택 등 관심 끌 역사와 건축물이 많다. 이곳의 사직전망타워에

양림동 우일선 선교사 사택

광주호 호수 생태원

오르면 광주시 동서남북이 파노라마처럼 펼쳐진다.

국립5.18민주묘지는 시대의 아픔을 간직한 곳이다. '5월 항쟁'의 상징이자 민주화의 성지로 자리 잡아가고 있다. 5.18과 관련해서는 이외에도 금남로의 민주광장, 민주화 운동 기록관, 자유공원 등이 있다.

광주호 호수 생태원은 요즘 각광받는 에코 여행지다. 무등산 북쪽 담양군과 경계 지점에 위치해 번잡한 도심을 떠나 호젓한 전원풍을 만끽할 수 있다. 이 마을은 광주시 북구 충효동으로, 임진왜란 때 의병장 김덕령金德齡 장군의 고향이다.

김덕령 장군 생가가 있는데, 김덕령 장군은 임진왜란 때 권율 장군 휘하에서 의병장 곽재우와 협력해 왜군을 격파했다. 하지만 후에 반란군 이몽학과 내통했다는 누명을 쓰고 구금돼 고문으로 옥사했다. 작자와 연대 미상의 전기소설『김덕령전』이 있을 만큼 여운을 남긴 인물이다.

생태원 근처에는 호남 누정문화의 일원인 **환벽당**이 있다. 조선 중기 나주 목사를 지낸 사촌 김윤제金允悌가 지은 정자다. 송강 정철鄭澈이 소년 시절 김윤제의 제자가 되어 공부한 곳이다. 둘의 만남도 전설 속 이야기와 같다. 김윤제가 여름날 환벽당에서 오수를 즐기는데 꿈에 앞 개천에서 용이 나타나 깜짝 놀라 깨어 사람을 시켜 내려가 보게 하니 순천으로 가던 소년이 무더위에 잠시 멱을 감고 있었다. 총명했기에 제자로 삼았는데 그가 정철이다. 정철은 과거 급제하기 전까지 약 10년을 여기서 공부했다. 그 개울을 경계로 환벽당 쪽이 광주 땅이고 개울 건너편은 담양 땅이다. 정철의 후광으로 지금은 담양군 가사문학면이라는 행정지명을 갖고 있다. 소쇄원·식영정 등 호남 최고 명성의 정자들이 있다.

환벽당 아래쪽엔 또 하나의 정자 **취가정**醉歌亭이 있다. 이 정자는 정철의 제자 석주 권필權韠과 인연이 있다. 권필은 억울하게 죽은 김덕령 장군이 꿈에 나타나 한 맺힌 사연을 말한 뒤〈취시가醉時歌〉를 부르자 자신도 화답시를 짓고 원혼을 달랬다고 한다. 김 장군의 후손 김만식 등이 1890년에 정자를 짓고 이름은 권필의 꿈에 나온〈취시가〉에서 '취가정'으로 정했다.

KTX광주송정역 앞의 **1913송정역시장**은 KTX의 초고속 시대에 잠시 시간을 멎게 하고, 1913년으로 돌아가보는 시장이다. 100년 역사를 간직해 온 송정역 매일시장이 새로운 시장 문화를 창조해가고 있다. 청년들의 창작 공간 역할도 한다.

지혜로운 사람은 미혹되지 아니하고, 어진 사람은 근심하지 아니하며, 용감한 사람은 두려워하지 않는다.
『논어』 〈자한〉 편

제8편
어려울 때 참모습이 드러난다
● 김정희의 '세한후조歲寒後彫' ●
〈제주〉

자 왈
子曰,

세 한 연 후 지 송 백 지 후 조 야
歲寒然後知松柏之後彫也.

〈자한〉

공자께서, "날씨가 추워진 후에야 소나무와 잣나무가 늦게 시든다는 것을 알 수 있다."라고 하셨다.

원문 속 산책

'세한歲寒'이란 '설 전후의 한겨울 추위'란 뜻으로, '매우 추운 시기', '힘든 시기'를 말한다. 녹음이 무성했던 여름을 보내면 변화가 찾아오기 마련이다. '화무십일홍花無十日紅'이라 했듯이 권력은 영원할 수가 없다. 잃는 순간 추운 시기가 된다.

'송백松柏'은 '소나무와 잣나무'로, 추운 겨울에 다른 나무 잎은 낙엽이 되어 떨어지지만 소나무와 잣나무는 독야청청 푸르름 보여준다. 변하지 않는 지조를 상징한다. '잣나무'를 뜻하는 '柏'은 '栢'과 같은 글자다.

'세한후조'는 또 태평을 누릴 땐 그 고마움을 모르다가 역경에 처하면 그 시절 지도자를 그리워하는 의미도 있다. 구관이 명관이라는 의미다. '彫'는 '시들다'란 의미로, '凋'와 같은 뜻을 갖고 있다.

세한도 [국립중앙박물관 소장]

'세한후조'의 시사점

여름철에는 모든 나무가 푸르러 구분이 가지 않지만 날씨가 추워지면 앞다퉈 잎이 떨어져 나간 나무와 여전히 푸르른 나무로 확연히 구별이 간다.

즉, 권력이 있으면 모두가 달려와 충성을 외치지만 권력을 잃으면 등지고 돌아선다는 것을 표현한 말이다. 그 중 극소수, 즉 진정한 군자는 눈앞의 이익을 좇아 새 권력자에 아첨하는 것이 아니라, 끝까지 의리로써 신뢰를 보내는데 소나무와 잣나무가 그 혹독한 날에도 군자의 의리를 저버리지 않는다는 것이다.

중국 전국시대 재상이 된 맹상군 孟嘗君의 집에 3000명의 빈객이 몰리다 그가 파직되자 모두 떠나갔다. 단 한 사람, 풍환이 남아 도움을 주어 다시 재상에 올랐는데 이때 풍환이 말하기를, "부귀하면 선비가 모이고 빈천하면 친구가 적어지는 것이 세상의 이치입니다. 이미 얻을 물건이 없기 때문입니다."라며 위로했다.[98]

달면 삼키고 쓰면 뱉는 사람들, 공자는 이에 대해 "시류에 편승해

---

98 『사기』〈맹상군열전〉

겉으론 군자인 척 해 주위 사람으로부터 칭송을 받지만 실은 덕을 해치는 도둑이 있는데, 바로 '향원'이다."[99]라고 했다.

공자가 말한 향원鄕原에 대해, 맹자가 구체적으로 설명했다. "시류의 풍속에 동화되고 더러운 세상에 영합하면서, 평소엔 성실하고 신의가 있는 듯하고 행실은 청렴한 듯하여 사람들이 모두 좋아하고 자신도 옳다고 여기지만, 요순 임금의 도에는 이를 수 없기 때문에 '덕을 해치는 사람'이라고 하신 것이다."[100]라고 부연했다.

겉으로 드러난 평판을 이용해 뒤로는 영달을 추구하는, '처세술에 능한 사이비 군자'인 것이다. 진실로 올바른 세상, 좋은 인간 관계를 갖는 데는 관심이 없기 때문에 이들은 추운 날이 오면 금세 참모습을 드러내게 된다. 그것이 '소나무·잣나무'와 다른 부류의 사람들, 즉 향원이다.

지탄받는 곡학아세 학자도 향원의 부류에 속한다. 조선시대 이런 부류의 선비를 흔히 '속유俗儒'라 불렀다.

오래 두고 의리로써 서로를 위할 사람을 벗삼아야 하겠다. 그래서일까? 공자는 유익한 벗이 셋 있는가 하면, 해로운 벗 또한 셋 있다고 조언을 하고 있다. "정직한 사람과 벗하고 믿음이 가고 어진 사람과 벗하며 견문이 넓은 사람과 사귀면 유익하고, 편벽한 사람과 유순하게 다가와 아첨하는 사람 그리고 말로만 둘러대려는 사람과 벗하면 해롭다."[101]

---

99 鄕原 德之賊也(향원 덕지적야) - 『논어』〈양화〉

100 同乎流俗 合乎汚世 居之似忠信 行之似廉潔 衆皆悅之 自以爲是 而不可與入堯舜之道 故曰 德之賊也(동호류속 합호오세 거지사충신 행지사렴결 중개열지 자이위시 이불가여입요순지도 고왈 덕지적야) - 『맹자』〈진심 하〉

101 益者三友 損者三友 友直 友諒 友多聞 益矣 友便辟 友善柔 友便佞 損矣(익자삼우 손자삼우 우직 우량 우다문 익의 우편벽 우선유 우편녕 손의) - 『논어』〈계씨〉

김정희의 '세한후조歲寒後彫'

1840년 6월, 55세의 추사 김정희는 황홀한 꿈만 같은 외국 여행에 들떠 있었다. 동지부사가 되어 30년 만에 다시 연경燕京(베이징)으로 여행할 수 있게 된 것이다. 추사의 청나라 여행은 단순한 관광이 아니다. 업무도 있지만 무엇보다도 서예를 비롯한 신지식의 갈증을 해소해 줄 곳이었다.

그러나 꿈은 한순간 물거품이 되고 말았다. 10년 전 '윤상도 옥사 사건'이 다시 떠올라 경주 김씨인 추사 일가가 모조리 관직을 추탈 당했다. 추사는 억울함을 호소했지만 거센 정치적 공격을 피할 수 없었다. 죽음을 맞은 상황 속에서, 다행히 북한산에 올라 진흥왕 순수비를 함께 확인했던 우의정 조인영趙寅永이 상소해 유배형을 받아 목숨은 건졌다.

"죄인 김정희를 대정현에 위리안치 하도록 하라."[102]

황홀한 꿈의 여행길이 순식간 처참한 유배길로 변했다. 대정현大靜縣은 제주도 서남쪽 모슬포 일대 지역이다. 겨울이면 거센 찬바람에 사람이 '못살 곳'이라 해서 '모슬포'라 불린다는 우스개 말 그대로의 험지다. 그것도 마당 울타리 안에서 벗어나지 못하는 위리안치圍籬安置라는 가혹한 형벌이다.

신분 좋은 집안에서 승승장구 출세하며, 남보다 앞선 선진 지식에 취해 큰소리 치던 노 선비에게 닥친 구속된 삶은 헤어나기 어려운 고통이었다.

세도정치의 격랑 속, 외로운 유배객에게 간간이 벗이 찾아왔다. 공

---
[102] 『헌종실록』, 〈7권〉, 헌종 6년(1840) 9월 4일 기사

추사가 기거했던 모거리

자가 말한 '유붕자원방래 불역락호'[103]다. 아끼던 제자 소치 허련許鍊이 세 번이나 바닷길을 건넜고, 절친 초의初衣 선사가 6개월 간 함께하며 위로했다. 그러나 누구보다도 추사를 감동시킨 인물이 있었다. 바로 역관譯官 우선 이상적李尙迪이다.

이상적은 통역관으로 청나라를 왕래하며 스승에게 필요한 책을 구입해 바닷길을 두 번이나 건넜다. 그 책으로 잘나가는 벼슬아치에 아첨할 수도 있었겠지만 그는 '도道'를 택했다. 추사로서는 시대의 지성인으로서 누구보다도 신지식에 갈증을 느끼던 터에 구하기 힘든 서적을 수시로 받았으니 감동을 받기에 충분했다. 이상적이 추사에게 선사한 책은 『만학집晩學集』과 『대운산방문고大雲山房文藁』를 비롯, 120권

---

103 有朋自遠方來 不亦樂乎(유붕자원방래 불역락호) - 『논어』〈학이〉

추사 유배지

79책에 이르는 『황조경세문편皇朝經世文編』 등이었다.

추사도 붓을 들었다. 그리고 간소한 문인화 한 폭을 그린 후 화제를 '세한도歲寒圖'라 쓰고 발문을 적었다. 바로 〈세한도〉 그림이 탄생했다. 유배 5년째인 1844년의 일이다.

"만학과 대운, 문편은 세상에 흔한 책도 아니고 천만리 먼 곳에서 사와야 하는 책이다. 세상 인심이란 물처럼 흘러, 권세와 이익을 따라가는데 권세가에게 주지 않고 바다 너머 초라한 나에게 주었다. 공자께서 말씀하시기를, '추운 겨울이 된 후에야 소나무와 잣나무가 늦게 시든다는 것을 안다.'고 하셨는데…"라며 발문을 적어 이상적에게 줬다. 이 오만한 선비도 의리를 저버리지 않은 제자의 마음에 깊은 감동을 받은 것이다. 이익을 좇아 권력에 아부하지 않고 거친 풍랑을 헤치며 자신에게 신의를 지킨 이상적에 대한 한없는 고마움의 표현이다.

사실, 이상적이 구입한 책값만 해도 실로 어마어마한 돈이 들었다. 책 출판이 쉬운 일이 아니었기에 비싸고 구하기도 어려웠다. 오늘날 1~2만 원짜리 책을 1500년대 초 가격으로 환산하면 상면포 3~4필 값인 200~300만 원에 해당했다는 분석이 있다. 추사가 살았던 1800년대도 크게 다르지 않았다. 책을 구할 수 없으니 필사가 유행했던 것도 그런 연유에서다.

이상적이 역관으로서 나름대로 부유했기에 가능했으리라. 조선시대 역관은 외교 전문가인데다 중개무역을 할 수 있었다. 국제정세에 누구보다도 밝았고 사대부의 사치품이나 중국과 일본을 연결하는 무역으로 조선 최고 갑부의 반열에 오를 수 있었다.

추사가 사망하자 이상적은 '추사를 위한 만시輓詩'를 읊었는데 역시

'세한歲寒'이다.

"지기로서 한평생 간직해온 유묵은, 맑은 난과 겨울 추위에도 변치 않는 소나무일세."[104] 권력을 잃고 유배를 갔어도, 그리고 이 세상을 떠났어도 스승에 대한 변치 않은 신의와 존경심을 보냈다.

〈세한도歲寒圖. 국보 제180호〉는 서로의 이익을 계산하지 않고 의리를 지키는 참인간의 모습을 단적으로 보여주는 일화이다. 이렇게 탄생한 〈세한도〉이지만 이상적 사후 수난을 겪는다. 주인이 숱하게 바뀌면서 일본인 후지츠카 지카시藤塚鄰의 손에 들어가 도쿄로 건너가는 아찔한 순간을 맞았고 소전 손재형孫在馨 선생이 끈질기게 설득해 돈 안 들이고 찾아왔지만 또 다시 떠돌다 겨우 국립중앙박물관 품에 안겼다. 유배 인생 추사의 모습을 보는 듯하다.

권력을 가졌을 땐 모두가 자신의 편 같지만 권력을 잃고 나면 모두가 등을 돌리는 게 세상의 인심이다. 그 쓸쓸함을 어떻게 설명할까?

대사간과 공조판서를 지냈던 조선 중기 문신 김안국金安國이 기묘사화로 화를 입어 시골에서 은거할 때, 문밖에 온 편지 한 통을 받고 '아직도 정든 벗이 있어 날 버리지 않았네.'[105]란 시 한 수를 남겼다. 어려울 때 자신을 알아주는 그 편지 한 통이 얼마나 힘이 되었을까? 훗날 다시 여러 판서와 대사헌 벼슬에 올랐다.

은퇴를 자원한 퇴계 선생도 '세한'과 같은 여운의 시를 남겼다. 해남 출신의 문인 석천 임억령林億齡이 1553년 병석에 누워 있는 퇴계의 집을 방문하자 서로 기쁨을 나누며 시를 읊었다.

---

104 知己平生存手墨 素心蘭又歲寒松(지기평생존수묵 소심난우세한송)
105 尙有情親不棄捐(상유정친불기연)

적막포심질
寂寞抱沈疾
구래인불래
舊來人不來
문전작라설
門前雀羅設

병든 몸 적막하게 지내노라니

전에 오던 사람들 오지 않네

문 앞에는 참새 그물을 칠 지경이라네.

이 문 앞 참새 그물 '작라雀羅'는 사마천이 『사기』에서 소개하기도 했다. "급암汲黯(전한 무제 때의 관료)과 정당시鄭當時(전한 중기 관료) 정도의 현인이라도 세력이 있을 땐 빈객이 열 배로 늘어나고, 세력을 잃었을 땐 그렇지 못했다. 그러니 보통 사람의 경우라면 더 말할 나위도 없다. 하규下邽(섬서성의 지명)의 적공翟公(전한 중기 관료)이 정위廷尉(9경의 하나로 형벌을 관장했던 벼슬)가 되자 빈객들이 문을 가득 메우다가 벼슬에서 물러나자 대문 밖에 참새를 잡는 그물을 칠 만큼 발길이 끊겼다.[106] 적공이 다시 정위가 되자 빈객들이 예전처럼 모여들었다. 그러자 적공은 다음과 같이 대문에 글을 써 붙였다.

일사일생 즉지교정
一死一生 卽知交情
일빈일부 즉지교태
一貧一富 卽知交態
일귀일천 즉현교정
一貴一賤 卽見交情

한 번 죽고 한 번 삶에 곧 사귐의 정을 알겠고

한 번 가난하고 한 번 부유함으로써 곧 사귐의 태도를 알겠으며

---

[106] 門外可設雀羅(문외가설작라)

한 번 귀하고 한 번 천함에 곧 사귐의 정이 드러나네.107

이 '문외작라'는 '문전작라'와 같은 말로, 반대어로는 '문전성시門前成市'가 있다.

진정 어려울 때 허물을 덮어주고 따뜻하게 손을 잡아 줄 단 한 명의 진정한 벗은 있는가? 있다면 인생은 부귀영화가 부럽지 않을 것이다. 또 누군가를 찾아 살필 벗이 있다면 다시 가슴이 뜨거워지지 않을까?

낡은 조선 혁신 갈망한 신지식인
추사 김정희秋史 金正喜 : 1786~1856

추사 김정희는 1786년 충남 예산 용궁리에서 김노경金魯敬의 장남으로 태어났다. 증조 할아버지 김한신金漢藎이 영조대왕의 둘째 딸 화순옹주와 결혼해 월성위月城尉에 봉해졌고, 추사는 8살 때 백부 김노영金魯永의 양자로 들어가면서 이후 서울 영조대왕의 잠저 창의궁현 서촌 통의동에 위치에서 자랐다.

금석 고증학의 대가인데다 주역에도 매우 뛰어났다. 명나라 동기창董其昌과 청나라 옹방강翁方綱은 물론 북송의 소동파蘇東坡와 미불米芾, 당나라 구양순歐陽詢의 서체까지 두루 섭렵한 후 만년에 이 모든 장점을 연마한 자신만의 독창적 추사체를 완성했다. 졸박청고拙樸淸高(꾸밈 없이 소박하며 맑고 고아함), 졸박청수拙樸淸瘦(꾸밈 없이 소박하며 맑고 가는 필체)로 표현되는 추사체는 역설적이지만 오랜 유배 시간이 그를 예술의 극한

---
107 『사기』 〈급정열전〉

경지에 이르게 한 밀알이 된 셈이다.

　추사체는 한국뿐 아니라 국제 서예사에 있어 매우 위대한 역사를 썼다는데 큰 의의가 있다. 추사체는 '글씨가 곧 그림'이 되었다.

　6살에 대문에 써붙인 '입춘대길立春大吉' 글씨를 보고 재상 번암 채제공이 "이 아이는 명필로 크게 이름을 떨칠 것이오. 하지만 운명이 기구할 터이니 붓을 잡게 하지 마시오. 대신 문장으로 한다면 세상을 크게 울릴 것이오."라고 했는데 과연 명필로 이름을 날렸고 기구한 운명을 살아 예언이 들어맞았다. 71세이던 1856년 10월 7일 봉은사 '판전板殿' 현판을 쓰고 사흘 후 과천에서 숨졌다.

　추사체를 사대주의 등 부정적으로 보는 시각도 있다. 하지만 역사의 평가는 그리 간단치가 않다. 추사는 성리학 폐단에 갇힌 조선의 유학자 세계, 세도정치에 농락되던 사회 속에서 유학의 본질을 찾기 위해 고증학에 심취했고 송나라·원나라를 주목했다. 이는 매우 진보적 사고였다. 또한 실용 학문에 앞서 가던 청나라 서적을 찾았다. 그리고 바로 '우리 자신의 것'을 위해 새로운 기운을 불어넣고자 중국이 갖고 있던 '그것'을 갈망했던 신지식인이었다.

　추사의 '추사체'는 '글씨'를 넘어 그것이 곧 '그림'이었다. 그림이란 또한 이미지로 전하는 메시지가 있는 법이다. 그의 글씨체는 실로 다양하고 어떤 장소에 어떤 의미의 글씨를 걸어둘 것인지를 생각해 글씨의 획이나 모양새가 완전히 달라진다. 여기엔 추사만의 비밀이 숨어있다. 레오나르도 다 빈치가 〈수태고지〉 등 그림에서 수많은 '암호'를 남겼듯이 추사 또한 글씨를 통한 그림 속에 다양한 '암호'를 남겼다. 이성현 교수의 말처럼 '추사코드'다. 그 암호를 우리는 다 풀 수 있을까?

위당 정인보鄭寅普는 "선비의 높은 경지가 세상에 알려지지 않으면 한이 되겠지만, 무지한 사람들의 입에서 잘못 알려진다면 차라리 영원히 묻혀 그 깊은 아름다움이 더럽혀지지 않는 것이 더 낫다."[108]라고 했다. 이 역시 '무도즉은'인 것이다. 추사가 어쩌면 이런 심정은 아닐지 모르겠다.

'세한후조' 김정희의 '추사 유배지' : "인내의 열매는 달았다."

여행길이 유배길로 돌변한 추사의 적거지謫居地(유배지)는 어명이 떨어진 것처럼 제주도였다. 제주도는 절해고도絶海孤島(육지에서 먼 외딴 섬)이자 원악도遠惡島(서울에서 멀고 사람 살기 어려운 섬)로 불렸다. 게다가 작은 배로 풍랑을 헤치면서 건너야 한다. 즉, 천지신명이 포기하면 죽음도 따르는 유배다. 추사도 제주도를 야만인의 땅으로 무시한 곳이었다.

그런데 살 운명이었다. 1840년 9월 4일 유배 명을 받고 그 달 27일 완도에서 배를 탔다. 뱃길로 보통 사흘 이상 걸리는 거리를 당일에 도착했다. 제주 사람들도 놀란 표정이었다. 도중에 거센 풍파를 만나 배가 휘청거리자 모두 뱃멀미로 혼절했지만 추사는 홀로 뱃머리에 앉아 아무일 없는 듯 망망대해를 바라봤다. 공자가 말한 '군자는 곤궁에 처해도 의연해 한다.'[109]는 자세를 보여준 것이다.

화북포구에서 내린 추사는 제주에서 2, 3일 머물고 다시 80리길 대정현으로 가야 했다. 때는 가을이고 육지서 보지 못한 낯선 단풍이 아

---

108 『완당전집』 서문
109 君子固窮(군자고궁) - 『논어』〈위령공〉

산방산과 한라산

름다웠다.

 10월 2일 대정현에 도착한 추사는 읍성 내 송계순의 집에 거처했다. 이조차도 위리안치圍籬安置(탱자나무 등 가시 울타리를 치고 그 안에 가둠) 유배형이다. 집 마당 밖으로 나가지 못하는 형벌이다. 하지만 추사는 유배 기간 많은 곳을 다녔다. 인근 대정향교는 물론, 가까운 산방산과 심지어 제주 읍내까지 여행하고 한라산 등반도 했다. 이는 지방관의 도움이 있었기에 가능했다.

 추사가 유배를 오자 학문에 뜻있는 많은 사람들이 글을 배우러 왔다. 모두 추사의 제자가 되었다. 추사는 송계순의 집에서 2년 정도 머문 후 이웃 강도순의 집으로 옮겼다. 강도순은 추사의 제자가 된 사람이다. 현재 대정읍에 재현해 놓은 추사 유배지는 강도순의 집을 복원한 것이다. 추사의 제주 유배지의 핵심 요체인 곳이다. 건축가 승효상의 설계로 지은 제주 추사관도 있다. 옆 모습을 보면 〈세한도〉 그림 속

집과 같다. 송계순 집터는 유배지 옆의 골목을 따라 들어가면 있다.

척박한 환경은 풍토병으로 추사를 괴롭혔다. 대정 모슬포의 혹독한 겨울 바람, 입에 맞지 않는 음식으로 고초를 겪는 사이, 추사는 자신도 모르게 서서히 완숙의 단계로 접어들고 있었다. 살아있는 권력에 아첨하지 않고 유배객 노 스승을 챙겨준 이상적 등 제자, 벗들의 도움을 받아 추사체를 완성해 간 것이다. 인내의 달콤한 열매였다. 인내한 자만이 최고의 자리에 설 수 있다. 원나라 학자 허명규는 "좌절을 참지 못하면 남을 해치거나 자신을 해치게 된다. 명예는 굴욕을 당한 가운데 얻고, 덕은 참는 가운데 커진다."110라고 했다.

바로 강도순의 집 탱자나무 울타리 안에서 일군 결실들이다. 추사는 이 집의 당호를 '귤중옥橘中屋'이라 지었다. "매화·대나무·연꽃·국화는 어디에나 있지만 귤만은 오직 내 고을의 전유물이다. 겉과 속이 다 깨끗하고 빛깔은 푸르며 누런데 우뚝한 지조와 꽃답고 향기로운 덕은 다른 것들과 비교할 바가 아니므로 나는 그로써 내 집의 액호로 삼는다."111

이곳에서 흔하게 접한 수선화는 추사에게 각별한 사연이 있었다. 유배 오기 10여 년 전 평양에서 구한 수선화를 유배에서 풀려난 다산 정약용에게 보낸 적이 있다. 그땐 희귀한 꽃으로 여겼는데 제주에선 마구 짓밟고 소나 말의 먹이가 되는 것을 보고 놀라워했다. 심지어 '토착민들이 이것이 귀한 줄을 몰라서 짓밟아버린다.'고 했으니 자신의 무지함을 모르고 이곳 주민을 탓한 것이다. 이곳에는 널려 있는

---

110 『인경(忍經)』〈제3편 경우〉: 원나라 중기 학자이자 사상가인 허명규가 지은 『권인백잠』을 기본으로 하여 엮은 책
111 『완당선생전집』〈권6〉, 귤중옥서. 유홍준, 『산숭해심』, 창비, 2018

정온 유허비

것이 수선화다.

추사는 자신보다 200년 앞선 1614년 바로 이곳에 유배를 왔던 동계 정온鄭蘊을 상기하며 제주 목사 이원조李源祚를 설득해 유허비를 세우게 했다. 유배객 김정희의 입김이 얼마나 대단했는가를 잘 보여준다. '동계정선생유허비'는 제주 추사관 근처 보성초등학교 뜰에 있다. 정온은 도가 서지 않은 세상을 등지고 덕유산에 은둔해 굶어 죽은 기개 있는 선비다. 비는 원래 정온이 살았던 자리에 송죽사松竹祠 사당과 함께 있었는데 이리저리 떠돌다 현재의 자리에 왔다. 송죽사 터는 추사 적거지 바로 뒤편 송계순 집터와의 사이에 있다.

이곳에서 도보로 30분 거리에 있는 대정향교는 추사가 제자들을 가르치기 위해 종종 들렀던 곳이다. 향교 기숙사인 동재東齋에 '의문당疑問堂'이라 써준 현판은 학생들에게 '늘 의문을 갖고 학문에 임하라.'는 의미로 이 또한 공자의 말씀이다. 현판은 현재 제주 추사관에 진열해 뒀다. 향교 서쪽 담장 너머 길가에는 추사가 차를 마시기 위해 길었던 세미물이 아직도 남아 있다.

추사의 발길이 닿은 곳은 산방산과 함께 유배 후반기에는 서귀포 방면으로 10km 가까이 간 안덕계곡 창천리가 있지만 딱히 추사의 흔적이 남아 있지는 않다.

대정향교

 "김정희를 석방하라.金正喜 放(김정희 방)"[112]

 8년 3개월 만의 해방이다. 12월 6일 석방 명령이 떨어졌지만 바다 건너 추사가 명을 전달 받은 날은 19일이었다. 떠날 준비를 하는 사이 새해가 밝았다. 55세1840년에 와서 새해1849년까지 밝았으니 64세에 유배지 제주를 떠나게 된 것이다. 이 시점 노년의 유배객은 어떤 감회를 받았을까? 물론 2년 후 또 다시 북청 유배를 떠날 줄은 꿈에도 몰랐겠지만.

 다시 배를 타려면 제주에 입도했던 화북포구로 가야 한다. 제주도로 온 모든 유배객이 입출항했던 곳이다. 올 때는 형벌을 짊어지고 앞이 보이지 않는 암울함에 바닷길도 무섭지 않았건만, 형벌을 마치고 자유가 된 지금은 작은 물결에도 조심스러워졌다. '무사히 건널 수 있을까?'

---

[112] 『헌종실록』〈15권〉, 헌종 14년(1848) 12월 6일 기사

화북포구 해신사

　신만이 알 수 있다. 그래서 추사도 신에게 의탁하기로 했다. 화북포구에는 용왕님께 제를 올리는 해신사海神祠가 있다. 추사는 제문을 쓰고 술과 고기를 바치며 두 손 모아 빌고 절을 한다.

　"올 때는 잡귀의 도움을 얻었고 이제는 은혜를 입고 풀려났도다. 무사히 건너기는 오직 바다 신에 달렸으니 감히 정성 올리나이다. 신이여 강림하여 주옵소서."

　얼마나 간절했을까? 10년 전 올 때보다 지금 죽기는 너무나 억울할 테다. 추사도 이렇게 나약해질 때가 있었다. 완도로 무사히 건넜다.

　화북포구는 제주항 동쪽의 작은 포구다. 추사 유배지 중 중요한 곳이다.

우리 땅 그랜드 투어

제주엔 또 무엇이 있나?

제주엔 많은 명승지와 여행할 곳이 넘치지만 추사처럼 유배객을 중심으로 소개하기로 한다.

조선의 내로라 하는 거물급 인사, 심지어 왕도 제주도로 유배를 왔다. 주로 제주 읍내와 대정현이 그들의 유배지였고, 오늘날 다크 투어리즘dark tourism(유배지·전쟁터·학살터 등 암울했던 현장의 여행지)의 필수 순례지가 됐다.

1519년 기묘사화로 죽음에 처했던 **충암 김정**金淨이 금산, 진도를 거쳐 제주도로 왔다. 그는 『충암집冲菴集』에 〈제주 풍토록〉을 남겼다.

광해군光海君 때는 동계 정온이 유배를 왔다. 대정읍 보성초등학교 정원에 **동계정선생 유허비**가 있다. 정온의 유배는 광해군이 이복동생 영창대군을 살해한 것에 반대해 책임자 처벌을 요구했기 때문이다. 대정현에서 유배 생활을 한 후 돌아갔다. 그런데 광해군이 인조반정으로 내쫓겨 강화도로 유배를 떠났다가 1636년 자신이 보낸 정온의 유배지 제주도에 오게 될 줄이야. 세상은 이렇게 돌고 돈다. 광해군은 풍랑 때문인지 제주도 최동북단 어등포에 기착해 제주 성 안의 남문 주변에서 생활했다. 뱃길에선 가림막으로 가려 그도 제주에 도착한 후에야 제주도임을 알고 눈물을 흘렸다. 이때 제주목사 서한당 민기閔機가 "임금으로 계실 때 아첨한 자를 멀리했으면 어찌 이런 곳에 오셨겠습니까? 덕을 닦지 않으면 배 가운데 모든 사람이 모두 적국이라는 옛말을 모르십니까?"라 하니 눈물만 흘릴 뿐이었다. **광해군 적거지**는 제주 시내 제주목 관아 옆 중앙사거리와 남문사거리 중간쯤에 있었다.

우암 송시열宋時烈도 제주로 왔다. 1689년 숙종과 장희빈이 아들훗날 경종을 낳자 세자 책봉에 반대하다 83세에 거친 바닷길을 건너야 했다. 해남에서 출발한 배는 나흘이 걸려 제주에 도착했다. 제주 시내 산지골이 적거지였다. 장거리를 이동한 날을 빼면 제주에 머문 기간은 불과 두 달 20여 일. 결국 돌아가던 중 정읍에서 사약을 받고 생을 마감했다.

춘고 박영효朴泳孝는 고종 때 대신들의 암살을 음모했다는 혐의로 제주도로 유배를 왔다. 제주에 있는 동안 뮈텔 신부와 함께 근대 여성학교인 신성여학교 개교와 원예농업 보급에 힘썼다.

면암 최익현崔益鉉은 군부君父를 논박했다는 이유로 제주도에 위리안치 됐다가 2년 후 돌아갔다. 이때 한라산을 등반한 후 『유한라산기遊漢拏山記』를 남겼다.

이들 중, 김정·정온·송시열 3인은 제주시내 **오현단**五賢壇에 모셔져 있다. 베개 만한 작은 비석에 불과하지만 제주 주민들이 현인으로 추앙한다는 뜻이다. 나머지 두 명은 청음 김상헌金尙憲과 규암 송인수宋麟壽

다. 김상헌은 안무사按撫使(지방 특사) 신분으로 제주 주민을 도우러 왔고, 송인수는 1534년 제주목사로 발령받은 인연이 있다.

오현단은 이도1동 옛 **귤림서원 터**에 있다. 이곳엔 송시열의 글씨인 '증주벽립曾朱壁立(증자와 주자의 학문이 쌍벽으로 서있다).'이란 큰 글자가 바위에 새겨져 있다. 서울 혜화동에 있는 글씨를 모각한 것이다. 오현단 뒤 도로변 높고 검은 돌의 성벽은 조금 남은 **제주읍성 유적**이다.

오현단

제주읍성 유적

인은 사람을 사랑하는 것이고, 지혜는 사람을 알아보는 것이다. 바른 사람을 등용하여 그릇된 사람 위에 두면, 그릇된 사람을 올바르게 만들 수 있다.

『논어』〈안연〉편

제9편
윗사람이 탐욕 버리면 백성은 도둑질 않는다

● 정약용의 '불욕부절不欲不竊' ●
〈강진〉

계강자환도 문어공자 공자대왈
季康子患盜 問於孔子 孔子對曰,

구자지불욕 수상지부절
苟子之不欲 雖賞之不竊.

〈안연〉

계강자가 도둑이 많음을 걱정하여 조언을 구하자 공자께서, "진실로 선생(지도자)이 욕심을 부리지 않는다면, 백성은 상을 준다고 해도 도둑질을 하지 않습니다."라고 하셨다.

원문 속 산책

계강자季康子는 노나라 군주 애공 때의 대부이다. 삼환 중 계손씨의 후손 계강자는 공자에게 정치에 관해 도움을 받으려 했지만 공자는 '진짜 도둑이 남 말 한다.'고 속으로 비웃으며 "그대가 욕심을 부리지 않으면 아래 백성은 상을 주고 부추겨도 도둑질을 하지 않는다."고 했다.

공자는 계강자를 비롯한 삼환에 대해 정권을 훔친 자로 규정하고, 따라서 나라에 도가 없으므로 군자라면 이러한 나라에 출사해서는 안 된다고 가르쳤다.

심지어 공자는 "계씨는 주공보다 더 부유한 데도, 염구는 그를 위해 세금을 더 거두어 재산을 늘려줬다. 나의 제자가 아니다."[113]라며 제

---
[113] 季氏富於周公 而求也爲之聚斂而附益之 非吾徒也(계씨부어주공 이구야위지취렴이부익지 비오도야) - 『논어』〈선진〉

자 염구까지 응징할 정도로 못마땅해 했다. 염구에 대해서는 이 말도 부족했던지, 공자는 "염구야, 군자가 증오하는 것은 자기 탐욕은 덮어두고 궤변으로 변명하는 것이다."[114]라며 치욕을 안겼다.

공자의 14년 천하주유는 결국 계강자에 의해 끝났다. 계강자는 위나라에 머물던 공자를 정치에 등용하기 위해 고국으로 돌아오게 했지만 끝내 함께하지는 않았다.

'불욕부절'의 시사점

계강자는 대부大夫로서 국정을 마음대로 좌지우지하며 백성에게 무거운 세금을 거둬 부를 축적했다. 자신이 도둑이었지만 백성이 도둑질하는 것은 두고 보지 못했다. 공자는 이에 대해 윗물이 맑아야 아랫물이 맑게 됨을 충고한 것이다.

계강자는 공자에게 정치에 대해 자문을 구했는데 공자는 따끔한 일침으로, 무능하고 강압 통치를 일삼는 그의 정치적 행태를 꼬집었다. 계강자가 또 "만일 무도한 자를 죽이고 올바른 도리로 나아가게 한다면 어떻습니까?" 하고 묻자, 공자는 "정치를 하는 데 어찌 죽이는 방법을 쓰시겠습니까? 선생께서 선해지고자 하면 백성들도 선해질 것입니다."[115]라며 냉담하게 답변했다.

자로가 공자에게 "위나라에서 선생님을 모시고 정치를 한다면 선생께서는 무엇을 가장 먼저 하시겠습니까?" 하자, 공자는 "반드시 명분

---

114 求 君子疾夫舍曰 欲之而必爲之辭(구 군자질부사왈 욕지이필위지사) - 『논어』〈계씨〉
115 子爲政 焉用殺 子欲善而民善矣(자위정 언용살 자욕선이민선의) - 『논어』〈안연〉

곡부 고성

을 바로 잡겠다!"[116]라고 했다.

공자는, "명분이 올바르지 못하면 말이 순조롭지 못하고, 말이 순조롭지 못하면 일이 이루어지지 않으며, 일이 이루어지지 않으면 예악이 흥할 수 없고, 예악이 흥하지 못하면 형벌이 중심을 잃으며, 형벌이 중심을 잃으면 백성이 손발을 둘 데가 없다."[117]라고 했다.

명분과 관련, "임금은 임금다워야 하고, 신하는 신하다워야 하며, 아버지는 아버지다워야 하고, 아들은 아들다워야 한다."[118]라고도 했다.

요 임금이 순 임금에게 양위할 때 "백성들에게 죄가 있다면 그 죄는 저에게 있습니다."[119]라고 했고, 주나라 무왕 역시 "백성에게 죄가 있다면 그것은 나 한 사람에게 책임이 있습니다."[120]라며 군주로서 마음

---

[116] 必也正名乎(필야정명호) - 『논어』〈자로〉

[117] 名不正 則言不順 言不順 則事不成 事不成 則禮樂不興 禮樂不興 則刑罰不中 刑罰不中 則民無所措手足(명부정 즉언불순 언불순 즉사불성 사불성 즉례악불흥 예악불흥 즉형벌부중 형벌부중 즉민무소조수족) - 『논어』〈자로〉

[118] 君君 臣臣 父父 子子(군군 신신 부부 자자) - 『논어』〈안연〉

[119] 萬方有罪 罪在朕躬(만방유죄 죄재짐궁) - 『논어』〈요왈〉

[120] 百姓有過 在予一人(백성유과 재여일인) - 『논어』〈요왈〉

을 헛되이 속이려는 술수를 쓰지 않았다.

신의가 있으면 백성이 믿고 따르며, 공평하면 백성이 기뻐한다.[121]

윗사람의 행실에 선하고 명분이 서야 백성이 믿고 따르는 법이다. 윗물이 맑아야 아랫물도 맑게 흐른다.

정약용의 '불욕부절不欲不竊'

1803년 조선 후기 최고 학자 다산 정약용丁若鏞의 입에서 절로 탄식의 시 한 수가 흘러 나온다. 전라도 땅 강진康津으로 유배 온 지 3년째 되던 해다. 나라는 온통 무법천지의 황구첨정黃口簽丁(15세 이하 어린아이에게 징수하던 군정)과 백골징포白骨徵布(사망자에게 징수하던 군정)의 삼정문란 속에서 백성들은 쥐어 짜이며 길거리에 시신이 쌓여가던 시절이다.

"갈대밭 마을 젊은 아낙네 기나긴 울음소리
관아를 향해 곡하고 하늘 향해 울부짖네.
전쟁 나간 지아비 돌아오지 못함은 있었으나
예로부터 사내가 남근 자른다는 소리 들어보지 못했네.
시아버지 상복 벗은 지 오래고
갓난애 배냇물은 아직 마르지도 않았는데
조부자祖夫子 3대의 이름이 군적에 올랐네.
가서 호소하니 호랑이 같은 문지기가 지켜 섰고
이정里正(오늘날 마을 이장)이 호통치며 소마저 끌고 가버렸네.

---
121 信則民任焉 公則說(신즉민임언 공즉열) - 『논어』〈요왈〉

칼 갈아 방에 들어가니 흘린 피 흥건하고
스스로 한탄하길 애 낳은 죄로 당했구나.
잠실음형蠶室淫刑(거세시키는 형벌)도 억울한데
민閩(당나라 때 거세시키던 지방) 땅의 거세 풍습은 참으로 비통하도다.
자식 낳고 사는 이치 하늘이 준 것인데
하늘의 도는 남자가 되고 땅의 도는 여자가 된다.
말과 돼지조차 거세는 가엾다 하거늘
하물며 사람의 뒤를 이을 자식을 낳았음에랴.
부호들은 1년 내내 풍악을 울려 즐기면서
쌀 한 톨 비단 한 치 내는 일 없도다.
다 같은 백성인데 후하고 박한 것이 웬 말인가
나그네는 창가에서 거듭 시구[122] 편만 외우네."

〈애절양哀絶陽〉이란 시다. 갈대밭에 사는 백성이 아이를 낳은 지 사흘 만에 군적에 오르자 관아로 달려갔지만 문지기에 가로막혀 호소할 곳도 없었다. 마을 이장이 와서 군포 대신 소를 빼앗아가자 농민이 아이 낳은 죄로 당했다며 칼로 자신의 양경을 잘라버렸다.

정약용은 이러한 현실을 시로 읊조린 것이다. 고을 수령이 현장에서 이러한 사정을 돌보지 않으니 백성의 변고가 그치지 않는 것이다.

높은 자리에서 버젓이 일삼는 강탈 행위가 결국은 아래로 답습되고 그 피해는 오로지 힘 없는 백성들이 입고 있다. 돈 주고 벼슬을 산賣官

---

[122] 鳲鳩(시구) : 새끼에게 먹이를 골고루 먹이며 키우는 뻐꾹새 - 『시경』〈조풍 시구(曹風鳲鳩)〉

賣職(매관매직) 사람들은 본전을 뽑아야 했으니 사회가 썩을 대로 썩어 가는데 누구도 개혁하려 들지 않는다.

다산은 바로 〈애절양〉 시에서 느꼈듯이 억울한 백성들의 참상을 뒷날의 거울로 삼기 위해 『목민심서牧民心書』를 짓고 〈애절양〉 시를 수록했다. 〈애절양〉은 다산 정약용의 시로서는 물론 우리나라 옛 시가들 중 가장 우수한 작품 중 하나로 꼽힌다.

다산은 33살에 정조대왕의 명을 받고 수행한 경기도 암행어사 때도 이미 유사한 사정을 접했다. 그가 〈암행어사로 임명되어 적성의 시골집에서 짓다〉[123]라는 시다.

"(선략) 놋수저는 지난번에 이장에게 빼앗기고 (중략) 큰 아이는 다섯 살에 기병에 올랐고 작은 아이는 세 살에 군적에 묶여 있다. 두 아들 군포세로 500푼 바치고 나니 죽음이나 재촉할 판에 옷이 다 무엇이랴. (중략) 아침 점심 거르고 밤에야 밥 짓고 (후략)"

하루 한 끼 겨우 풀칠하는 백성들이 죽지 못해 사는 현실을 궁궐로 돌아가 보고한 것이다.

이때 정조 임금의 최측근 인사를 단죄하는 건의를 올려 임금을 깜짝 놀라게 했다. 현직에서 물러난, 직전 연천 현감 김양직金養直이 5년간 모조耗條(환곡에서 손실분을 막기 위해 더 받는 이자)를 제멋대로 사용했으며, 신역身役을 면제해주고 노비를 풀어주는 조건으로 돈을 받아 챙긴 악덕 행위를 보고했다. 김양직은 정조의 생부 사도세자의 묘소를 수

---

123 奉旨廉察到積城村舍作(봉지염찰도적성촌사작)

원으로 옮길 때 풍수를 담당한 지관이었다.

또, 전 삭녕 군수 강명길康命吉은 임기를 마치고 돌아갈 때 짐 꾸러미가 너무나 많아 배로 실어 날랐는데 백성과 아전들의 원성이 그때까지 끊이지 않아 죄를 고발했다. 강명길은 정조의 주치의인 의관 출신이었다. 둘 다 왕을 업고 무소불위의 권력으로 악행을 일삼았지만 아무도 감히 말할 수 없었다.

다산은 "법을 적용할 때는 마땅히 임금의 최측근부터 시작해야 합니다."라며 속히 국법을 존엄하게 해 달라고 소를 올렸다. 정조는 고민 끝에 단죄했다.

평소 신중한 언행으로 소문이 자자했던 조선 후기 문신 유의柳誼가 홍주 목사 시절, 금정역 찰방으로 있던 다산이 공무를 의논하고자 편지를 보냈지만 답장을 하지 않았다. 다산이 나중에 만나 "왜 답장을 하지 않았나?" 하니, 유의는 "나는 수령으로 있을 때 편지를 뜯어보지 않소."라고 답했다. 그리고 편지함을 쏟아 보였는데 과연 조정의 귀인들이 보낸 편지들이 개봉되지 않은 채 그대로 쏟아졌다. 다산은 "내 편지는 공무였는데 왜 뜯어보지 않았소?" 하니 "왜 공문으로 보내지 않았소?"라고 되묻는 것이었다. 다시 다산이 "그건 비밀리에 해야 할 일이었소." 하니, "그럼 왜 비밀리에 공문을 보내지 않았소?"라고 했다. 논리 정연한 다산 정약용도 할 말이 없었다. 청탁을 거절하는 관리의 청렴성을 잘 보여준 사례다. 윗사람이 청렴하면 아랫사람은 도적질 할 방도가 없다.

한순간 달콤함에 빠져 영원히 이름을 더럽힐 것인가, 선정을 베풀어 천년만년 백성들의 칭송이 후손에까지 이어지게 할 것인가?

영조 임금 시절 유정원柳正源이 통천 군수로 나갔을 때 은혜로운 일을 많이 했다. 다시 부교리副校理를 제수 받아 달랑 말 한 필의 행장으로 한양으로 돌아가려 하니 온 백성이 길을 막고 드러누워 울었다. 간신히 타이르고 떠나니, 고을 사람들이 동비銅碑를 만들어 그의 은혜로운 덕을 오래 두고 칭송했다. 다산은 이들을 높이 치켜세웠다.

명예롭게 살다 빛나게 죽은 개혁가
다산 정약용茶山 丁若鏞 : 1762~1836

다산 정약용은 1762년 경기도 광주군 마현리현 남양주시 조안면 능내리에서 정재원丁載遠의 4남 중 막내로 태어났다. 어머니는 고산 윤선도尹善道의 증손자인 공재 윤두서尹斗緒의 손녀로 해남 윤씨다.

집안은 대대로 8대 옥당玉堂(홍문관) 명문이었다. 하지만 노론 치하에 남인 집안이어서 고조부 이후 삼세三世가 포의布衣(벼슬이 없는 선비)로 지내다 아버지 정재원이 같은 남인 재상 채제공의 추천으로 말직인 고을 원님 벼슬에 나갈 정도였다.

다산은 6살에 오언시를 짓기 시작하면서 두각을 나타냈다. 22살에 성균관에 유학할 때 정조를 처음 알현했는데 이때 정조가 나이를 물었다. 정약용이 "임오생입니다."라고 답했는데 임오년壬午年은 1762년으로, 바로 11살이던 정조로서는 생부 사도세자가 뒤주에 갇혀 죽었던 임오화변 해다. 정조는 그해에 태어난 정약용에 대해 자신의 생부와 관련해 많은 생각을 한 듯 하다. 이후 정약용에게 다양한 과제를 내며 훈련시키고 인재로 육성한 흔적이 역력했다.

정조에게 정약용은 눈에 넣어도 아프지 않을 교목세신[124]의 표상이었다.

다산은 정조와 쇄신을 추구했지만 정조의 갑작스런 승하 이듬해 오랜 유배를 떠나야 했다. 마흔에 떠난 유배는 환갑을 몇 해 앞두고 풀려 고향으로 돌아와 집에서 여생을 보냈다.

유배 동안 많은 제자를 키우며 저술 활동에 매진해 일생 동안 500여 저술을 남겼다. 조선 후기 최고의 학자, 지성인으로 추앙 받는 이유다.

다산은 오랜 유배 생활로 가난에 몹시 시달렸다. 아들도 이젠 반대파에 고개 숙이기를 원했지만 정약용은 영혼을 팔고 부귀를 누리고 싶지 않았다. 아들 학연에게 "나를 추자도로 쫓아보내도 눈 까딱 않겠다."라며 편지를 보냈다. '명예롭게 살다 빛나게 죽고자 한다.'는 것이었다.

나라가 썩을 대로 썩고 백성들이 도탄에 빠졌는데 불의에 가담해 이익을 얻는 것이 옳은 일인가 하는 것이다. 오히려 이용만 당하고 이름만 더럽힌 채 용도가 다해지면 다시 해를 입을 것이다. 다산은 자신의 눈앞 이익보다 경장更張의 필요성을 역설했다. 그러기 위해선 혁신과 도전 정신이 필요한데 모두가 해오던 대로 머물러 있으니 이러한 상황을 '안동답답安東沓沓'이란 말로 일갈했다. 안동 양반들의 고지식함을 빗댄 말로 '답답한 상황'을 표현할 때 쓰는 말이다.

정약용 자신은 여러 호 중 '다산茶山'보다 '사암俟菴'을 선호한 듯 하다. 자찬 묘지명에 '사암'으로 기록했기 때문이다. '사俟'는 '기다린다'는 의미다. 『중용』〈제 29장〉'백세이사성인이불혹'[125]에서 따온 말로

---

124 喬木世臣(교목세신) : 여러 세대에 걸쳐 중요 벼슬을 하여 나라와 운명을 같이 할 충성스런 신하 - 『맹자』〈양혜왕〉

125 百世以俟聖人而不惑(백세이사성인이불혹) : 오랜 세월 뒤 성인을 기다려 물어보더라도 의혹이 없다.

자신의 처세와 학문이 훗날에도 부끄러움이 없음의 표현이다.

'불욕부절' 정약용의 '다산초당':
"후세에 이름을 더럽히지 말라."

1800년은 다산 정약용의 인생에 큰 변곡점이 된 해다. 정조로부터 6월 그믐 입궐해 새로운 일을 하라는 통보를 받고 고향 마재에서 기다리는데 29일 정조의 부고를 받은 것이다. 정조는 전날 저녁 승하했다. 다산은 정치 인생 목표였던 '정조의 요순 임금 만들기' 프로젝트가 속절없이 무너져버린 것이다. 문제는 여기서 끝나지 않았다.

정조를 뒤이어 11살의 순조가 즉위하자 정순왕후가 수렴청정하게 되었고 그의 주변에는 노론 벽파가 있었다. 이 모두 사도세자를 죽음으로 몰고 간 세력이었으니 정국은 정조 치세 24년 이전으로 되돌아간 것이다.

악몽은 곧바로 닥쳤다. 이듬해 2월, 다산 바로 위의 형 정약종丁若鍾이 천주교와 관련한 '책롱사건冊籠事件'으로 고문을 당하고 순교했다. 이를 계기로 정약용과 형 정약전丁若銓, 이가환李家煥, 이승훈李承薰 등이 체포되어 국문을 받은 뒤 정약용은 장기長鬐(경북 포항)로 유배를 떠났다.

사건은 또 터졌다. 맏형 정약현의 사위 황사영黃嗣永이 천주교 탄압을 베이징 주교에 고발하는 '황사영 백서' 사건이 일어났다. 인척이 된 다산은 또다시 불려와 조사를 받았다. 연루 혐의는 없었지만 정약용은 강진으로 기약 없는 유배길에 다시 올랐다. 정치적 피바람이었다.

11월 강진 땅에 도착했다. 주민들은 화를 입을까 두려워 모두 유배

다산이 강진만을 내려다보며 흑산도로 유배를 떠난 형을 그리워했던 자리

객을 멀리했다. 이때 동문 밖 주막의 주모가 방 한 칸에 맞아들였다. 주모와 딸은 정성껏 뒷바라지를 했다.

다산은 그 무렵 동네 아이들을 모아 글을 가르쳤다. 그리고 그 방을 '사의재四宜齋'라 이름했다. 생각思·용모貌·언어言·행동動을 바르게 하라는 뜻이다. 황상黃裳과 이청李晴 등이 애제자가 되었다. 다산은 강진 유배 첫 거처지인 주막의 사의재에서 4년 생활했다. 지금도 초가로 복원해 당시의 분위기를 연출해 놓았다. 뒤쪽엔 사의재 한옥 체험관이 조성돼 있다.

다산은 이어 1805년 백련사 혜장 스님이 소개해준 사의재 뒤쪽 보은산 계곡에 위치한 고성사高聲寺 보은산방으로 거처를 옮겼다.

이듬해인 1806년에 제자 이청의 집으로 옮긴 다산은 1808년 다산초당으로 와서 강진에서 네 번째의 거처를 마련했다. 유배 온 지 이미

사의재

8년이 지났다. 이곳은 자신의 외가 해남 윤씨의 산이었기에 쉽게 마련할 수 있었다.

다산은 초당을 손질하고 제자들을 위해 집도 지으며 연못을 만드는 등 장기전에 돌입했다. 주변에 야생 차나무가 많아 호를 '다산茶山'이라 지었다. '다산'은 그의 대표 호가 되었다. 그 역시 차를 즐겼다. 마당의 넙적바위는 차를 끓이던 다조茶竈로 사용했다. 손수 판 샘 약천의 물로 차를 끓이며 차를 연구했고 〈각다고榷茶考〉라는 글도 남겼다. 다산의 차 지식은 해남 대흥사 초의선사에게 전수되어 차문화를 부흥시키게 된다. 덕분에 초의선사는 다성茶聖으로 일컬어진다.

이웃 백련사 혜장선사와는 각별한 친분을 맺었다. 초당에서 오솔길을 따라 20~30분 걸으면 벗이 된 혜장선사의 백련사가 있어 둘은 왕래하며 인생을 논하고 주역과 같은 철학을 논했다. 혜장선사는 초의

약천

선사를 다산에게 맺어줬고, 초의선사는 추사를 다산에게 소개했으니 인맥은 꼬리에 꼬리를 물고 이어갔다.

　다산은 초당에 책 1,000권을 쌓아두고 학문에 몰입하며 후학을 양성했다. 한때는 거칠 것 없이 잘 나가도 봤지만 이젠 영어囹圄의 몸이 되었으니 할 일은 학문밖에 없었다.

　다산은 강진 유배에서 무려 500권의 책을 저술했다. 앉아서 책을 써야 했으니 복사뼈가 압박을 받아 세 번이나 구멍이 났다. 이로 인해 '과골삼천踝骨三穿'이란 고사가 생겼다. 다산초당은 그의 대표 저서 '1표 2서'[126]의 산실이 됐다.

　다산초당에서의 10년, 강진 유배 18년만에 마침내 해배 되었다. 회한에 젖었을 노 선비는 고향 마재로 돌아갔다. 초당엔 그의 흔적도 단

---
[126] 一表二書 : 『경세유표』 · 『목민심서』 · 『흠흠심서』

다산초당

정석

단히 남겼다. 산 암벽에 '정석 丁石'이란 글씨를 새겼다. 자신의 성을 돌에 새긴 것이니 '정석'인 것이다.

초당 아래 만덕리엔 다산박물관이 세워져 있다. 강진 유배 생활에서 남긴 자취와 다산 정약용의 학문 세계, 인품을 엿볼 수 있다.

고향에 돌아온 다산은 더 이상 정계에 나아가지 않았다. '옛 선비들은 치세를 만나면 벼슬을 피하지 않고, 난세를 만나면 구차한 삶을 구하지 않는다.'[127]라고 하지 않았던가? 다산은 풍파에 희생양이 되어 고된 삶을 살았지만, 먼 훗날에도 자신의 처세와 학문에 부끄러움이 없음을 자부하면서 그는 깨끗하고 당당하게 살다 떠났다. 그래서 그가 떠나간 자리도 영원히 아름다운 것이다.

---

[127] 古之士 遭治世不避其任 遇亂世不爲苟存(고지사 조치세불피기임 우난세불위구존) - 『장자』〈양왕〉

다산박물관(위) / 다산초당 연못(아래)

우리 땅 그랜드 투어

강진엔 또 무엇이 있나?

월출산 아래에 호남 3대 민간 정원으로 꼽히는 **백운동 별서정원**이 있다. 넓게 펼쳐진 다원 사이에 잘 보존된 원림이다. 조선 중기 처사 이담로李聃老가 조성해 김창흡金昌翕·김창집金昌集 등 인사들이 유람했고 다산 정약용도 월출산을 등반한 뒤 하룻밤 유숙했다.『백운첩』에는 정약용의 〈백운동 12승사〉 시가 있고 초의선사의 〈백운동도〉 그림이 실려 있다. 다산이 월출산과 이 원림의 경치에 반했음을 잘 보여준다.

강진은 넓게 펼쳐진 **월출산 다원**으로도 유명하다. 드넓게 펼쳐진 녹색 다원과 그 사이 하얗게 연결된 길이 초록빛 월출산에 솟아난 하얀 암반과 서로 조화를 이루는 듯 아름답다. 정약용도 반했던 차다.

고려청자박물관은 강진이 고려청자의 중심지였음을 말해주고 있다. 우리나라 청자 요지가 400개 정도 발굴됐는데 이 중 강진이 188개를 차지한다. 강진의 고려청자는 청자의 초창기부터 전성기, 쇠퇴기까지

가우도

모든 과정을 보여준다. 화려한 고려청자는 주로 왕실과 귀족, 사찰에서 사용했다. 청자박물관과 함께 청자 판매장도 있다.

〈모란이 피기까지는〉 시로 유명한 김영랑金永郎이 살았던 **영랑 생가**가 강진 군청 근처에 있다. 본명은 김윤식金允植이다. 신사참배와 창씨개명을 거부하며 저항 시인으로서 활약했고, 박용철, 정인보, 정지용, 신석정 등과 함께 시문학 동인을 형성하며 시 세계에 흠뻑 빠져들었다. 87편의 시를 남기고 6.25 한국전쟁 때 서울에서 유탄에 맞아 숨졌다.

마치 거북이가 강진만으로 들어오는 형상을 한 섬, **가우도**駕牛島가 있다. 그러나 글자상 의미는 '소의 멍에 같은 섬'이란 뜻이다. 강진 읍내 뒷산인 보은산이 소의 머리이고, 가우도는 소의 멍에에 해당 된다 하여 부른 것이다. 강진만 위 출렁다리와 함께 1시간 남짓 섬을 둘러볼 수 있는데다 정상에서 짚트랙을 탈 수 있어 여행객으로부터 많은 사랑을 받고 있다. 밤엔 휘황찬란한 야경도 아름답다.

고금도와 마주 바라보는 강진 최남단 **마량항**馬梁港은 작지만 정겨운

미항이다. 남도의 싱싱한 해산물이 넘쳐나는 복합 어촌어항으로 거듭나고 있다. '마량'이란 말은 '말을 건네주는 포구'란 뜻인데, 제주에서 조공으로 실어 온 말들을 이곳에 내린 데서 유래한다. 이 '양梁'자는 대들보 하나를 걸치면 건널 수 있을 만큼 육지와 섬 사이가 좁은 포구의 지명으로 쓰인다. 노량진鷺梁津, 명량鳴梁 등이 그러하다. 주말엔 관광객을 위한 음악회도 종종 열려 흥겹다. 바로 앞 섬 고금도는 행정구역이 저 멀리 떨어진 완도군에 속해 있다.

전라 병영성全羅兵營城은 1417년태종 17에 설치되어 1895년고종 32 갑오경장까지 500여 년간 제주도를 포함한 전라도 53주 6진을 총괄한 육군 총지휘부다. 성곽의 총 길이는 1060m, 높이 3.5m로, 사적 397호로 지정되어 있다.

백련사白蓮社는 서기 839년 무염스님이 창건했다고 전하는 사찰로 고려 때 백련결사운동으로 이름을 크게 날렸다. 조선 초 효령대군이 8년간 머물며 중수를 도왔고 8대사를 배출한 명찰이다. 천연 기념물 제151호 동백나무 군락으로도 유명하다. 주변에 차나무가 많다. 다산 정약용과 혜장선사의 사연이 깃든 사찰이다.

바쁘게 사는 현대인에게 꼭 필요한 말이 '잠시만이라도 아무것도 하지 않는 것'이다. 바로 **무위사**無爲寺 이야기다. 사찰 이름에서 보듯 만성피로에 지친 현대인에게 위안처로 손짓하는 곳이다. 원효대사가 관음사로 창건했고 이름이 여러 차례 바뀌어 오다가 1550년 조선 명종 때 무위사로 개칭했다. 흥미로운 것들이 많은 사찰이다. 국보 제13호로 단아하면서 소박미가 넘치는 극락보전은 조선 초기 불교 건물로 의미가

백련사

크다. 1983년 보수 때 '선덕오년' 묵서명이 나와 세종 12년1430에 건립 됐다는 사실을 알 수 있다. 측면에서 보는 기둥과 보, 천정의 공간 구조 모습도 이색적이다. 특히 내부는 화랑이라 할 만큼 총 31점의 벽화로 장식돼 있었는데 너무 오래되어 두 점만 남기고 29점은 성보박물관으로 옮겼다. 1476년 그려진 아미타여래 삼존벽화도 유명하지만 뒷벽에 그려진 역시 같은 시기의 작품 백의관음도가 어둠 속에서 은은하게 기품을 뽐내고 있다. 오른손엔 버들가지, 왼손엔 정병을 들고 있다. 꼭 봐야 할 작품이다.

강진의 이색 사찰로 **남미륵사가** 있다. 1980년에 창건해 연륜은 짧지만 볼거리가 풍성하다. 높이 36m 동양 최대 황동 아미타 대불과 팔각 13층 석탑 등의 위용을 비롯해 경내가 마치 불교박물관과 같은 분위기다.

옛사람들이 말을 함부로 하지 않은 것은,
자신의 행동이 뒤따르지 못할까봐 두려워
했기 때문이다.
『논어』〈이인〉편

제10편
옳은 일에는 목숨도 바친다

● 조헌의 '살신성인殺身成仁' ●

〈금산〉

자 왈
子曰,

지 사 인 인
志士仁人

무 구 생 이 해 인
無求生以害仁

유 살 신 이 성 인
有殺身以成仁.

〈위령공〉

공자께서, "뜻을 지닌 선비와 인을 지닌 사람은 자기 살고자 인을 저버리지 않으며, 자신의 목숨을 바쳐서라도 인을 이룬다."라고 하셨다.

원문 속 산책

'지사志士'라 함은 '뜻이 있는 선비', 즉 오늘날의 '지식인'이다. 그런데 여기에 조건이 있다. 지사와 인인仁人은 자기 살고자 인을 저버리지 말아야 한다. 때론 목숨도 기꺼이 바쳐야 하는 경지의 사람이어야 한다.

백이와 숙제는 폭력으로 은나라를 정벌한 주나라 무왕을 섬길 수 없어 수양산으로 들어가 은거했으며 인을 저버리지 않기 위해 스스로 굶어 죽었다. 백이와 숙제처럼 스스로 인을 실천하는 지사는 누가 알아주기를 바라지 않는다. 묵묵히 자신의 길을 걸어갈 뿐이다. 그래서 공자는 "군자의 유자儒者가 되어야지 소인의 유자가 되어선 안 된다."[128]라고 제자 자하에게 강조했다.

---

128 爲君子儒 無爲小人儒(위군자유 무위소인유) - 『논어』〈옹야〉

살신성인 [린쯔 고차박물관 소장]

'살신성인'의 시사점

최고의 리더가 적과 대치하면서 자신의 목숨을 내놓고 부하를 지킨다면 진정한 살신성인의 리더십을 보여준 것일 테다. 노나라 대부 맹지반孟之反이 그런 사람이다.

공자는 "맹지반은 자신의 공을 자랑하지 않았다. 전쟁에서 패해 후퇴할 때 병사들의 후미에서 적을 막았고 성문에 들어갈 즈음, 말에 채찍질을 가하면서 말하기를 '내가 일부러 뒤처지려 한 것이 아니라 말이 빨리 나아가지 않았소.'라고 했다."[129]라며 칭찬했다.

휘하 병사들을 먼저 피신시키고 자신이 적의 공격을 지연시키며 성문 앞에 와서야 재빨리 말에 채찍을 가해 마지막으로 들어감으로써 모두가 화를 면할 수 있었다. 그럼에도 공을 내세우지 않고 말이 빨리 가지 않았다고 너스레를 떠는 리더의 모습을 상상해보라. 살신성인의

---

129 孟之反不伐 奔而殿 將入門 策其馬曰 非敢後也 馬不進也(맹지반불벌 분이전 장입문 책기마왈 비감후야 마부진야) - 『논어』〈옹야〉

자세를 온몸으로 보여준, 진정한 리더의 품격이다.

인仁이란 도대체 무엇인가? 공자는 "인이란, 자신이 서고 싶은 자리에 남을 먼저 서게 하고, 자신이 뜻을 이루고 싶은 것에 남이 먼저 이루게 하는 것이다."[130]라고 했는데, 결코 범인이 하기엔 쉽지 않아 보인다. 결국 이것은 사랑 없이는 베풀 수 없는 경지의 것이다.

공자의 시각으로는 백성들에게 인은 물과 불보다도 더 중요하다. "물에 빠져 죽고, 불길에 휩싸여 죽는 사람은 봤어도, 인을 따르다 죽는 사람은 보지 못했다."[131]라고 했는데, 이는 죽더라도 '죽어서 영원히 살아있는 인물'을 말함일 것이다. 그래서 '인은 스승에게도 양보하지 말라.'[132]고 했다.

부자가 되려면 부자와 어울리는 게 도움이 되듯이, 인격자가 되려면 그런 환경에 머물러야 한다. 사람은 주변의 환경에 영향을 받는다. 공자는 "인한 마을에서 살아야 좋게 변한다. 그런 곳을 택하지 않으면 지혜롭다고 할 수 있겠는가?"[133]라고 반문했다.

제자 자로가 공자에게 원하는 바가 무엇인지 질문했다. 공자는 "노인들을 편안하게 해주고, 친구에겐 신의를 갖도록 해주며, 아래 사람들에겐 따뜻하게 보살펴 주고자 한다."[134]라고 대답했다. 인자의 품격을 보여주는 말이다.

---

130 己欲立而立人 己欲達而達人(기욕립이립인 기욕달이달인) - 『논어』〈옹야〉

131 水火 吾見蹈而死者矣 未見蹈仁而死者也(수화 오견도이사자의 미견도인이사자야) - 『논어』〈위령공〉

132 當仁 不讓於師(당인 불양어사) - 『논어』〈위령공〉

133 里仁爲美 擇不處仁 焉得知(이인위미 택불처인 언득지) - 『논어』〈이인〉

134 老者安之 朋友信之 少者懷之(노자안지 붕우신지 소자회지) - 『논어』〈공야장〉

'대나무 그릇에 담긴 밥 한 그릇과 표주박에 담긴 물 한 모금으로 빈민가에서 사는'[135] 안회가 불평하기 보단 즐거움을 버리지 않으니, 공자는 가장 인仁한 사람이라 했다.

조헌의 '살신성인殺身成仁'

임진왜란 발발 수년 전부터 일본은 조선에 사실상 선전포고를 했다. 다만 조선 조정이 애써 외면했을 뿐이다. 무장 야나가와 시게노부 柳川調信와 일본 승려 겐소玄蘇 등이 도요토미 히데요시의 지시를 받고 한양에 들어와 일본에 통신사 파견을 요구했다. 도요토미는 하극상으로 주군 오다 노부나가織田信長의 자리를 빼앗은 아케치 미쓰히데明智光秀를 제압하고 일본 천하를 지배한 자이다.

이때 다급하게 일본 사신의 목을 베야 한다는 사람이 등장했다. 임진왜란 수년 전부터 일본의 야심을 정확히 읽고 혜성처럼 나타난 선비는 충청도 옥천에서 은거하던 중봉 조헌趙憲이다.

조헌은 '청절왜사소請絶倭使疏'를 써서 관찰사 권징權徵에게 올려줄 것을 청했지만, 받아들여지지 않자 직접 서울로 올라갔다.

"일본의 혁명적 위세에 사절을 보내 축하한다면 이는 곧 국가가 뜻을 굽혀 저들을 좇는 꼴이 되고 저들은 더욱 교만해져 군사를 일으켜 도적질할 틈을 찾을 것입니다. 일본 신하가 그 임금을 쫓아냈는데 우리가 그들을 받아들인다면, 후세에 누가 전하를 탕[136]과 같은 올바른

---
135 一簞食 一瓢飮 在陋巷(일단사 일표음 재루항) - 『논어』 〈옹야〉
136 湯(탕) : 상나라 창건 왕. 하나라의 포악한 군주 걸왕을 무너뜨린 성군으로 추앙 받는다.

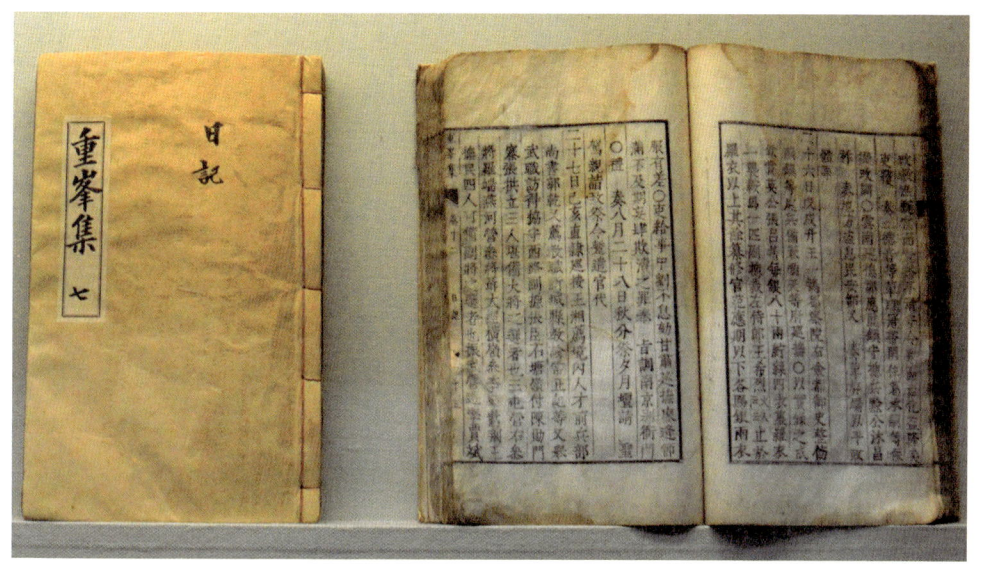
중봉집 [칠백의총 기념관 소장]

용단을 내렸다고 하겠습니까? 왜국의 사신을 입국하기 전에 막지 못했다면 그들을 구류해 괴수의 머리를 명나라에 보내고 종자從者들을 왜국으로 돌려보내 예의가 엄연한 우리나라를 결코 범할 수 없다는 위엄을 보여줘야 할 것입니다."[137]

상소를 받아본 선조의 반응은 황당하기 그지없었다.

"지금 조헌의 소장을 보건대 이는 곧 인요人妖(상식을 벗어나 요망한 짓을 하는 사람)이다. 이 소장을 내려 보내지 아니할 수 없으나 내가 차마 내리지 못하겠다. 일단 내려 보내면 손상되는 바가 매우 많을 것이어서 내가 차라리 허물을 받는 것이 낫겠기에 이미 태워버렸다. 사관은 내

---
137 원전『중봉집』, 조종영『지당에 비 뿌리고』, 북랩

허물을 크게 기록하여 후세를 경계하면 좋겠다."[138]

임금은 소장을 3일 안에 정원에 내려 보내야 함에도 이 내용이 두려워 태워버렸다고 한다. 그리고 차라리 그런 자신의 허물을 기록해 두라고 한다. 군왕으로서 무능의 극치다.

2년 뒤 1589년 4월, 조헌은 옥천에서 다시 서울로 떠났다. 이번엔 도끼를 메고 왔다. 대궐 문 앞에서 죽음을 무릅쓰고 '논시폐소論時弊疏' 지부상소[139]를 올렸다. 주요 내용은 북방 국경선으로 남쪽 주민을 이주시키려는 정책의 폐단을 지적하고 대안을 제시했다. 이어 이산해李山海를 비롯, 류성룡柳成龍, 김응남金應南 등 당시 최고위 관료들이 연줄을 대어 옳지 못한 사람을 기용하는 등의 부정을 상세히 밝히며 탄핵하라는 내용이었다. 조정은 발칵 뒤집혔다.

5월 8일, 마침내 조헌은 함경도 길주 영동역으로 유배길에 올라야 했다.

11월 조헌은 유배에서 풀려나면서 일본 사신이 다시 들어와 있다는 소식을 듣고, 속임수 술책에 동맹을 맺지 말 것을 요청했다. 그리고 서울을 지키는 방법을 제시함과 동시에 하루 속히 변방에 문사를 뽑아 배치하면 반드시 이길 수 있다고 강조했다.

선조는 이에 대해 "조헌은 간귀奸鬼다."라며 대로했다.

1591년 3월, 조헌은 백의 차림에 또다시 도끼를 메고 궁궐로 나아갔다. 통신사 황윤길 일행이 일본 사신과 함께 돌아온 직후였다. 조헌은 '청참왜사 1소請斬倭使一疏'를 올리며 "도요토미가 사신을 보내어 엿

---

[138] 『선조수정실록』〈21권〉, 선조 20년(1587) 12월 1일 기사
[139] 持斧上疏(지부상소) : 도끼를 메고 상소를 올리는 것으로, 상소가 받아들여지지 않으면 도끼로 자신을 베어버린다는 결연의 의지

보게 하여 갑자기 출병할 계획을 세운 것입니다."¹⁴⁰라고 다급하게 간언했다. 임진왜란 발발 1년 1개월 전의 일이다.

사흘을 기다려도 선조의 비답이 없자 '청참왜사 2소請斬倭使二疎'를 올렸다. 또한 일본의 상륙 지점은 호남의 바다가 아닌 동남 해안부산 일대를 지칭이라고 말하고 그 다음 한양을 향하는 길목으로 조령 죽령 추풍령을 거론했다. 도요토미 히데요시의 전략을 그대로 전해들은 사람과 같았다. 하지만 승정원은 이 소를 받지 않았다.

7월에 조헌은 금산 군수 김현성金玄成을 만나 내년 봄 도요토미가 침략할 것이라고 말하고 조정에 전문을 보내라 했지만 전라 감사 이광李洸이 묵살했다.

운명의 해 1592년 임진년을 맞았다. 조헌은 줄기차게 주변 사람들에게 올 봄에 왜적이 쳐들어 올 것이라고 단언했고 그의 말은 모두 적중했다.

그럼 조헌은 어떻게 정확한 예측을 할 수 있었을까? 조헌은 율곡 이이, 우계 성혼, 토정 이지함李之菡을 스승으로 모셨다. 토정 선생은 『토정비결』을 쓴 것으로 알려진 점술가다. 덕분에 조헌은 천문에 밝았다. 별의 움직임으로 길흉화복을 내다봤고, 도요토미 히데요시를 정권 탈취 신하로 보았으며, 사신들이 오고가는 것은 조선을 정탐하는 것으로 읽어, 천문과 인문의 모든 징후가 조선 침략의 징조라는 판단을 내릴 수 있었다.

그 해 4월 13일, 과연 부산 앞바다엔 제1진 고니시 유키나가 군이 들어오면서 전국은 초토화 된다. 미리 대비하자는 말만 하면 요괴 취

---

140 『선조수정실록』, 〈25권〉, 선조 24년(1591) 3월 1일 기사

급하던 선조는 도피했고, 그 말로 유배 갔던 신하는 백성들과 함께 왜군의 칼날을 온몸으로 막아야 했다.

그럼에도 조헌은 왕의 신변이 걱정됐다. 관군이 제대로 싸워보지도 못하고 무너졌기 때문이다. 의병을 모아 몽진 중인 왕을 지키려 했다. 그러나 주변은 이미 왜군의 점령지가 돼 버렸다.

5월 중순 무렵, 충청지역에서 처음으로 의병을 일으켜 보은 차령전투에서 승리했다. 무장한 왜적 앞에서 농기구와 돌멩이로 맞서 싸운 전투다.

이어 청주성까지 탈환한 조헌은 지방관의 방해로 고전을 겪어야 했다. 관군은 무기력하게 무너지는데 의병이 승전하니 지방관은 징계를 우려해 방해했다. 심지어 의병으로 참가하면 그 가족을 모두 감옥에 가두어버렸다. 때문에 간신히 모인 의병들도 뿔뿔이 흩어지기 일쑤였다. 적 앞에서의 내부 분열이 이러했다.

어려움 속에서 조헌은 "나는 이달 안에 임금께서 옛 서울로 환궁하게 하겠다."라며 신하로서 충성을 다짐했다.

근왕勤王을 위해 북진하려는 순간, 충청도 관찰사 윤선각은 곡창지대 호남의 관문인 금산성에 왜군이 대거 진입했다며 금산으로 가게 했다. 금산은 한 달 전 제봉 고경명高敬命이 의병을 이끌고 분전했으나 아들과 함께 전사한 곳이다. 조헌은 전라도 순찰사 권율權慄에게 협공을 요청해 함께 하기로 했다. 도중에 승병장 영규靈圭 대사도 가세했다. 하지만 흩어진 의병, 모병을 막는 관군에 의해 조헌에게는 거우 700명만 남았다. 왜군은 1만 명이 넘었다.

8월 17일 밤 금산성 외곽 연곤평에 도착한 조헌은 넓은 들판 입구

조헌 선생이 임진왜란 때 사용한 화살통 [칠백의총 기념관 소장]

에 진을 쳤다. 그런데 함께 협공하기로 한 권율 장군이 전투 연기 전갈을 늦게 보내왔다. 아군은 이미 적병에게 노출된 상황이다.

18일 새벽부터 왜군의 선제 공격으로 연곤평 들판에서는 운명의 결전이 벌어졌다.

"오직 한 번의 죽음이 있을 뿐이다." 조헌은 휘하 의병들과 결의를 다졌다. 이렇다 할 무기도 없는 700의병은 목숨을 다해 싸웠고 마침내 한 사람의 이탈자도 없이 최후의 한 사람이 죽으니 그날 밤이 되었다. 세계 의병사의 기념비적인 전투가 됐다. 왜군도 시신이 산더미처럼 쌓였다. 조헌과 700의병의 산화는 결국 왜군으로 하여금 호남 곡창지대를 포기하게 만들었다.

조헌은 수년 전부터 강조했던 말을 수용하지 않은 왕에게 조차도 신하로서 자신의 최후를 바쳤다. 군신의 예를 목숨으로 일으켜 세워 살신성인의 표상이 됐다. 함께 목숨 바친 700명의 의병은 대부분 이름조차 남기지 못하고 산화했다.

칠백의총

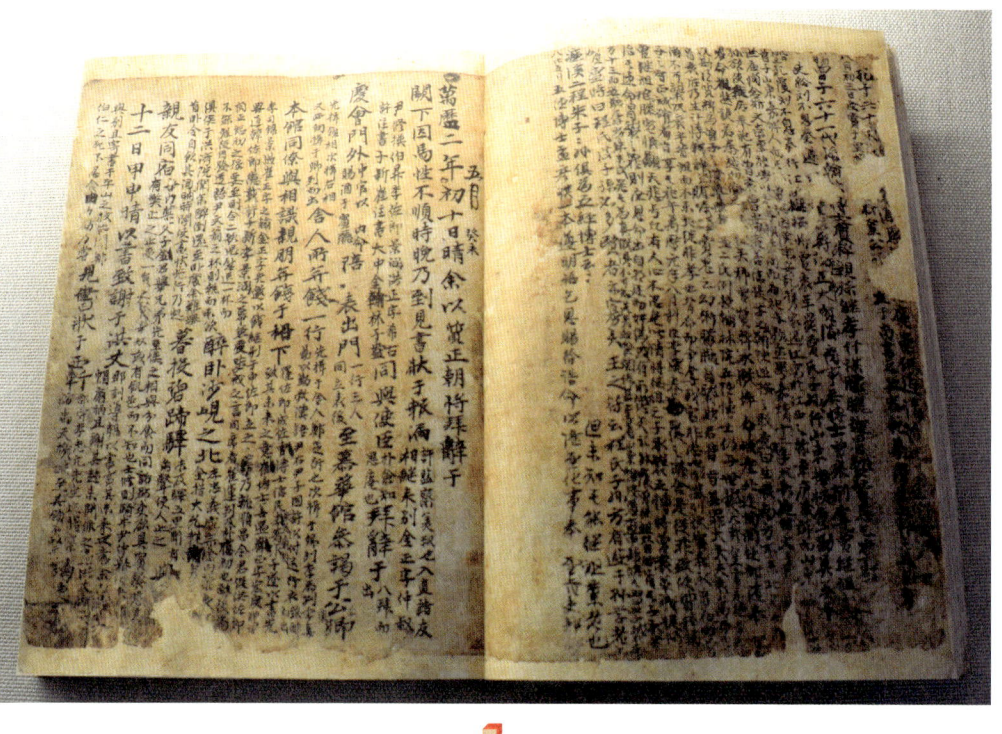

조헌의 조천일기 [칠백의총 기념관 소장]

훗날 북학파 대표 주자 박제가朴齊家는 조헌의 세상을 바라보는 평소 혜안에 대해 감탄하고, "조헌의 사람됨을 사모해 그 분을 따르고 싶었다."라고 말할 정도였다.

임진왜란 정확히 예측한 '도끼 상소'
중봉 조헌重峯 趙憲 : 1544~1592

중봉 조헌은 흔히 의병장으로만 잘 알려져 있다. 하지만 49세의 인생 중 그는 내외직 벼슬을 했던 문신이었다. 의병장 생활은 인생 마지막 3개월이 전부인데 그의 대표 이력이 됐다. 그 석 달 동안 목숨을 바쳐 인仁을 이루었기 때문이다.

1544년 경기도 김포에서 출생했다. 집 뒷산이 중봉산重峯山이어서 호를 중봉이라 했다. 어려서부터 독서광이었다. 10세에 어머니를 여의었지만 계모를 친어머니처럼 모셨다.

24세에 과거 급제 후 벼슬길에 나아갔다. 관직에 있을 때도 항상 학문에 열중했다.

예언이 놀랍게도 잘 적중했는데 '정여립鄭汝立이 반드시 모반할 것'이라고 한 후 과연 그런 일이 일어났다.

31세 땐 명나라 황제 생일을 축하하는 성절사에 질정관質正官으로 뽑혀 사행길에 올랐다. 이때『조천일기朝天日記』를 남겼다. 이 무렵 이미 앞선 문물을 수용해야 한다는 그의 식견은 훗날 박제가에게 큰 감화를 미쳤다.

조헌은 이순신도 모르게 이순신을 도운 일이 있다. 이순신이 발포전

남 고흥군 만호萬戶(종4품) 시절 전라 좌수사 이용의 미움으로 근무 성적이 최하위로 매겨졌는데 당시 전라도 도사로 있던 조헌이 바로 잡아 구제했다. 자리를 걸고 의로움을 실천했다. 월등한 이순신을 밉다고 깎아내릴 수 없다는 소신이었다. 이용도 훗날 이순신의 인물 됨됨이에 감탄하고 자신의 군관으로 천거했는데 조헌의 보이지 않은 공로가 사람의 평판도 바꿔 놓은 것이다.

교서관 박사, 병조좌랑, 성균관 전적, 사헌부 감찰, 예조좌랑 등 다양한 직책을 거친 후 통진 현감과 충청도 보은 현감을 지냈다. 그 무렵 스승 율곡이 사망하자 당파싸움은 더욱 거셌고 조헌도 파직 당했다. 조헌은 이때부터 세상을 등지기 시작해 인근 옥천 산림에 은거한 후 후학 양성에 힘썼다. 영조 때 영의정에 추증됐고, 고종 때 문묘에 배향됐다.

혹자는 말한다. "임진왜란 후에는 이순신이 있었고, 임진왜란 전에는 조헌이 있었다."라고.

'살신성인' 조헌의 '칠백의총':
"오직 한 번의 죽음만이 있을 뿐."

1592년 8월 17일 저녁 호남평야의 관문 금산성[141] 외곽에 도착한 조헌이 진을 친 곳은 연곤평이라는 넓은 들녘 입구다. 대전 보문산과 식장산 사이로 난 계곡의 17번 국도를 따라 남쪽으로 내려가면 금산군 추부면을 지나고 금산읍 시가지 약 2km 전 지점에서 우측에 펼쳐

---
141 현 충청남도 금산군 소재. 1962년까지 금산군은 전라도에 속해 있었다.

고경명 선생 비각

진 들판이다. 지금은 들판 가운데 한때 '금산 지구국'으로 잘 알려진 'KT위성운용센터'가 자리하고 있다.

조헌은 산비탈에 진을 치고 다음 상황을 준비했다. 내일이 결전의 날이다. 함께 하기로 한 관찰사 윤선각은 오지않아 700명의 의병과 영규 대사의 소규모 승군이 전부였다. 상대는 고바야카와 다카카게小早川隆景 휘하 1만 5700명이다. 수적으로 상대가 되지 않은 전투였다. 드넓은 지평선까지 황금 물결로 뒤덮여 가는 호남평야의 곡식은 곧 수확을 앞두고 있었기에 누군가는, 어떠한 일이 있어도 왜적의 수중에 들어가는 것을 막아야 했다.

그러나 권율 장군마저 '18일 전투 연기' 전갈을 보내왔고 이마저 이미 적병에 노출된 터라 피할 수 없는 싸움, 18일 새벽 금산성 연곤평

칠백의사 순의탑

운명의 결전은 그렇게 시작됐다. 아직 어둠이 채 가시기도 전에 왜적은 기습공격을 가해왔다.

조총으로 무장한 왜적을 우리 의병은 화살로 맞서야 했다. 넓은 들판 위로 달려오는 왜군을 맞아 모두가 겁에 질릴 법도 했지만, 조헌은 "오늘은 오직 한 번의 죽음만 있을 뿐이다."라며 '옳을 의義' 자를 쓴 깃발을 높이 들고 이 '의義' 자에 부끄러움이 없도록 할 것을 독려했다.

3차례에 걸친 전투는 이날 하루 종일 치러졌다. 기력이 다해가던 해 질 무렵, 아버지를 보호하려고 의병대장 의관으로 위장한 조헌의 맏아들 조완기趙完基는 적진을 향해 달려나갔지만 왜적에 의해 몸이 산산 부서졌다. 전투의 마지막 순간을 의미했다. '의義' 자로 뭉친 의병들은 단 한 명도 도망가지 않았다. 연곤평 들판엔 피로 물들고 피아 시신이 산처럼 쌓였다. 조헌은 죽어서도 눈을 감지 못하고 살아 있는 사람처럼 노려보듯 부릅뜬 채였다고 한다. 49세의 조헌, 은둔해 조용히 살 수도 있었겠지만 그는 왜 목숨을 걸고 싸웠을까? 옛 사람들은 불의에 야합하거나 구차한 삶 대신, '의義' 자에 목숨 바치기를 주저하지 않았다. 죽음은 오직 한 번 있을 뿐이다. 그래서 그들은 '영원히 살아' 우리와 만나고 있다.

송강 정철은 중봉을 잃은 슬픔을 시로 남겼다.

"나의 친구 여식汝式(조헌의 자)이여, 공자·안자의 학學을 배워 그 행의를 사모하고 원래부터 곧게 죽고자 하더니, 필경 절의에 죽었도다. 아, 슬프도다 여식이여!"

조헌 선생의 제자 박정량朴廷亮과 전승업全承業 등이 나흘 후 달려가 의병들의 시신을 수습해 한 무덤에 모시고 '칠백의총七百義塚'이라 칭했다.

'인요'라고 조롱했던 선조는 1603년 '중봉조선생일군순의비重峰趙先生一軍殉義碑'를 세웠고, 1647년 호서와 호남 유림들이 사당을 건립해 칠백의사의 위패를 모셨다. 현종 때인 1663년에는 사당에 '종용사從容祠'라 사액해 토지를 하사하고 제사를 모셨다. '대의에 따라 의연하게 순절하신 분들을 모신 사당'이란 뜻이다. 오늘날 제사는 1976년부터 매년 9월 23일 지내는데 이는 임진년1592년 음력 8월 18일 전사한 날이 바로 그날이기 때문이다. 이곳에는 의병장에서부터 사졸에 이르기까지 21위의 위패를 모셔 칠백 의병 모두를 봉향한다. 이 중에는 앞서 순절한 고경명 의병장도 포함돼 있다. 고경명은 연곤평 옆 눈벌이라는 벌판에서 아들과 함께 전사했다.

경내 입구 쪽의 비각 속의 '중봉조선생일군순의비'는 왜란 직후 1603년 해평 부원군 윤근수가 글을 짓고 명필 김현성의 글씨로 의총 옆에 세웠지만 1940년 일본인 금산경찰서장 이시카와 마치오石川道夫가 폭파시켰다. 이때 갑자기 하늘에 먹구름이 몰려오고 천둥과 번개가 몰아쳐 일본인들이 혼비백산했다고 전해온다. 그후 이곳 유림들이 조각난 비석을 모아 땅 속에 묻어 숨겨뒀다가 1970년대 성역화 때 붙여 순의비각에 보관하고 있다. 옆에는 한글로 풀어 쓴 비가 있다.

종용사 뒤에는 무덤인 칠백의총이 있다. 옆의 비는 일본인이 폭파한 비를 대신해 1963년 다시 만든 것이다. 하나의 봉분에 700명이 함께 잠들어 있다. 다만 중봉 선생의 묘소는 제2의 고향인 옥천군에 모셨다. 아우 조범이 8월 23일 옥천군 안읍 도리동에 모셨다가 1636년 현재 위치로 이장했다.

일제에 의해 훼손된 의총과 종용사는 군민들의 성금으로 다시 지었고 이후 1960~1970년대 정비해 지금에 이르고 있다. 칠백의총 경내에는 순의비각과 기념관 등이 있다.

의총 맞은 편에는 '칠백의사순의탑'이 솟아 있다. 1967년 칠백의총 입구에 처음 세웠고 1976년 연곤평이 내려다 보이는 현 위치에 다시 세웠다. 탑 받침대는 화강암에 용을 조각했고 상부에는 청동으로 창과 방패로 장식해 뜻을 기리고 있다. 여기에 새겨진 '순의탑명'의 글이 오늘날 우리를 숙연하게 한다.

"(전략) 조국 수호의 의기찬 외길 앞에는 당파도 신분도 초월하여 오직 하나의 동지가 되어 죽음으로써 나라 지킨 불같은 정열과 철벽같은 절개를 본다. (중략) 우리 모두 이 묘역에서 죽어서 영원히 사는 위대한 민족의 교리를 배우자."

나라의 세금을 축내던 벼슬아치들은 왜적을 앞에 두고 도망가기 바빴지만, 의병들 중에는 부자父子가 함께 온 사람, 형제 또는 삼형제가 함께 온 사람들도 있었다. 심지어 자신의 가산을 털어 전투에 참여하기도 했다. 나라에서 병참을 지원해주는 관군과 달리 이름도 없는 백성들은 자기 돈 내고 자기 목숨을 다해 바쳤다.

700명 의병의 무덤 의총義塚, 그 후부터 이 마을은 의총리로 불린다.

우리 땅 그랜드 투어

금산엔 또 무엇이 있나?

조헌 선생 관련 유적지로는 복수면 곡남리의 **수심대**水心臺와 조헌사당趙憲祠堂인 **표충사**가 있다. 조헌 선생이 평소 왕래한 곳으로, 후손들에게 이곳에서 살 것을 권했다고 한다. 수심대는 냇가에 마을이 3개로 나뉘어져 '마음 심心' 자와 같다 하여 조헌 선생이 지은 이름이다. 바위에 새긴 '수심대' 글씨는 우암 송시열이 썼다. 사당은 광해군 즉위 이듬해 1609년에 표충사라는 편액이 하사됐다. 처음엔 장등산에 세웠다가 이곳으로 이전했다. 사당 마당 앞에 커다란 일제 가옥이 있어 의아스럽게 여겨졌는데 사연이 있었다. 일제 강점기 때 일제가 조헌사당을 허물려고 하자 조헌 후손이 일본집을 지어 관리할 테니 부수지 말아 달라고 사정해서 지었다고 한다. 이곳이 복수면인데 이 도로를 따라 북쪽으로 가면 대전시 복수동이 나오니 재미있다.

대둔산 아래 **금산이치대첩지**는 임진왜란 때 권율 장군이 동복현감

조헌사당 표충사와 일본가옥

적벽강

황진黃進과 1500여 명의 군사를 거느리고 10배 이상 많은 고바야카와 대군을 물리친 역사적 현장이다. 이 고개를 넘으면 전라북도 완주 땅으로 곧바로 호남평야다. 배나무가 많아 이치梨峙(배티재)라 불렀는데 계곡길 옆에는 지금도 200~300년 된 키 큰 산돌배나무가 살아 있다. 하지만 사유지라서 들어가기가 쉽지 않다.

금산은 인삼의 고장이다. 1500년 전 남이면 성곡리에서 처음 인삼을 재배했다고 하는 개삼터開蔘터가 있다. 강씨 성의 선비가 병으로 누운 홀어머니를 위해 기도하던 중 산신령이 산삼이 있는 곳을 알려주며 뿌리를 달여 먹이라고 해 병환을 고쳤고 그 열매를 밭에 뿌려 처음으로

이치대첩지

인삼을 재배하게 되었다는 이야기다. 이를 계기로 금산은 매년 인삼축제를 개최한다. 읍내의 금산인삼관에서는 인삼에 관한 다양한 볼거리를 제공한다.

개삼터에서 주차장 너머 농지 사이 숲이 우거진 곳에는 성곡서원星谷書院 터가 있다. 조헌·고경명·김정·길재·윤택·김신의 덕행과 충절을 추모하기 위해 광해군 때 세운 서원이지만 훼철된 후 표지석만 한쪽에 방치되어 있어 안타깝다. 서원 터에서는 현재 양봉업을 하고 있다. 우리나라 서원은 유네스코 세계문화유산에 등재될 만큼 우리 민족 문화유산으로서의 큰 가치를 지니고 있다. 국난을 당했을 때 자신의 목숨을 기꺼이 나라에 바친 선현들을 배향한 서원이 우리 곁에서 사라지고 방치되어 간다는 것이 안타깝다. 문화재의 가치를 넘어 문화민족의 자긍심을 스스로 짓밟는 일이다.

금산의 보석사寶石寺는 명성황후 원찰로 유명하다. 입구에 의병 승장 비각이 있다. 바로 영규 대사가 수행했던 사찰이다. 호가 기허騎虛인 영규 대사는 보석사 기허당에서 수행하며 의승장으로 맹활약하다 금산 전투에서 순절했다. 사찰 맞은 편 산비탈에는 1000년 넘은 매우 큰 은행나무가 있다. 이 고목이 사찰의 연륜을 말해준다. 천연기념물 제365호.

읍내에서 가까운 금성면 양전리에는 고경명 선생 비각이 있다. 비각 뒤쪽 넓은 평원이 눈벌인데 이곳에서 싸우다 아들과 함께 전사한 선생의 충혼을 느낄 수 있다. 고경명은 영암군수, 동래부사 등 주로 외직에서 근무하다 정치 바람이 불 때 낙향했는데 임진왜란을 맞아 스스로 나라를 위해 전장으로 달려왔다. 담양에서 6000명의 의병을 긴급 모집해 금산으로 진격했다. 이때 두 아들도 참전했지만 고경명은 작은 아들과 함께 금산 눈벌 전투에서 전사했다.

전라북도와 경계선에 있는 대둔산大芚山은 명산 중 명산이다. 이 산과 더불어 금산군의 동남쪽에서는 적벽강赤壁江의 아름다운 경치를 만끽할 수 있다. 적벽강은 무주에서 내려오는 금강이 금산 관내를 통과하면서 붙여진 이름이다. 강 위 30m 높이의 기암괴석에 단풍이나 노을이 질 때 붉은 빛을 띠기 때문에 '적벽'이라 한다. 강물에 비치는 모습까지 절경이다.

군자는 두루 화합하지만 사소한 이익을 위해 부화뇌동하지 않으며, 소인은 이익을 위해 부화뇌동하되 화합하지는 못한다.

『논어』〈자로〉편

제11편
함께 어울리지만 편가르지 않는다
● 정탁의 '군이부당群而不黨' ●
〈예천〉

자 왈
子曰,

군 자　긍 이 부 쟁　군 이 부 당
君子 矜而不爭 群而不黨.

〈위령공〉

공자께서, "군자는 언행이나 몸가짐을 조심하기에 다투지 않으며, 함께 어울리지만 당파를 형성하지 않는다." 라고 하셨다.

원문 속 산책

'긍矜'이란 말에 깊은 의미가 들어있다. '남을 공경하고 숭상하며 자신의 언행이나 몸가짐을 함부로 하지 않는다.'는 중후한 의미를 갖고 있다. 그러니 군자는 '긍지矜持'가 높다. 이러한 군자는 가벼이 사사건건 부딪치며 다투지 않는다. 자신의 처신에 신중하기에 정치에 나섰으면 함께 두루 어울려 토론하지만 반드시 예를 갖춘다. 또한, 파벌 형성 등 편가르기를 하지 않는 위인이다.

한순간 달콤한 이익이 아닌, 만세에 아름다울 이름을 택한다. 나라가 어려울 때마다 당파를 초월해 나라와 백성을 위해 용기를 낸 선현들만이 오늘날 우리 앞에서 떳떳하게 존경받고 있다는 공통점을 상기할 필요가 있다. 우리에게 시사하는 바가 크다.

'군이부당'의 시사점

출사해 여러 사람과 어울려 정치를 하되, 편가르기 식 당파를 형성하지 말고 오로지 국가와 민족을 위한 정의를 추구해야 한다고 강조한다. 그런데 위정자들은 편을 갈라야 확실한 내 편이 생기고, 내 편이 있어야 내가 설 수 있다고 생각한다. 지극히 끼리끼리 이익을 도모하기 위한 탐욕일 뿐이다. 자신의 자리만 확보할 수 있다면 국론이 사분오열 되어도 상관없다는 사람들이다.

결국 서로 갈등을 빚고 내 편이 아니면 모두가 적이 되는 이분법적 당동벌이黨同伐異 논쟁에 빠져든다. 파벌 정치로 인해 정의로운 사회 구현에 대한 기대감도 점점 더 멀어져 간다.

이러한 사회에서 더욱 간절해지는 것이 '중용의 미'다. 공자도 "중용의 덕은 지극한데, 백성들이 중용에 머물지 못한 지가 너무 오래 되었구나!"[142]라고 탄식했다.

중요한 말인 만큼 공자는 또 강조한다. "군자는 두루 사귀지만 한편에 치우치지 않고, 소인은 한편에 치우쳐 두루 사귀지 못한다."[143]라고 했다.

또, "군자는 사람들과 화합하지만 이익을 위해 부화뇌동 하지 않고, 소인은 이익을 위해 부화뇌동 하지만 화합하지 못한다."[144]라고 거듭 말하고 있다.

『중용』에서는 '화이불류和而不流'라는 말로 강조한다. '어울리되 시류

---

142 中庸之爲德也 其至矣乎 民鮮久矣(중용지위덕야 기지의호 민선구의) - 『논어』〈옹야〉
143 君子 周而不比 小人 比而不周(군자 주이불비 소인 비이부주) - 『논어』〈위정〉
144 君子 和而不同 小人 同而不和(군자 화이부동 소인 동이불화) - 『논어』〈자로〉

군자 예의 [린쯔 고차박물관 소장]

에 휩쓸리지 말라.'는 뜻이다.

자로가 공자에게 임금을 섬기는 방법에 대해 묻자, 공자는 "속이지 말고 임금 앞에서 귀에 거슬려도 바른말을 하라."[145]라고 했다.

조선시대 정암 조광조趙光祖는 참찬관 시절 석강에 나가 임금에게 있는 그대로 직언했다. 그 내용은 요즘 듣기에도 뜨끔한 말, 임금에게 먼저 덕을 닦으라고 대놓고 말했다. "사람들이 말하기를, '후세의 치도治道가 점점 낮아져 옛날처럼 될 수가 없다.'고 하는데 그렇다면 지금은 금수禽獸가 될 것이고 다시 이치가 없게 될 것입니다. 삼대三代의 정치를 회복하려면 먼저 임금이 덕을 닦고 행한다면 백성들도 따라 덕을 닦을 것입니다. 임금께서는 고명하시어 대신을 대우하실 것이며, 말씀 드린 것은 반드시 다 들어주시는 것이 옳은 일이라 여깁니다."[146]라며, 대신의 말을 들어줘야 한다고 압박했다.

최고 권력자에게 바른말을 할 수 있어야 진정한 군자란 것이다.

그러니 내 편이면 모두 선이고, 아니면 모두 악이라는 틀 속에서부터 벗어나야 한다. 한 번의 인생, 비굴하게 아첨하며 살 것인가, 떳떳

---

145 勿欺也 而犯之(물기야 이범지) - 『논어』 〈헌문〉
146 『중종실록』 〈31권〉, 중종 13년(1518) 1월 27일 기사

하고 명예롭게 살 것인가? 나랏일을 하는 사람이라면 더더욱 올곧은 사명감을 가져야 한다. 공자는 "인생이란 올곧음인데, 그게 없는 삶은 요행히 죽음을 면한 것일 뿐이다."[147]라고 했다.

정탁의 '군이부당群而不黨'

"이순신을 잡아오도록 하라. 그리고 원균元均과 교대한 뒤에 잡아올 것으로 말해 보내라. 또 이순신이 만약 군사를 거느리고 적과 대치하고 있다면, 전투가 끝난 틈을 타서 잡아올 것도 말해 보내라."[148]

1597년 1월 15일 정유재란 발발 직후, 선조는 이순신 장군의 체포를 명했다. 선조가 말한 '원균과 교대'란, 삼도수군통제사 교체를 말한다. 왜군이 재차 침입해왔고 이순신과 원균의 갈등은 깊었다. 조정의 신하 중 판중추부사 윤두수尹斗壽와 예조판서 윤근수尹根壽 형제는 서인으로 원균과 친척이다. 둘은, 원균이 적을 사로잡는데 선봉이었는데도 조정에서는 원균이 이순신보다 못한 장수로 평가하고 있어서 원균이 화가 나 있다고 임금에게 아뢰었다. 이순신을 미워하던 임금과 조정의 신하들은 서서히 이순신에게 등을 돌리고 있었다.

이때 남인인 우의정 오리 이원익李元翼은, "원균은 많이 패했지만 이순신은 패하지 않고 공이 있었는데 여기에서 다툼이 시작된 것입니다."[149]라며 왜곡된 발언을 바로 잡았다.

---
147 人之生也直 罔之生也幸而免(인지생야직 망지생야행이면) - 『논어』 〈옹야〉
148 『선조실록』 〈85권〉, 선조 30년(1597) 2월 6일 기사
149 『선조실록』 〈82권〉, 선조 29년(1596) 11월 7일 기사

이어 고니시 유키나가 휘하의 첩자 요시라要時羅가 퍼뜨린 계략에 조선 조정은 휘청거렸다. 선조는 그 계략을 믿고 이순신에게 출정 명령을 내렸지만 이순신이 따르지 않자 선조는 이것을 '사형 죄목'으로 내세웠다. 조정을 속이고 임금을 업신여긴 죄, 왜적을 놓아주고 나라를 저버린 죄, 남의 공로를 가로채고 남을 죄에 빠뜨린 죄, 방자하고 어렵게 여겨 꺼림이 없는 죄, 이순신은 '선조의 법칙'에 꼼짝없이 걸려들었다.

조카 이분李芬이 감옥에 찾아와 뇌물을 쓰면 나올 수도 있다고 권하자, 이순신은 "이놈아. 죽으면 죽는 것이지 어찌 도리에 어긋난 일을 해서 살기를 바란단 말이냐?" 하며 호통쳤다.

이순신이 고문을 받을 때 이미 선조의 입에서 '죽여야 한다.'는 말이 튀어나왔다. "이순신은 율律을 상고하여 죽여야 마땅하다. 신하로서 임금을 속인 자는 반드시 죽이고 용서하지 않는 것이므로 지금 형벌을 끝까지 시행하여 실정을 캐어내려 하는데 어떻게 처리할 것인지 대신들에게 하문하라."[150] 이미 결론을 내려놓고 나머지 수순만 밟고 있는 상황이다.

나라가 외침으로 백척간두에 처했는데 하늘이 구원자를 내렸으나 그를 죽이려 하는 왕이 되어 버렸으니 나라의 존망을 알 수 없는 상황이 되었다.

이때 행지중추부사行知中樞府事 약포 정탁鄭琢이 72세 병환 속에서 글을 올린다. 이순신 운명을 좌우할 마지막 카드인 셈이다. 류성룡은 이순신을 천거한 사람으로서 그가 구명하려 하면 선조 등 반대파를 더

---

[150] 『선조실록』〈86권〉, 선조 30년(1597) 3월 13일 기사

욱 자극하게 되니 파벌 색이 없는 정탁 대감이 마지막 손을 쓴 것이다. 이른바 '신구차伸救箚'로 알려진 상소문이다. '죄가 없음을 아뢰어 구한다.'는 신구차의 핵심은 이렇다.

"이순신의 죄명은 실로 무겁습니다. 그럼에도 성상께서는 당장 극형을 내리시지 않으시고 문초하시다가 엄격히 추궁하도록 허락하시니, 이는 성상께서 인을 베푸시는 한 가닥 생각으로, 혹시나 살릴 수 있는 길을 찾으시고자 하심이라 생각되어 신은 감격함을 이길 길이 없습니다. 이순신은 대장이라 나갈 만함을 보고서야 비로소 시기를 잃지 않고 수군의 이름을 크게 떨쳤던 것입니다. 왜적들이 또다시 쳐들어 옴에 있어 이순신이 미처 손쓰지 못한 것도 그럴만한 사연이 있을 것입니다. 대개 변방의 장수들이 한번 움직이려고 하면 반드시 조정의 명령을 기다려야 되고, 조정에서 비밀리 내린 분부가 그 때 전해졌는지 아닌지도 모를 일이며, 또 바다의 풍세가 좋았는지 아닌지, 뱃길도 편했는지 어땠는지도 알 수 없는 일입니다. 모든 책임을 이순신에게만 돌릴 수는 없습니다. 이순신의 죽음은 실로 아깝지 않습니다. 하오나, 나라에 관계되는 것은 가볍지 않은 만큼 어찌 걱정할 만한 중대한 일이 아니겠습니까? 바라옵건대, 은혜로운 하명으로써 문초를 덜어 주셔서 그로 하여금 공로를 세워 스스로 보람 있게 하시면, 성상의 은혜를 천지 부모와 같이 받들어 목숨을 걸고 갚으려는 마음이 있지 않겠습니까?"

마침내 이순신은 석방됐다. 이 상소문으로 선조도 체면을 살리며 이순신을 살려줄 명분을 얻을 수 있었다. 지혜로운 신하가 격노한 왕의 마음도 돌리게 했다.

감사減死를 받아낸 약포 정탁의 이 상소문 '이순신옥사의李舜臣獄事議'는 격분한 선조의 모함을 받고 자신도 죽음에 이를지도 모를 상황인데 목숨 걸고 올렸던 것이다. 선조를 자극하지도 않았으며 이순신을 두둔하지도 않은, 중용의 글로 과연 사람의 마음을 움직이게 한 명문장이다.

72세 병석의 노선비가 이순신을 살렸고, 이순신은 그 직후 칠천량해전에서 궤멸된 원균의 수군을 이어받아 13척의 배[151]로 133척의 왜군을 격파하며 나라를 구했다.

함께 어울려 국정을 논하되, 파벌을 초월해 나라의 존망을 먼저 생각했다. 이순신 장군의 후손은 정탁 대감의 제사에 매년 참가해 왔고 이들은 '약포 할아버지'라고 불렀다.

약포는 또한 임진왜란 때 종횡무진 활약하다 모함에 걸린 김덕령金德齡 장군의 구명에도 적극 나섰다. 김덕령 장군은 반란군 이몽학李夢鶴과 내통했다는 혐의로 옥에 갇혔는데 약포는 장군의 결백을 믿었으며 "나라가 전란을 당했을 때는 한 명의 인재라도 아껴야 한다."라며 변호했다. 하지만 옥중 고문으로 사망했다.

또, 왜적에게 빌붙었다는 혐의를 쓴 함숭덕咸崇德과 그 외 6명에 대해서도 증거가 불충분하니 관용을 베풀어 인재로 쓰자고 건의했다.

약포의 사람 목숨 구하기는 명나라에도 영향을 줬다. 임진왜란에 참전한 명나라 이여송李如松 장군이 벽제관 전투에서 패하자, 휘하 풍

---

151 원래 12척을 인수 후 1척을 추가로 확보했다.

수 전략가 두사충杜師忠에게 진지 지형을 잘못 잡았다는 죄목으로 참수형을 내렸다. 이때 약포가 이여송을 찾아가 살려냈다. 두사충은 훗날 조선으로 귀화했고 약포 대감의 은혜를 갚기 위해 집터와 묘터까지 점지해줬다. 약포는 민폐를 끼친다며 그 명당을 받지 않았다. 두사충은 두보杜甫의 후손으로, 대구에서 여생을 보냈고 '대 명나라를 생각'하면서 '대명동大明洞'을 남기고 대구에서 잠들어 있다.

조정에서 파벌에 휘둘리지 않고 중용의 길을 걷기란 쉽지 않다. 그 존재감 또한 잘 드러나지 않는다. 오죽하면 '번쩍이는 칼날은 밟을 수 있지만, 중용은 제대로 해낼 수 없다.'[152]는 말이 있을까? 또한 그 길을 가더라도, 이쪽 저쪽 많은 무리의 경계선에 외로이 홀로 서 있는 자에게 누가 극찬의 사례를 선사할까? 하지만 그의 보이지 않는 완충의 가교역은 위대했다. 다만, 그것이 나라를 건강하게 지탱하고 있음을 아는 사람이 드물 뿐이다.

중국 전국시대 전설적인 명의 편작扁鵲이란 사람이 있었다. 3형제가 모두 의원인데 막내인 편작의 명성이 가장 자자했다. 왕이 물었다. "그대는 3형제 중 막내인데 어찌 형들보다 더 유명하오?" 하니 편작이 "저보다 둘째 형이 더 훌륭합니다."라고 말했다. 왕이 "어째서 그런가? 그대는 죽어가는 사람도 고치지 않은가?" 하니 편작이 "둘째 형은 아예 사람이 죽어가게 만들지 않습니다."라고 했다. 왕이 놀라며 "그럼 첫째 형은 어떤가?" 하니 편작은 "첫째 형은 더 훌륭합니다. 첫째 형은 처음부터 큰 병을 앓지 않도록 관리합니다."라고 말했다. 왕이 과연 놀라워했다. 그런데 편작이 이어서 말하기를, "그래서 세상 사람

---

152 白刃可蹈也 中庸不可能也(백인가도야 중용불가능야) - 『중용(中庸)』〈제9장〉

금당실

들은 첫째 형은 그저 자질구레한 병만 고치는 사람으로 잘못 알고 있습니다."라고 했다. 의미심장한 말이다. 나를 내세우기보다 화근이 발생하지 않게 미리 관리하는, 눈에 띄지 않는 이 조율자를 우리는 눈여겨봐야 한다. 사마천은 『사기』〈태사공자서〉에서 일이 일어나기 전 미리 막는 것을 예禮라 했고, 일어난 후 다스리는 것을 법法이라 했다. 법은 눈에 띄지만 예는 드러나지 않는다.

7년 임진왜란으로 큰 교훈을 얻은 류성룡도 '미리 경계해 삼간다.'[153]는 뜻으로 『징비록懲毖錄』을 남겼다.

'파벌정치 위 봉합정치' 위대한 조율자
약포 정탁藥圃 鄭琢 : 1526~1605

약포 정탁은 1526년 경북 예천 금당실 외가에서 태어났다. 11세 때 안동 가구촌佳丘村으로 이사했고, 17세에 안동에서 퇴계 선생 문하생

---
153 懲毖(징비) - 『시경』〈주송〉

이 되었다. 20세에 다시 금당실로 돌아와 살다 22세에 예천 고평리 거제 반씨 반충潘沖의 딸에게 장가들면서 그곳에 터전을 잡았다.

36세에 진주향교 교수가 되었을 때 인근 초야에 있던 남명 조식 선생의 제자가 되었다. 덕분에 조선 최고의 스승 두 분을 모두 모신 행운아이기도 했다.

오랜 관직 생활을 했지만 단 한 번도 벼슬에 욕심 내지 않았다. 남에게 항상 관대했지만 옳고 그름 앞에선 절대 타협하지 않는 소신을 폈다. 명종 임금이 병이 나 문정왕후가 부처에게 기도하려 향을 가져가려 하자 담당관이던 약포는 "이 향은 하늘과 땅에 제사 지낼 때 사용하는 것이지, 부처에게 공양하는 향이 아니다."라며 거절했다. 왕후는 대로했지만 여론은 약포 편이었다. 이렇듯 '좋은 게 좋은 것'이 아니라 '옳고 정의로운 것'을 위해 목숨도 내놓은 사명감이 돋보인 선비였다.

1605년 예천군 고평리에서 80세 일기로 생을 마감했다. 선조는 사제문을 내리며 "재상에 오르고 중추부에 발탁됐지만 치우침도 기울어짐도 없어, 공도公道가 저울처럼 공평해졌다."라고 평했다. 영의정에 추증되었고 정간공貞簡公 시호를 받았다. '네 편 내 편' 당동벌이黨同伐異 정치판에서도 오로지 옳고 그름을 가치의 척도로 살아온 훈장이다.

약포를 대변하는 말은 선조가 내린 사제문의 한 구절 '일절이험一節夷險'이다. '편안할 때나 위기일 때나 한결같이 절의를 지켜 실천한다.'는 의미이다. 자신을 내세우지 않고 남을 배려했고, 남의 잘못을 탓하기보다는 자신을 먼저 되돌아보는 성품이었다. 세상 일 혼자 다 아는 것처럼 말로만 다하는 '구이지학口耳之學' 선비들과 달리, 진실로 자신을 수양하는 위기지학을 했기에 자기 주장을 강하게 내세우지 않았고 어려운 일이 생겨 자신을 필요로 하면 위험을 무릅쓰고 앞장서서 달려갔다. 임진왜란 때 특히 그러했다.

그럼에도 『조선왕조실록』에는 약포에 대한 평가가 진가에 비해 야박할 정도로 좋지 않다. 그는 강단 있게 치고 나가 무대의 주인공을 하려 하지 않았기에 사관들이 우유부단하다고 평가했던 것이다. 하지만 진정한 군자는 '남이 나를 알아주지 않아도 서운해 하지 않는다.'[154]라 하지 않았던가? 약포가 그러했다.

약포 정탁 대감은 자신의 호와 이름과 같은 삶을 살았다. 이름에서 보듯 '자신을 다듬고 연마琢(탁)'했으며, 호에서 보듯 '약초를 심는 밭藥圃(약포)'으로 살아왔다. 파벌의 모함을 받은 사람을 살리고, 무너지는 나라를 구하는데 '약藥'이 되었던 위인이다.

'군이부당' 정탁의 '읍호정':
"나아가고 물러남에 더러움이 없다."

지금 우리가 약포의 향기를 느낄 수 있는 곳은 고향인 경상북도 예천에 조금 남아 있다.

옛사람들은 일흔까지 사는 것도 쉽지 않았지만 그 나이가 되면 벼슬에서 스스로 물러나는 것을 미덕으로 삼았다. 물론 그렇지 못한 사람이 있었기에 더욱 돋보인 주인공이 바로 약포 선생이었다.

"호성공扈聖功으로 숭품崇品에 오르고 얼마 후에 재상으로 발탁되었다. 이에 상소하여 물러가기를 청하였으니 고인들의 치사하던 기풍이

---

[154] 人不知而不慍(인부지이불온) - 『논어』〈학이〉

있었다. 작위를 탐하여 늙어도 물러가지 않는 자에 비하면 차이가 크다."155

『선조실록』 약포 선생의 졸기卒記에 관한 최초의 기록 내용이다.

약포 선생은 벼슬길에 나아가고 물러남에 있어서 한 치의 더러움이 없었다.156 물러나 고향에서 지낼 때도 한결같이 의리에 맞도록 조용했으니 사람들이 그가 재상이었는지 알지 못했다.

이와 관련된 일화가 전해온다. 은퇴 후 내려와 지내던 고향 고평리 내성천에서 때때로 낚시를 하곤 했는데, 어느 날 초립동이가 약포에게, "낚시하는 어르신, 저 건너 마을에 약포가 사는가?" 하고 물었다. "그렇습니다." 하니 초립동이가 "약포에게 볼 일이 있어 가는데 나를 업어 강을 건네주게." 하는 것이었다. 그저 촌로로 보였으니 마구 대한 것이다. 약포는 아무 말 없이 업고 건넜다. 다 건널 즈음 초립동이가 "요새 약포는 뭘 하고 지내는가?" 하고 묻자, 약포는 태연하게 "요새는 낚시를 하다가 초립동이를 업어 물을 건네게 해준답니다."라고 대답했다. 초립동이가 깜짝 놀랐음은 말할 것도 없다. 약포의 삶이 그러했다.

예천읍내에서 동남쪽으로 3~4km 떨어진 고평리에 망호당이라는 초가를 짓고 살았는데 어느 때인가 없어지고 후손 역시 흩어져 살면서 종가고택이 남아 있지 않다.

이곳에는 1980년 국비로 지은 정충사靖忠祠가 있다. 조현명이 지은 신도비와 보물로 지정된 약포의 영정, 문서를 보관하고 있다. 400여 년 전 선생의 기풍이 서려 있는 곳이다.

---

155 『선조실록』〈192권〉, 선조 38년(1605) 10월 2일 기사
156 進退無垢(진퇴무구)

정충사(위) / 중간샘(아래)

　이 마을엔 약포가 젊은시절에 팠다는 우물 '중간샘'이 남아 있다. 금당실에 살다 고평리에 터를 잡을 때 우물을 팠는데 물이 한 방울도 나오지 않았다. 그러던 어느 날 낮잠을 자는데 용이 알 같은 돌을 주면서 우물 속에 넣으면 물이 나올 것이라고 했다. 며칠 후 다시 금당실 집으로 돌아가니 꿈에서 본 돌이 눈의 띄어 가져와 넣었더니 물이 펑펑 솟아났다고 한다. 이 우물 주변이 약포 선생 집터인 것으로 알려졌다. 중간샘은 20여 년 전까지만 해도 온 주민이 마셨던 물이다. 그때만 해도 주민들은 매년 음력 7월 13일 우물을 청소했는데, 우물에 들어가 바닥을 긁어내고 돌을 닦는 작업을 했다. 돌은 알이 아닌 둥근 호박만한

읍호정

읍호정 절벽 아래로 내성천이 흐른다

진회색의 단단하고 매끈한 돌이라고 한다. 아무리 가물어도 항상 비슷한 수위를 유지하며 마르지 않는 신비한 우물이다. 물맛이 하도 좋아 지금도 이 물이 그립다고 한다.

　마을 앞쪽 내성천은 종종 범람하곤 했는데 여기에도 약포의 손길이 닿았다. 마을 사람들과 제방을 쌓아 고평제를 만들었다. 이 마을 구전으로는, 어느 해 갑술년에 대홍수가 나면서 지금의 들판과 강물이 서로 위치가 바뀌었다고 한다. 휘어져 가던 물길이 큰 물로 인해 직선으로 뚫렸다는 이야기다. 어쨌든 이 마을 고평들은 유명하다. 그런데 위기가 닥쳤다. 작은 평야 한가운데 태양광 발전 시설물과 돼지 축사가 함께 들어오면서 황금 들판은 흉물스럽고 마을 주변으로 악취가 심하다. 이러다 고평 들판이 사라지지 않을까 우려된다.

마을 앞 내성천 건너편에서 상류로 2km 정도만 올라가면 냇물이 'S' 자로 휘감아 도는 곳에 읍호정挹湖亭과 도정서원道正書院이 있다. 산기슭에 터를 닦았기에 좁은 이곳의 앞쪽은 절벽으로 내성천이 흐른다. 내성천의 맑은 물과 깨끗한 모래사장이 누구에게나 시골 고향과 같은 포근함을 안겨준다. 은퇴 후 고향으로 가서 정자를 짓는 것은 로망이 아니었을까? 풍광 좋은 이곳에 정자를 짓고 노년을 보낸 약포가 숨차게 달려온 지난 날을 회상하며 〈우회寓懷〉라는 시 한 수를 걸어 놓았다.

독 서 상 의 제 시 간
讀書常擬濟時艱
분 주 홍 진 기 서 한
奔走紅塵幾暑寒
구 란 칠 년 무 일 책
寇亂七年無一策
환 참 백 발 시 귀 산
還慙白髮始歸山

독서를 함에 늘 어지러운 세상 구제하고자 했건만

풍진 속에서 분주히 돌아다닌 세월이 몇 해이던가

왜구가 어지럽힌 7년 동안 계책 하나 내지 못하고

백발이 되어 고향에 돌아오니 부끄럽기 짝이 없네

휘돌아 가는 물길이 잔잔한 호수로 여겨졌던지 정자 이름에 '호수 호湖' 자를 붙였다. '읍挹'은 '물 위에 뜨다.'라는 의미와 함께 '揖읍'자와 같이 '인사하는 예를 갖춘다읍하다.'는 뜻으로, 두 손을 맞잡아 얼굴까지 올리고 허리를 굽혀 갖추는 예를 말한다. 공자가 말한 '읍양이승揖讓而升(서로 절하고 사양하다).'[157]이 바로 이러한 의미다. '호수 위에 뜬 정

---

157 『논어』〈팔일〉

도정서원

자'라는 의미와 함께 조정에서 물러나와서도 '읍한다.'는 의미를 담았으리라.

  정자 입구 담장 아래 바위에는 '읍선대揖仙臺'라는 각자가 있는데 약포 선생 때도 있었던 글씨라 전하지만 누구의 글씨인지는 확인되지 않는다.

  약포가 직접 지은 읍호정 옆에는 1700년에 유림들이 서원을 세웠고 1723년 도정서원이라 이름을 지었다. 현재의 건물은 1997년 복원한 것이다. 서원은 산비탈 좁은 터에 지어져 전학후묘前學後廟(앞엔 강학 공간, 뒤엔 제향 공간) 배치이긴 하나 전체적으로 낯선 느낌인데, 강당 건물은 정면에 출입문이 없는 독특한 구조이다.

  약포 선생의 묘소와 예천 청주정씨 재실은 호명면 본리에 있다. 손자 정시형鄭時亨이 'ㅁ'자형으로 묘를 바라보게 지었다. 훗날 마을이 생긴 것인지는 알 수 없으나 지금은 재실이 마을 안 민가들 사이에 둘

약포 선생 신도비

　러싸여 있다. 앞산에 있는 묘소는 재실과 달리 주소가 안동시 풍산읍이다. 정승을 지낸 분의 묘소이니 군수가 아닌 안동부사가 관장하도록 하기 위함이라는 이야기도 있다. 재실 마당 너머부터 행정구역 경계선이 그어져 있다. 마을 입구 600년 된 느티나무에서 재실로 들어가는 마을 복개천 중앙길이 경계선이다. 모두 한 마을 옆집 주민인데 갈라놓은 기분은 어떨까? 지리적으로 한 마을인 안동 시민과 예천 군민은 각각의 마을회관에서 따로 모여 논다고 한다. 시와 군이 한 마을을 양분하는 희귀한 곳이다.

　묘소는 두사충이 점지해줬다는 이야기가 있는데 그래서일까, 마을 앞에 경상북도 도청이 2016년 이 시골로 들어왔다. 대구에서 명당을 많이 찾아내기도 한 두사충이 '하루에 천냥 나오는 땅'이라고 지목한 대구 포정동에 경상감영과 경상북도 도청이 차례로 들어섰으니 두사충의 풍수 예언은 가히 놀랍다. 우연일까? 그 경북도청이 다시 이곳으로 찾아온 것이다. 경북도청 타운도 안동시와 예천군으로 나뉘어져 있다.

우리 땅 그랜드 투어

예천엔 또 무엇이 있나?

읍호정에서 내성천을 따라 하류로 가면 풍양면 삼강리가 있으며 2005년까지 영업을 했던 **삼강주막**이 있다. 우리나라 최후의 주막으로, 사극 속에서나 나올 법한 주막이 지금은 관광지가 되어 많은 사람들이 대포 한 잔 즐기는 곳이 됐다.

회룡포回龍浦도 가까운 곳에 있다. 내성천이 내려오다 산에 막혀 350도 회전한 후 다시 흘러가는 곳, 360도 원이 될 뻔한 지형이 잘록한 허리를 남기고 350도에서 돌아 나간다. 여름엔 섬처럼 떠 있는 초록의 농경지와 마을, 하얀 모래사장과 휘감아 도는 푸른 강물, 그리고 주변을 에워싼 신록의 산이 고요하게 펼쳐진다. 마을 건너편 비룡산 회룡포 전망대에서 내려다 보는 경치가 그러하다. 전망대에 올라 약간 오른쪽 산을 바라보면 산이 '하트' 모양을 하고 있는 모습이 어렴풋이 보인다. 하트 산을 바라보면 사랑이 이루어진다고 믿고 싶어 질 것이다.

삼강주막

회룡포

용문면 금당실마을은 예언서『정감록鄭鑑錄』에서 사람이 살아남을 마을로 꼽고 있는 곳이다. 안전한 피신처를 뜻한다. 예천읍 북쪽에 위치한 용문면은 주변이 높은 산으로 둘러싸여 옛날에는 외부에선 들어갈 수 없는 마을이었다. 전쟁과 기아, 전염병이라는 '삼재三災'가 들어오지 못한다는 이러한 곳을『정감록』에서는 십승지十勝地 마을이라 칭했다.

동천洞天, 복지福地, 일종의 무릉도원을 뜻한다. 금당실에는 정치적 위기를 겪던 명성황후가 몰래 은신할 궁을 짓기도 했다. 그 터가 지금도 남아 있다. 금당실 마을은 우리 전통의 한옥과 담장이 아름다운 고장으로 관광 마을로 발전하고 있다. 5월의 장미가 빨갛게 흙담장 위로 필 즈음 경치는 도연명의 진원이 부럽지 않을 곳이다.

　금당실에서 가까운 감천면 천향리에는 '세금 내는 나무' **석송령**石松靈이 있다. 600년이 넘은 나이에, 이름에서 보듯 영험한 기운을 가진 소나무다. 일제 강점기에 일본인이 배를 만들 목재로 쓰려고 이 나무를 베러 자전거를 타고 오다가 나무 앞에서 쓰러져 죽었다고 한다. 6.25 한국전쟁 때에는 폭격이 신기하게도 이 나무를 살짝 피해 지나가 나무 밑의 사람들이 무사했다. 1920년 경 주민 이수목 옹이 자식이 없어 농토를 이 나무에 물려줘 토지대장에 어엿한 땅을 가진 나무가 됐다. 그 땅은 또다시 주민에게 임대를 주어 받은 임대료로 매년 재산세를 꼬박꼬박 내고 지역 아동들에게 장학금도 준다. 나라 세금 도적질하고 탈세하는 사람들이 보기에는 너무나 부끄러울 나무다.

석송령

부귀는 누구나 바라는 것이지만 정당하게 얻는 것이 아니라면 누려서는 안 되고, 빈천은 누구나 싫어하는 것이지만 뜻하지 않게 닥쳐와도 애써 떨쳐내지 않아야 군자라 할 수 있다.
『논어』〈이인〉편

제12편

이득을 보면 옳은 것인지를 생각한다

• 이이의 '견득사의見得思義' •

〈강릉〉

공자왈
孔子曰,

군자유구사 시사명 청사총
君子有九思 視思明 聽思聰

색사온 모사공 언사충 사사경
色思溫 貌思恭 言思忠 事思敬

의사문 분사난 견득사의
疑思問 忿思難 見得思義.

〈계씨〉

공자께서, "군자가 늘 생각해야 할 9가지가 있다. 보는 것은 명확한 지, 듣는 것은 분명한 지, 안색은 온화한 지, 몸가짐은 공손한 지, 말은 치우침 없이 충실한 지, 섬김은 정중한 지, 의문점은 물어보려 하는 지, 분노에 뒤탈이 없는 지, 이득을 보면 옳은 것인지를 생각해야 한다." 라고 하셨다.

원문 속 산책

군자는 타인으로부터는 분명하게 듣고 판단해야 하며, 자기 자신은 남에게 공손한 자세를 취하고 말은 충실하게 하고 있는지를 생각해야 한다는 말이다. 자신이 남에게 어떻게 보이는지는 생각지 않으면서 남의 단점만 지적하는 사람이 되어선 안 된다는 것이다.

보는 것도 듣는 것도 분명해야 올바른 판단을 내릴 수 있다. 또한 자기 몫이 아니면 취하지 말아야 군자인 것이다. 우리 역사상, 황금 보기를 돌같이 한 장수도 있다. 의롭지 않은 영화는 반드시 뒤탈이 나기 마련이다. 뒤탈이 나지 않았다면 요행히 화를 면한 것일 뿐이라 하지 않은가? 그러니 요행은 뜬구름과 같은 것이다.

'견득사의'의 시사점

견득사의

이익 앞에서 사람들은 두 부류로 확연히 드러난다. 공자는 "군자는 의를 밝히고 소인은 이익을 밝힌다."[158]라고 했는데, 바로 그것이다. 그래서 군자는 이익이 생기면 취해도 될 옳은 것인가를 먼저 생각한다는 것이다.

'견득사의'는 〈자장〉 편에도 나온다. 자장이, "선비는 위태로운 것을 보면 목숨을 바치고, 이득이 눈앞에 보이면 의로운 취득인가를 생각하며, 제사를 지낼 때는 태도가 공경한 지를 생각하고, 상을 당했을 때는 진실로 슬퍼하는 지를 생각한다면, 마땅히 (선비의) 자질을 갖춘 것이다."[159]라고 말하고 있다.

같은 의미로 '견리사의見利思義'가 있다. 자로子路가 인격 완성자에 대해 묻자, 공자는 "이익을 보면 의로운 것인지를 생각하고見利思義, 위태로움을 보면 목숨을 내놓아야見危授命(견위수명) 성인이 될 수 있다."[160]라고 말했다.

부귀는 누구나 탐을 내지만 정당한 대가가 아니면 취하지 말아야

---

158 君子喩於義 小人喩於利(군자유어의 소인유어리) - 『논어』〈이인〉
159 士 見危致命 見得思義 祭思敬 喪思哀 其可已矣.(사 견위치명 견득사의 제사경 상사애 기가이의) - 『논어』〈자장〉
160 『논어』〈헌문〉

한다.¹⁶¹ 오르기 쉽지 않은 경지이다.

공자는 또, "군자는 천하에 꼭 이렇게 해야 한다고 고집하는 것도 없고, 이렇게 해서는 안 된다는 것도 없으며, 오로지 의로움과 같이 할 뿐이다."¹⁶²라고 했다. 이어 "이익에 따라 행동하면 원한을 사는 일이 많아진다."¹⁶³라고 주의를 주고 있다.

공자의 뜻을 이어받은 주자朱子 또한 "의롭지 못한 것은 취해선 안 된다."¹⁶⁴고 강조했다. 어린 아동들에게 이미 견득사의를 가르칠 만큼 중요시했다. 실제로 공자가 관직에 나아가 도를 세우니 사람들은 길거리에 떨어진 물건을 자기 것이 아니면 주워 가지 않았다. 공자는 이러한 사회를 지향했다.

진정한 군자라면 눈앞의 이익과 편의만 추구할 게 아니라, 때로는 불편함도 감내해야 한다. "군자는 배불리 먹고 편안하게 살기만을 추구하지 말아야 한다."¹⁶⁵라는 말도 의미가 깊다고 하겠다.

이이의 '견득사의見得思義'

가족이 100여 명, 율곡 이이李珥 선생은 조선 최대 대가족을 먹여 살려야 하는 가장이었다. 늘 가난에 허덕이던 어느 날, 친구인 황해도 재

---

161 富與貴 是人之所欲也 不以其道得之 不處也(부여귀 시인지소욕야 불이기도득지 불처야) - 『논어』〈이인〉

162 君子之於天下也 無適也 無莫也 義之與比(군자지어천하야 무적야 무막야 의지여비) - 『논어』〈이인〉

163 放於利而行 多怨(방어리이행 다원) - 『논어』〈이인〉

164 物非義不取(물비의불취) - 『소학』〈가언〉

165 君子 食無求飽 居無求安(군자 식무구포 거무구안) - 『논어』〈학이〉

령 군수 최립崔岦이 쌀을 실어 보냈다. '가뭄 끝 단비'와 같은 쌀가마니, 하지만 율곡은 그대로 돌려보냈다. 가족들이 왜 보내느냐고 하자, 율곡은 "친구가 옛정을 생각해 보냈다면 받지 못할 이유가 없다. 하지만 관아의 곡식을 보낸 것 같아 도저히 받을 수 없었다."라고 말했다. 율곡과 가족이 많이 굶주려 있던 때였다.

눈앞에 생긴 이득이지만 그것이 의로운 것인지를 생각한 율곡이었다. 그가 정치인으로서, 교육자로서 강조했던 철학이었다. 아무리 배가 고파도 의롭지 못한 것이라면 취할 수 없다는 것이다.

율곡은 부인 곡산 노씨와 측실인 용인 이씨, 전주 김씨가 있었고 측실 사이에서 2남 1녀를 뒀다. 부모와 큰형이 죽자 서모와 큰형수, 조카들을 자신이 떠맡았다. 그 와중에 다소 한량으로 지내던 둘째 형마저 의탁해 왔다. 율곡이 모두 거둬 먹여 살리니 먹고 살기 힘들어하던 친척들이 우르르 몰려왔다. 거절하지 못한 율곡은 100명이 넘는 대가족의 가장이 된 것이다.

율곡이 이런 대가족을 흔쾌히 받아들일 만한 사연이 있었다. 9세 때 『이륜행실』이란 책을 봤는데 당나라 사람 장공예166가 한 집에서 구족九族과 함께 살았다는 내용에 이르러, "구족이 한 집에서 살게 된 것은 아마 형편상 어려움이 있었을 것이다. 그러나 형제간에 흩어져서 살 수는 없는 일이다."라고 말하고는 그 모습을 그림으로 직접 그려 완미玩味하곤 했다. 9살에 이 생각을 한 율곡은 아무리 어려워도 가족은 함께 살아야 한다는 신념을 가진 듯하다.

---

166 張公藝(장공예) : 99세로 장수하며 한 집에서 9대까지 데리고 화목하게 살았는데 그 가족 수가 900명이었다고 한다.

실제로 율곡은 언제나 가난에 허덕였다. 부모로부터 물려받은 재산은 높은 관직에 있던 자신이 형제보다 적게 받았고, 처가로부터 받은 재산은 가난한 형제를 위해 팔았으니 파주 율곡 땅에서 나오는 소량의 소출로 먹고 살아야 했다. 관직에서 물러나면 그야말로 대책이 없는 상황이었다. "끼니를 못 잇는 날도 많았다."는 제자들의 증언도 있다.

율곡이 33세 때 올린 부교리 사직 상소와 34세 때 올린 교리 사직 상소에서도, 집이 가난하고 녹이라도 얻어 추위와 배고픔을 면하고자 벼슬을 했으며, 사직하는 일에 대해 가족이 호구를 이어갈 자산이 없는데 어찌 배고프고 추운 고통을 스스로 취하겠냐고 했다. 평소에 임금에게 조차 자신이 가난하다고 말할 만큼 경제적으로 궁핍했음을 알 수 있다. 그럼에도 사직하는 이유는 토붕와해土崩瓦解에 처한 나라를 위해 개혁을 강조했지만 선조가 수용하지 않았기 때문이다. 율곡은 선조에게 나아가면 언제나 강한 어조로 경장更張(개혁)을 강조했는데, 선조로서는 그의 말은 옳지만 자신이 감히 수행할 수 없었기에 율곡의 상소를 부담스러워했다.

율곡은 가족을 생각하면 '직장'에 나가야 했지만 자신의 뜻을 수용해주지 못하는 군왕에게 간다 해도 아무 쓸모가 없을 바엔, 그렇게 이름만 올려놓고 빌붙어 앉아 녹이나 받고 싶지 않았던 것이다.

머릿수 채우려 자리만 차지하고 앉아있는 신하를 공자는 '구신具臣'이라 일갈했다. 계자연季子然이 중유와 염구를 대신大臣이라 할 만 한지를 묻자, 공자는 "대신이라 함은 도로써 임금을 섬기고 그게 불가능하면 그만둡니다. 중유와 염구는 기껏해야 자리나 꿰찬 신하具臣(구신)입니다."¹⁶⁷라고 했다. '구신'은 나라에 해로운 여섯 종류의 신하육사신(六邪臣) 중 하나로, 역할도 못하면서 자리를 꿰차고 있는 신하를 말한다. 이외에 아첨만 하는 유신諛臣, 남을 잘 헐뜯는 참신讒臣, 반역하거나 불충한 적신賊臣, 나라를 망하게 하는 망국신亡國臣, 그리고 간사하게 구는 간신奸臣이 있다.

율곡은 입에 풀칠이 어려웠지만 뭇사람들처럼 고위직을 이용하거나 청탁을 일삼으며 부정축재를 할 위인도 못되었다. 그는 관직에서 물러나면 호구지책으로 대장장이가 되었다. 조선 최고 학자가 해주 석담에서 손수 대장간을 짓고 호미를 만들어 팔아 생계를 이어갔다. 이 소식을 들은 친구인 이웃 고을 수령이 쌀가마를 실어 보냈던 것이다.

'견득사의見得思義'. '이득을 보면 옳은 것인가를 생각하라.'고 하는 공자의 말씀이다. 율곡이 금과옥조처럼 가슴에 품고 실천한 말이다. 율곡은 이 말을 "의義를 좋아하는 자는 나라를 위하고, 이利를 좋아하는 자는 자기 집을 위하기 마련이다."라고 말하기도 했다.

1582년선조 15 율곡이 47세 때 임금의 요청으로 『학교모범』을 지어 바쳤다. 여기에는 학생과 선생이 지켜야 할 16가지 규범이 있고, 스승과 학생을 선발하는 10개조의 사목事目이 있다. 16개 규범 중 두 곳에서 이득과 이해득실에 관해 경계하도록 했다. "벼슬에 나아가더라도 이해득실 때문에 지조를 잃어버리거나 도를 버려서는 안 된다."라고 했다. 또 "선비는 의義와 이利를 분별하는 것이 중요하다. 명예를 구하거니 이득을 추구하는 것은 도둑질과 같다. 집이 가난하여 부모의 봉양을 위해

---

167 所謂大臣者 以道事君 不可則止 今由與求也 可謂具臣矣(소위대신자 이도사군 불가즉지 금유여구야 가위구신의) - 『논어』〈선진〉

집안 경제를 생각할 수는 있으나, 이를 보면 언제나 의를 먼저 생각해야 한다."라고 못 박았다. 자신이 쌀을 받을 수 없었던 이유였다.

해주에서 생활할 때 해주 향약을 만들면서도, 남에게 손해를 끼치고 자신은 이득을 취하는 행위를 과실 상규로 정해 놓아 부당한 이득에 대해 언제 어디서든 경계하는 자세를 견지했다.

율곡이 세상을 떠난 후, 남은 재산이 없어 장례조차 문하생과 친구들이 비용을 모아 치렀고 남은 가족을 위해 작은 집까지 마련해줄 정도였다.

공과 사를 분명히 했던 율곡은 평소 나아가고 물러나며 사양하고 받아들이는 '출처사수出處辭受'가 한결같았다. 하지만 율곡은 본의 아니게 파벌의 한쪽인 서인西人으로 분류됐다. 붕당의 폐해를 잘 아는 율곡은 동인이나 서인의 어느 편에도 서려 하지 않았다. 오로지 '옳고 그름'을 판단의 기준으로 삼았다. 그 대표적인 것이 동인의 김효원金孝元과 서인의 심의겸沈義謙의 갈등이 깊었을 때 둘 다 외직으로 보내자고 한, 제 3의 대안을 내놓은 것이다. 개인적으로 아주 가까운 심의겸이지만 그는 이성적으로 판단했다. 하지만 그를 중심으로 뭉친 후학에 의해 그는 서인의 종장이 된 것이다. 때문에 동인으로부터 소모적인 공격을 받기도 했다.

율곡을 이야기할 때 또 떠오르는 인물이 있다. 바로 퇴계 이황 선생이다. 둘은 어떤 관계가 있을까?

1558년명종 13 2월, 율곡은 퇴계와 처음 만났다. 58세의 퇴계는 이미 천하가 다 아는 대학자이고, 23세의 율곡은 아직 벼슬길에 나아가지 않았지만 세상에 막 이름을 알리고 있던 젊은이였다. 율곡이 그 전 해,

성주 목사 노경린盧慶麟의 딸과 혼례를 치른 후 겨울을 처가에서 보내고 이른봄 서울로 올라가던 길에 예안에 들러 퇴계 선생을 만난 것이다. 서로 말로만 듣던, 꼭 만나보고 싶었던 사이였다. 마침 비가 와서 2박 3일 퇴계 선생과 함께 시간을 보내면서 많은 이야기를 나눴다. 퇴계는 율곡의 비범함을 보았고, 훗날 제자 조목趙穆에게 보낸 편지에서 "뒷사람을 두려워할 만하다.後生可畏(후생가외)"라며 율곡의 장래성을 높이 평가했다.

눈앞 토붕와해 설파한 경장론자
율곡 이이栗谷 李珥 : 1536~1584

율곡 이이는 1536년 강릉 외가에서 태어났다. 아버지 덕수 이씨 이원수李元秀와 어머니 신사임당申師任堂(신인선) 사이에서 4남 3녀 중 셋째 아들로 태어났다. 출생 전날 밤 어머니가 용꿈을 꾸어, 태어난 방을 몽룡실夢龍室이라 부른다.

5살 때 어머니가 병이 나자 외할아버지 사당에 몰래 들어가 기도해 가족들을 깜짝 놀라게 했다.

6살에 외할머니가 물려준 서울 수진방현 청진동 집으로 올라와 서울 생활이 시작됐다.

8살에 아버지 고향 파주 율곡촌의 화서정花石亭에 올라 시를 짓기도 했다.

16살에 큰형과 함께 아버지를 따라 평안도로 간 사이 어머니가 사망했다. 율곡에게는 스승과 같았던 어머니였기에 큰 충격에 빠져 3년 시묘살이 후 세상을 등지고 금강산 절에 들어갔다. 1년 후 돌아와 강릉 외할머니 곁에서 〈자경문自警文〉을 짓고 스스로 경계하는 삶을 추구했다. 이후 성균관 유학 시절 산사 생활을 했다는 이유로 동료들로부터 심한 따돌림을 당하기도 했다.

율곡은 아홉 번이나 장원에 급제했다 하여, 흔히 '구도장원공九度壯元公'으로 불리지만 율곡도 몇 차례 과거 시험에 낙방한 적이 있다. 한성시漢城試와 문과 별시 등 몇 차례 최종 시험에 급제하지 못했다. 구도장원공도 낙방이 있었기에 오히려 인간미가 느껴진다.

율곡은 선조에게 『동호문답東湖問答』과 『만언봉사萬言封事』를 지어 올린 데 이어 『성학집요聖學輯要』를 통해 자신의 성리학 학문을 집대성했다. 『성학집요』는 이후 군왕들의 필수 교과서가 되었다.

49세, 길지 않은 인생을 살며 홍문관 및 예문관 대제학과 이조판서, 병조판서 등 화려한 엘리트 코스를 두루 거쳤지만 율곡으로서는 영광이 아닌 한이 서린 관직 생활이었다. 특히 병조판서 때는 북쪽 오랑캐의 침입이 잦았는데, 백성과 군사들에 대한 대비책을 건의했지만 모두 수용되지 않았다.

1584년 한양 대사동大寺洞(현 인사동 일대) 우사寓舍(셋집)에서 생을 마감했다. 1624년인조 2년 문성공文成公 시호를 받았다.

조선 최고의 인재를 가장 많이 가졌던 선조 임금이었지만 그들의 혜안을 모두 저버리는 바람에 나라는 무너졌다. 특히 선조와 율곡 사이 감정의 골은 깊었다.

1577년선조 10 율곡에게 대사간 벼슬을 다시 내리자, 율곡은 "저에게 시사時事에 관해 물을 것이 있으시면 하문하시고, 그 말을 수용할 수 없다면 다시 부르지 마십시오."라고 잘라 답했다.

율곡은 평소에도 토붕와해에 대한 경각심을 수시로 강조했다. 조선이 개국한 지 200년이 지나면서 나라의 모든 기강이 해이해졌다고 판단했다. 태조~태종 대 약 20~30년 간을 '창업創業'의 기간으로, 세종~성종 대 약 70~80년을 '수성守成'의 시기로 보아 나라가 반열에 올라 문화를 꽃피웠다고 봤다. 때문에 창업과 수성의 100년이 지난 후부터는 반드시 '경장更張'이 필요한 시기라고 강조했다. '경장'은 '오래 사용해 늘어난 거문고 줄을 팽팽하게 조이는 것'을 말한다. 연산군 이후 자신이 살고 있던 선조 대 사이에 오래되어 낡아버린 관행을 고치는 등 국가 시스템을 가다듬지 않으면 반드시 토붕와해에 직면할 것이라는 우려를 한 것이다. 이 '창업-수성-경장'이 율곡 개혁 사상의 핵심이다. 실제로 성종 이후인 연산군 때부터 나라 기반이 흔들렸고 선조 재위 때 임진왜란으로 나라 존립이 흔들렸다. 율곡의 혜안은 놀라웠다.

율곡은 선조에게 '곧 집이 무너진다.'며 다급하게 경장을 호소했지만 받아들여지지 않자 수시로 사직을 청했다. 선조는 거유巨儒 율곡을 품을 그릇이 되지 못했다. 한번은 정승 박순朴淳이 경연 때 율곡의 사직을 받아들이지 말라고 요청하자 선조는 "그는 교만하고 과격해 인격이 성숙된 뒤에 쓰는 것도 해롭지 않다."라고 말할 정도였다.

시간은 기다려주지 않았다. 율곡이 사망하고 8년 후 임진왜란이 일어났다. 선조는 몽진 첫날 저녁 율곡의 정자 화석정이 있는 임진강 나루에서 아수라장이 된 배에 올라 호종하던 신하들 앞에 엎드려 통곡했다. 신하들도 눈물을 흘리며 감히 쳐다보지 못했다.

'견득사의' 율곡의 '오죽헌' : "스스로를 경계하라."

율곡에게 강릉은, 태어나고 자란 곳이자 성현의 발판이 된 곳이다. 6살이 되어 강릉 외가에서 서울로 올라갔다.

율곡에게 강릉이 진짜로 중요했던 또 하나의 '사건'이 있었다. 16살에 서울에서 어머니가 세상을 떠나자 3년 시묘살이 후에도 충격에서 벗어나지 못했던 율곡은 19살에 불쑥 금강산으로 들어가 승려가 되었다. 선비 집안에서 스무 살 전후라면 과거시험을 준비하고 응시해야 할 터인데 산사에 들어가 머리를 깎았다는 것은 세상을 등진다는 의미였다.

1년 가까운 승려 생활 후 율곡은 불교의 허망함을 느끼고 다시 환속했다. 여기에는 아버지의 요청도 있었던 듯 하다. 곧바로 외할머니가 있는 강릉 외가로 돌아왔다. 율곡은 약 1년 동안 오죽헌에 머물며 냉혹하게 자신을 비판하는 시간을 가졌다. 현실의 세계 유가儒家와 내세의 불가佛家를 오가며 흔들린 마음을 가다듬어 스무 살이 된 자신이 이제부터 흔들림 없이 걸어가야 할 길을 확고하게 정했다. 공자는 마흔에 불혹不惑이라 했는데 율곡은 스무 살에 이미 그 경지에 다다랐다.

마음이 또 흔들려서는 안 되니 글로 써서 매일 자신을 경계하며 자기수양을 했다. 그것이 오죽헌에서 정립한 율곡의 〈자경문自警文〉이다. 11개 조항을 만들었다.

1. 성인聖人에 이를 때까지 부단히 노력한다.
2. 마음이 안정된 사람은 말이 적다. 그러므로 말을 적게 해야 한다.
3. 일을 하는데 있어서 마음이 안정돼야 힘을 얻는다. 마음을 안정시키려는 노력을 해야 한다.

4. 혼자 있어도 삼갈 줄 알아야 한다.
5. 할 일을 미리 생각하고, 글을 읽으면 옳고 그름을 분간해서 실천한다.
6. 해야 할 일이라면 정성껏 해야 하고, 싫증내고 게을리해서는 안 된다.
7. 옳지 못한 일을 행해 천하를 얻는다 해도 그 일을 해서는 안 된다.
8. 스스로 깊이 반성함으로써 상대를 감화하도록 해야 한다.
9. 제 집안 사람들이 감화되지 못한다는 것은 성의가 모자라기 때문이다.
10. 밤에 잠잘 시간 외에는 잠을 쫓아 정신을 바짝 깨워야 한다.
11. 공부에 힘쓰되 보채지 말며 죽은 뒤에나 그만둘 것이니, 효과를 빨리 보려 하지 마라. 그것은 이익을 탐하려는 것이니 도리가 아니다.

스승과 같았던 어머니를 잃은 율곡은 〈자경문〉으로 스승을 대신했다. 다시 이듬해 서울로 올라온 율곡은 이후 부침을 겪지만 아홉 번이나 장원을 했다고 하는 '구도장원공九度壯元公' 소리를 듣는다. 〈자경문〉이 그를 단단히 지탱해준 결과였다.

'오죽헌烏竹軒'에는 사랑채와 안채가 맞붙어 'ㅁ' 자형 구조를 갖췄고 담장 밖에 별채가 있는데 이 별채의 현판이 '오죽헌'이다. 율곡의 외할머니는 율곡에게는 서울 수진방의 집을 주었고 강릉의 집은 율곡의 이종 아우인 권처균權處均에게 상속해 주었다. 권처균은 집 주변에 검은 대나무烏竹(오죽)가 많아서 당호를 오죽헌이라 지었다.

오죽헌 배롱나무

 오죽헌은 중종 때 건축된 오래된 주택으로 조선 중기 사대부 별당의 운치를 느끼게 해준다. 보물 제165호로 지정돼 있다. 정면 3칸 중 왼쪽과 중앙칸은 마루이고, 오른쪽 한 칸이 방으로, 신사임당이 용꿈을 꾸고 율곡을 낳았다 하여 '몽룡실夢龍室'이라는 현판을 걸어 뒀다.

 오죽헌 앞뜰에는 율곡이 어머니와 함께 어루만졌을 배롱나무 고목이 용틀임하듯 기세를 뿜고 있고, 뒤뜰에는 수령이 600년 된 율곡매栗谷梅가 향기로이 서있다. 신사임당이 맏딸 이름을 매창梅窓이라 지은 것도 아마 이 매화와 무관하지 않은 듯하다. 늠름한 자태로 아직도 잘 자라고 있으니 오늘날 우리에게 율곡 선생과의 가교역할을 해준다.

 본채에서 앞쪽으로 나오면 오른쪽에 협문이 보이는데 그 안쪽에는

오죽헌

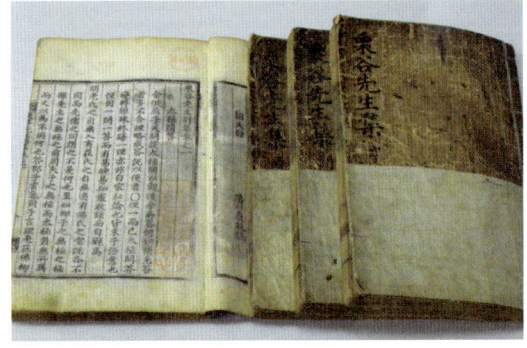

율곡 선생이 어릴 때 쓰던 벼루에 정조 임금이 글을 새겨 보관하고 있다 (위)
율곡선생집 [율곡기념관 소장] (아래)

작고 앙증맞은 건물이 있다. '어제각御製閣'이다. 오죽헌에 율곡 선생이 유년기에 쓰던 벼루와 저서『격몽요결』이 있다는 말을 들은 정조대왕이 이를 가져오게 하여 벼루 뒷면에 어제어필御製御筆을 새기고『격몽요결』에도 서문을 써서 내려 보내며 지은 건물이다.

우리나라 4종류의 지폐 중 2개에서 신사임당5만 원권과 율곡5천 원권 모자가 주인공이다. 세계 화폐사에 유례가 없는 역사가 강릉 오죽헌에서 쓰였다.

우리 땅 그랜드 투어

강릉엔 또 무엇이 있나?

　율곡의 위패를 모신 서원으로는 강릉 강동면 언별리에 **송담서원**이 있다. 강원감사와 유생들이 1630년에 처음 세웠다.
　오죽헌 근처엔 1700년대부터 지어온 300년 넘은 전통한옥 **선교장**船橋莊이 있다. '선교'는 과거 경포호수가 이곳까지 이어져 있어 배가 다리 역할을 해줬기에 붙여진 이름이다. 세종대왕의 형인 효령대군의 11세손 이내번李乃蕃이 족제비 떼를 쫓다가 이곳을 발견하고 터를 잡아 크게 발복한 집이다. 명당 중 명당에서 적선을 많이 해 부자가 될 수밖에 없었다고 한다. 명당이야 자연이 주는 혜택이라면 적선은 주인의 마음과 행실인데, 자기 이익만 탐해서는 실천할 수 없는 일이다. 선교장에서는 대대로 노블레스 오블리주를 실천해온 사례가 많이 전해온다.
　조상이 과거 통천 군수로 재임할 때 고을 백성이 흉년으로 큰 고통을 받았는데, 선교장 곡식을 싣고 가서 구휼했더니 백성들이 감사해 하며

'통천집'이라 불렀다. 금강산 유람객에게는 몇 날 며칠이건 무료로 숙식을 제공하기도 했다.

가난했던 이내번 선생 이후 10대를 거쳐오며 발복한 재산이 얼마나 될까? 한마디로 '관리하기 귀찮을 정도로 많다.'고 한다. '베풀수록 재산이 늘어난다.'는 교훈을 잘 보여준 집이다.

왕족 출신의 유가 집안이지만 선교장은 도가풍의 삶을 살고 있다. 학문은 하되 벼슬은 탐하지 않고 신선처럼 삶의 여유를 즐기고자 했을 것이다. 사랑채로 향하는 솟을대문의 현판 '선교유거仙嶠幽居'가 이미 '신선처럼 사는 집'임을 나타내고 있으니 그 안에서 가족끼리 친척끼리 오순도순 이야기하며 사는 정이 얼마나 돈독할까? 사랑채 현판에 바로 그 의미를 담아 '열화당悅話堂'이라 지었다. 도연명의 〈귀거래사歸去來辭〉 구절에서 따왔다.

세 여 아 이 상 유
世與我而相遺
부 가 언 혜 언 구
復駕言兮焉求
열 친 척 지 정 화
悅親戚之情話
낙 금 서 이 소 우
樂琴書以消憂

세상은 나와 서로 잊고 사니
다시 벼슬을 하여 무엇을 얻을 것인가
반가운 사람들과 정다운 이야기 나누고
거문고와 책을 즐기며 근심을 떨쳐 버리리라

경포해변의 해당화

   강릉의 대명사는 아무래도 **경포호**와 **경포해변**이다. 경포호 언덕에 위치한 경포대鏡浦臺는 송강 정철이 『관동별곡關東別曲』에서 읊은 관동팔경 중 하나다. 호수 언덕 위 정자에 오르면 누군들 시 한 수 읊지 못하랴. 시원한 솔바람 속에서 흥이 절로 나온다. 조선 선비들의 유람 1번지라 할 정도로 유명했다. 강원도 안렴사 박신朴信이 강릉의 명기 홍장紅粧의 아름다움에 빠진 곳도 경포호수다. 경포호 밝은 달빛 아래 선녀처럼 꾸민 홍장의 자태에 애간장 태우는 박신의 구애는, 이후 조선 선비들의 로망이 되었다.

   율곡 이이가 10세에 썼다는 글 〈경포대부鏡浦臺賦〉도 있다. 경포대의 봄·여름·가을·겨울의 아름다움을 읊은 글로, 어린 아이의 글이라고 믿어지지 않을 만큼 뛰어난 작품이다.

   동해안 최고의 해변 경포 바다는 경포호수와 송림 하나 사이로 함께 위치해 있다. 키 작은 해당화가 필 늦여름 풍경은 진한 향수를 자극한다.

경포대 율곡 시

경포호 남쪽 송림 사이 초당동에는 비운의 남매 **허균·허난설헌 기념공원**이 있다. 아버지 허엽許曄이 살았고 남매는 강릉 사천 외가에서 태어나 이곳에서 자랐다. 『홍길동전洪吉童傳』의 저자로 잘 알려진 허균은 정치적으로 몰려 죽음을 맞았고, 누이 허난설헌도 〈꿈속에 광상산에서 노닐다夢遊廣桑山詩〉란 시를 남기고 비운의 삶을 마감했다.

벽 해 침 요 해
碧海浸瑤海
청 란 의 채 난
青鸞倚彩鸞
부 용 삼 구 타
芙蓉三九朶
홍 타 월 상 한
紅墮月霜寒

푸른 바닷물은 구슬바다에 젖어 들고

푸른 난새는 오색 난새에 기대었구나

부용꽃 스물 일곱 송이 아름드리

달빛 찬 서리 위에 붉게 떨어졌네

허균·허난설헌 기념관의 사랑채

왜 하필 '27송이'라고 읊었을까? 허난설헌은 27살에 생을 마감했다. 그 구절이 시참詩讖이 되고 말았다.

공자의 에피소드 같은 이야기와 『논어』의 여운을 오래 음미할 수 있는 구절들을 따라가 본다. 공자의 인간적인 모습 속에서 성인 공자의 또 다른 체취를 느낄 수 있다. 이 공자의 '사람 냄새나는' 이야기는, 2500년 전 공자를 마치 어제 본 사람처럼 느끼게 한다. 한 구절 한 구절이 성현의 사생활 일기를 엿보는 듯한 느낌을 준다. 이제 '논어 여행'의 종점에서, 『논어』의 향기를 보다 오래 간직하고자 한다.

3부
『논어』 속에서 본 '인간 공자'의 모습

부라는 것이 추구해서 얻을 수 있는 것이라면 비록 채찍 잡는 천한 일이라도 해서 구하겠다. 그러나 그렇게 해서도 얻어지는 게 아니라면, 내가 좋아하는 바를 따르겠다.
『논어』〈술이〉편

공자는 집에서도 '공자'였나?

만인의 스승이 되어 가르치던 공자가 집에서는 어떤 모습을 보였을까? 집에서는 근엄한 표정을 짓지 않았다.[1] 또한, 온순했고 말을 할 줄 모르는 사람 같았다.[2] 식사 때도 말이 없었다.[3]

조정에 입궐했다 집에 돌아와 마구간에 화재가 난 것을 보고 한 말은 딱 한마디였다. "사람이 다쳤느냐?" 마구간의 말에 대해서는 묻지 않았다.[4]

공자는 친구가 죽었는데 돌봐줄 사람이 없자 "우리집에 빈소를 차려라."[5]라고 했다.

---

1 居不容(거불용) - 『논어』〈향당〉
2 恂恂如也 似不能言者(순순여야 사불능언자) - 『논어』〈향당〉
3 食不語(식불어) - 『논어』〈향당〉
4 傷人乎 不問馬(상인호 불문마) - 『논어』〈향당〉
5 朋友死 無所歸 曰 於我殯(붕우사 무소귀 왈 어아빈) - 『논어』〈향당〉

밀실에서 여인을 만난 후 공자의 반응

음행淫行 때문에 평판이 좋지 않았던 위나라 군주 영공靈公의 부인 남자南子가 하루는 위나라를 방문한 공자를 불러들여 만났다. 유혹을 위해서였을까, 아니면 공자의 명성을 통해 자신의 부정적 이미지를 희석시키기 위해서였을까? 어쨌든 유혹의 달인 남자를 만나자 공자의 제자들도 노심초사했다. 56세의 공자와 30대 초반의 남자, 둘이 고요한 방에서 마주했다.

마침내 돌아온 공자에게 제자 자로가 못마땅해 했다. 공자가 맹세하듯 "내가 떳떳하지 못했다면 하늘이 미워할 것이다, 하늘이!"[6]라고 말했다.

공자는 옥구슬 패물로 화려하게 치장한 남자와의 사이에 휘장을 내려놓고 서로 절을 하며 이야기하다 돌아왔다고 한다.

공자가 사람을 평가하는 '잣대'

공자는 사람을 평가할 때 신분이나 재산이 아닌, '배움'을 기준으로 삼았다. 배워서 인격을 갖췄는지에 따라 군자인격자와 소인비인격자으로 구분했다. 이는 오늘날 돈과 권력을 앞세우는 사람들이 세상의 주인공인 양 나서는 시대에도 경종을 울릴 가르침이다.

부와 권력의 세습이 아닌, 자기 노력으로 일군 것을 인정하는 사회가 진정 이상 사회라는 것이다.

'가르치고 배우는 것'은 공자가 추구하는 교육의 시작이자 끝이다.

---

6 予所否者 天厭之 天厭之(여소비자 천염지 천염지) - 『논어』〈옹야〉

공자는 배움과 관련해 사람을 네 부류로 규정하고 있다. "태어나면서 아는 것이 최상이요, 배워서 아는 것은 그 다음이며, 곤경에 처해서 배우는 사람은 또 그 다음이며, 그래도 배우려 하지 않는 사람은 최하이다."7

그리고 공자는 말한다. "가르침에 있어서는 신분을 따지지 않는다."8라고.

공자의 봉급은 얼마?

공자가 노나라 재상으로 일하면서 받은 봉급녹봉은 얼마나 될까? 공자의 봉급 액수는 위나라 여행 때 공자가 스스로 밝혔다.

공자가 위나라에서 제자 자로의 처형 안탁추顔濁鄒의 집에 머물 때, 위나라 영공이 노나라에서 녹봉이 얼마였는지를 물었다. 이에 공자는 "곡식 6만(두)을 받았습니다."9라고 대답했다. 위 영공 역시 곡식 6만을 주었다. 하지만 벼슬은 내리지 않았다. 한편, 공자는 녹봉 외 수입으로 제자들에게 일종의 수업료도 받았다. 이는 공자 입장에서 대가로서의 수입이라기 보다는, 제자 입장에서 마땅히 스승에게 갖춰야 할 예의상 선물이었던 것인데, 논어에 관련 구절이 나온다. 공자는 "속수의 예 그 이상을 행한 사람이라면 내가 지금까지 가르치지 않은

---

7 生而知之者上也 學而知之者次也 困而學之又其次也 困而不學民斯爲下矣(생이지지자상야 학이지지자차야 곤이학지우기차야 곤이불학민사위하의) - 『논어』〈계씨〉

8 有敎 無類(유교 무류) - 『논어』〈위령공〉

9 奉粟六萬(봉속육만) - 『사기』〈공자세가〉

적이 없다."¹⁰라고 했다. 그 시대 예법으로, 어떤 사람을 처음 방문할 때엔 신분에 맞는 예물을 가져갔다. 제후에게는 옥玉, 고위 관료인 경卿에게는 염소, 대부에게는 기러기, 사士에게는 꿩, 공인과 상인에게는 닭을 가져가 선물했다. 공자가 말한 속수束脩는 육포 10개를 묶은 것인데 최소한의 예물이자 기본 품목이었다. 그러니 공자는 최소한의 예의를 제자들에게 강조한 셈이다. 이 속수로 인해 '속수지례束脩之禮'라는 고사성어가 탄생했다. '스승을 처음 만나 가르침을 청할 때 작은 선물로써 예의를 갖추는 것'을 말한다. 선물은 어디까지나 예물이어야지, 뇌물이어서는 안 된다.

속수와 같은 예물들을 폐백幣帛이라 했는데, 오늘날 결혼식 직후 신부가 시댁 어른들에게 행하는 인사와 예물 의식도 바로 이 폐백이다. 그러니 배움이든 결혼이든, 세상사는 예의를 갖춰야 일이 원만해 진다.

공자는 천재였을까?

공자는 보통 사람으로 태어나 위대한 인물로 역사에 남았다. 그럼 공자는 천재적 재능을 타고 태어났을까? 어느 기록에도 공자가 '천재'라는 그 흔할 것 같은 표현을 찾아볼 수 없다. 반면 공자 스스로가 자신에 대해 밝힌 이야기는 논어에 실려 있다.

"나는 태어나면서부터 안 것이 아니라 옛것을 좋아하여 부지런히 배워서 알게 되었다."¹¹라고 해서 자신의 노력 하나로 높은 경지에 이

---

10 自行束脩以上 吾未嘗無誨焉(자행속수이상 오미상무회언) - 『논어』〈술이〉
11 我非生而知之者 好古 敏以求之者也(아비생이지지자 호고 민이구지자야) - 『논어』〈술이〉

르렀음을 밝혔다. 그 노력 하나 하나가 바탕이 되었고 그것이 쌓여 하나를 알면 셋을 알고 열을 아는 지혜가 쌓였던 것이다. 우리는 여기서 타고나지 못한 보통 사람도 성인의 반열에 오르게 한 노력의 위력을 새삼 배우게 된다.

스스로 신이라 여겼나?

공자는 쉰 살에 하늘의 뜻을 알았다고 말했다. 이어 여러 나라를 여행하던 중 죽을 고비를 만났지만 하늘로부터 사명을 부여 받은 자신을 해치지 못할 것이라고 말하기도 했다. 송나라에서 사마환퇴에게 습격을 받은 후 공자는 "하늘이 나에게 덕을 주었으니 환퇴가 어찌 나를 해치랴."[12]라고 말했다.

광匡에서 위기를 겪었을 때도 같은 말을 했다. "문왕은 돌아가셨지만 문왕이 남긴 문화는 나에게 전해져 있지 않은가? 하늘이 그 문화를 없애려 하지 않는데, 광 사람들이 어찌 나를 해치겠는가?"[13]

공자는 스스로 신이라고 생각하기보다는 도를 실천하면 그 누구도 감히 자신을 범할 수 없을 것이라는 자신감을 가진 듯하다. 이러한 자신감이 있었기에 전쟁이 끊이지 않던 그 시절 14년 간 천하를 주유할 수 있었다. 그리고 각국에 이상 정치 구현을 위해 자문하곤 했다. 그것이 자신의 사명이라 생각했다.

하지만 세상일이 자신이 설파한 대로 흘러가지 않았다. 이에 대해

---

12 天生德於予 桓魋其如予何(천생덕어여 환퇴기여여하) - 『논어』〈술이〉
13 文王既沒 文不在玆乎 天之未喪斯文也 匡人其如予何(문왕기몰 문부재자호 천지미상사문야 광인기여여하) - 『논어』〈자한〉

공자는 "일상으로부터 배워 저 높은 심오한 경지에 이르게 되었으니, 나를 알아주는 건 하늘뿐이다."¹⁴라고 했다.

고지식한 미생고에 일침

노나라 사람 미생고微生高, 尾生高는 고지식하기로 유명했다. 이를 두고 그냥 넘어갈 공자가 아니다. "누가 미생고가 정직하다고 했나? 어떤 사람이 식초를 얻으러 오자, 이웃집에 가서 구해 주었다."¹⁵라고 말했다. 어찌 보면 매우 순수하고 친절하며 고마운 사람으로 보일 수도 있다. 하지만 자기집에 없으면 없다고 하면 될 일을 그 말을 하기가 싫어 이웃집에 가서 구해 주었기 때문이다. 공자는 '없으면 없다고 하라.'는 것이다. 공자는 유사한 말도 남겼다. "아는 것을 안다고 하고, 모르는 것을 모른다고 하는 것이 아는 것이다."¹⁶

미생고의 고지식함은 결국 자신을 죽음으로까지 몰고 갔다. 어느 날, 미생고가 여자와 다리 밑에서 만나기로 약속했다. 마침 비가 몹시 내렸다. 여자는 오지 않았지만 미생고는 끝까지 다리 밑에서 기다렸다. 결국 물이 넘치자 다리 기둥을 붙잡고 매달리다 강물에 떠내려가 죽고 말았다. 신의는 지켰지만, 미련하고 융통성이 없기로 유명한 미생고였다.

여기서 '미생지신尾生之信'이란 고사가 생겨났다. '미련하리만큼 쓸모

---

14 下學而上達 知我者其天乎(하학이상달 지아자기천호) - 『논어』〈헌문〉
15 孰謂微生高直 或乞醯焉 乞諸其隣而與之(숙위미생고직 혹걸혜언 걸제기린이여지) - 『논어』〈공야장〉
16 知之爲知之 不知爲不知 是知也(지지위지지 부지위부지 시지야) - 『논어』〈위정〉

없는 약속에 목숨을 걸거나 융통성이 없는 사람의 행위'를 뜻한다.

벼슬자리로 제자를 슬쩍 떠본 공자

공자가 제자 칠조개漆雕開에게 넌지시 벼슬자리를 제안했다.

노나라 출신 칠조개는 공문 72현 중 한 사람으로, 공자 사당에 배향된 인물이다. 그는 덕행이 높았음에도 벼슬을 원하지 않고 학문에 정진했다.

그럼에도 칠조개는 "저는 아직 그 일을 해낼 자신이 없습니다."[17]라며 한발 물러섰다. 그의 인품을 잘 보여주는 모습이다.

스승의 반응은 어땠을까? 공자는 흐뭇해 했다.[18]

제자가 자리 뜨자 뒷말 때린 공자

제자 재아宰我가 공자께 삼년상은 너무 길고 1년이면 좋겠다고 요청했다. 군자가 3년 동안 예를 행하지 않으면 예가 무너질 것이라는 핑계까지 대고 나섰다. 이에 공자는 "3년이 지나기 전에 쌀밥을 먹고 비단옷을 입는 것이 너는 편하냐?"라고 묻자, 재아는 "편합니다."라고 대답했다. 공자는 "네가 편하면 그렇게 하여라. 군자는 상중일 때 맛있는 음식을 먹어도 입맛이 없고 음악을 들어도 즐겁지 않으며 집에 있어도 편안하지 않기 때문에 그렇게 하지 않는 것이다. 이제 네가 편안

---

17 吾斯之未能信(오사지미능신) - 『논어』〈공야장〉
18 子說(자열) - 『논어』〈공야장〉

하다면 그렇게 하여라."라고 말했다.

재아가 나가자, 공자는 "어질지 못하구나."하고 못마땅해 했다. "자식은 태어나서 3년이 지난 후에 부모의 품에서 벗어나므로 삼년상이란 천하에서 행하는 상례이다. 재아도 부모에게 3년 동안 사랑을 받았겠지?"[19]라며 비판했다.

공자에게 사랑 받으려면?

공자의 특급 제자는 안회다. 3000여 명의 제자 중 가장 사랑받았다. 공자가 안회를 높이 평가한 이유는 세 가지. 먼저 가난하지만 도를 즐긴 것, 다음은 하나를 들으면 열을 안 것, 마지막으로는 같은 실수를 두 번 저지르지 않은 것이었다.

그래서 공자는 "안회가 재산이 많으면 그의 밑에서 일하겠노라."라고 넉살도 부렸고, 자신도 안회보다 못하다며 치켜세우기도 했다. 안회가 밥 한 그릇과 물 한 바가지로 빈민촌에서 살았지만 도를 잃지 않은 자세를 높이 평가했으며, 일찍 죽자 하늘이 자신을 버렸다며 통곡했다. 그리고 안회 이후로 배우기를 좋아하는 사람이 누군지 알지 못했다고 말할 정도였다.

급기야는 안회가 아무 도움이 되지 않는다고 말하기에 이르렀다. "안회는 나에게 도움을 주지 못한다. 내가 하는 말에 기뻐하지 않은

---

[19] 予之不仁也 子生三年 然後免於父母之懷 夫三年之喪 天下之通喪也 予也有三年之愛於其父母乎 (여지불인야 자생삼년 연후면어부모지회 부삼년지상 천하지통상야 여야유삼년지애어기부모호) - 『논어』〈양화〉

것이 없이 잘 따랐다."[20]라고 했는데, 이의를 제기해야 다시 설명해줄 텐데 그럴 기회를 주지 않았으니 공자 자신의 발전에도 도움이 되지 않았다고 말한 것이다. 스스로 알아서 다하는 안회에 대한 극찬의 역설이다.

새와 의사 소통한 제자 공야장을 사위로 삼다

공야장公冶長은 공문 72현 중 한 사람으로 공자의 애제자다. 학문에 정진해 박학다식했고 인품도 고결했다. 군주가 대부 벼슬을 내렸지만 가난에도 불구하고 응하지 않고 학문에 매진했다.

이러한 공야장에 대해 공자는, "공야장이라면 사위로 삼을 만하다. 감옥에 갇혔지만 그건 그의 죄가 아니다."[21]라며 자신의 딸을 시집보내 사위로 삼았다.

공야장이 감옥에 갇힌 이유가 재미있다. 그가 새와 의사소통을 했다고 한 일로 죄를 뒤집어 쓴 것이다.

공야장은 길을 가다 새들이 "계곡에 죽은 사람 고기를 먹으러 가자."라고 지껄이는 소리를 알아듣게 되었다. 잠시 후 죽은 자식을 찾고 있던 노인에게 새들이 말한 계곡의 위치를 알려 주었다. 정말 죽은 아들이 그곳에 있자 공야장은 살해범으로 몰려 감옥에 갇혔다. 억울함을 풀어야 했던 공야장은 다시 새들이 "수레가 쓰러진 곳에 곡식을 주워 먹으러 가자."라고 지껄이는 소리를 들은 후 의사소통으로

---

20 回也非助我者也 於吾言無所不說(회야비조아자야 어오언무소불열) - 『논어』〈선진〉
21 公冶長可妻也 雖在縲絏之中 非其罪也(공야장가처야 수재누설지중 비기죄야) - 『논어』〈공야장〉

증명했고, 현장을 확인해본 결과 사실이었다. 공야장은 마침내 풀려났다.

공자가 하지 않은 '네 가지'

공자는 남들처럼 부인도 있었고 자식도 낳았으며 제자도 키웠지만, 네 가지를 하지 않았다. 사사로운 행위를 하지 않았고, '반드시'란 단정을 짓지 않았으며, 고집을 부리지 않았고, 아집을 갖지 않았다.[22]

빗나간 공자의 예측

공자는 14년 천하주유 끝에 돌아온 고국 노나라에서 말년에 자신이 칠십 평생 세상에 뜻을 이루지 못한 것에 대한 아쉬움을 토로하며 『춘추』를 편찬했다. 그러면서 훗날 이 『춘추』가 전적으로 자신의 이름을 좌우할 것이라고 말했다. "훗날 나를 알아준다면 그것은 『춘추』 때문일 것이고, 나를 비난한다면 그것 역시 『춘추』 때문일 것이다."[23]라고 했다.

하지만 공자는 『춘추』보다 『논어』로 2500년간 명성을 알렸다. 사후 제자들이 『논어』를 엮을 줄은 공자가 꿈에도 생각하지 못했기 때문이다. 그렇다고 『춘추』의 존재감이 없는 것은 아니다. 『춘추』는 『춘추』 대로 명성을 남겼다. 그러나 누가 뭐라 해도 공자라고 하면 『논어』다.

---

22 絶四 毋意. 毋必 毋固 毋我 (절사 무의 무필 무고 무아) – 『논어』 〈자한〉
23 後世知丘者以春秋 而罪丘者亦以春秋 (후세지구자이춘추 이죄구자역이춘추) – 『사기』 〈공자세가〉

어쨌든 세상은 눈에 보이는 게 전부가 아니다. 이렇게 보이지 않는 변수가 있기 마련이다. 천하의 공자도 그 변수를 다 예측할 순 없었다. 어쨌든 이 『논어』의 변수도 노력한 자에게 따라오는 뜻밖의 행운이라고 봐야겠다.

제자가 본 공자 : 스승이라면 어때야 할까?

공자가 가장 사랑한 특급 제자 안회가 공자를 평가했다.

"선생님은 우러러볼수록 더욱 높으시고, 파고들수록 더욱 견고하시다. 앞에 계신 듯 보였는데 어느새 홀연히 뒤에 계신다. 선생님은 차근히 이끄시어 학문으로 지식을 넓혀주시며, 예로써 절제하게 해주셔서 그만두려 해도 그만둘 수 없으므로, 모든 재능을 다해 따르려 한다. 그러나 선생님은 더 높은 목표를 세움으로써 따라갈 수가 없다."[24]

---

[24] 仰之彌高 鑽之彌堅 瞻之在前 忽焉在後 夫子循循然善誘人 博我以文 約我以禮 欲罷不能 旣竭吾才 如有所立卓爾 雖欲從之 末由也已(앙지미고 찬지미견 첨지재전 홀언재후 부자순순연선유인 박아이문 약아이례 욕파불능 기갈오재 여유소립탁이 수욕종지 말유야이) - 『논어』〈자한〉

[참고문헌]

〈논어·공자 관련 국내외 문헌〉

管杰 編著, 『聖域通覽』, 长征出版社, 2004
孔子, 『图解论语』, 思履 注, 中国华侨出版社, 2017
田小燕责任编辑, 『孔子圣迹图』, 中国档案出版社, 2005
공자, 『논어』, 김학주 역주, 서울대학교 출판문화원, 2017
공자, 『논어』, 김형찬 번역, 홍익출판사, 2015
공자, 『논어』, 동양고전연구회 옮김, 민음사, 2019
『공자 성적도』, 김기주 황지원 이기훈 역주, 예문서원, 2003
공자, 『시경』, 신동준 역주, 인간사랑, 2016
권성, 『청강해어 논어-노자』, 박영사, 2018
김덕균, 『공문의 사람들』, 논형, 2004
남회근, 『논어 강의』, 송찬문 역, 마하연, 2012
류종목, 『논어의 문법적 이해』, 문학과지성사, 2018
바오펑산, 『공자전』, 이연도 옮김, 나무의철학, 2013
박성규, 『공자 논어(해제)』, 서울대학교 철학사상연구소, 2005
박헌순 역주, 『논어집주』, 한길사, 2008
사마천·이공린, 『72공자제자』, 이찬구 편주, 동신출판사, 1992
『세주 완역 논어집주대전』, 김동인·지정민·여영기 옮김, 도서출판 한울, 2015
안성재, 『논어, 그 오해와 진실』, 어문학사, 2013
양조명·송입림 주편, 『공자가어 통해』, 이윤화 번역, 학고방, 2016
왕건문, 『공자, 최후의 20년』, 이재훈·은미영 옮김, 글항아리, 2012
이기동 역해, 『논어강설』, 성균관대학교 출판부, 2013
이우각, 『공자』, 한림학사, 2015
이한우, 『논어로 논어를 풀다』, 해냄, 2018
천웨이핑, 『공자 평전』, 신창호 옮김, 미다스북스, 2005
황희경 역설, 『논어 내 인생 최고의 교양』, 메멘토, 2018

〈중국 고전 관련 문헌 · 논문〉

『관자』, 김필수 · 고대혁 · 장승구 · 신창호 옮김, 소나무, 2011
권해, 『권해의 장자』, 임채우 평역, 새문사, 2014
김은주, 〈청쇄고의 수록 송대 전기의 특징 연구〉(논문), 고려대학교, 2010
김창환, 『도연명의 사상과 문학』, 을유문화사, 2009
『대학』, 동양고전연구회 옮김, 민음사, 2018
『묵점기세춘 선생과 함께 하는 장자』, 기세춘 옮김, 바이북스, 2011
박일봉 편저, 『맹자(재개정판)』, 육문사, 2013
범립본, 『명심보감』, 김원중 역, 휴머니스트, 2017
사마천, 『사기세가』, 신동준 옮김, 위즈덤하우스, 2015
사마천, 『사기열전』, 김원중 번역, 민음사, 2012
『서경』, 신동준 역주, 인간사랑, 2016
소준섭, 『중국사 인물열전』, 현대지성, 2018
순자, 『순자』, 김학주 역, 을유문화사, 2018
야오간밍, 『노자강의』, 손성하 옮김, 김영사, 2013
이기동 역해, 『주역강설』, 성균관대학교 출판부, 2018
임종욱, 『중국역대인명사전』, 이회문화사, 2010
장기근, 『사자성어 대사전』, 명문당, 2010
『주역』, 정병석 옮김, 을유문화사, 2019
주희 · 유청지 『현토완역 소학집주』, 이충구 · 김재열 · 황봉덕 · 이승용 역, 전통문화연구회, 2019
『중용』, 동양고전연구회 옮김, 민음사, 2017
허명규 원저, 『인경』, 하위화 편저, 김동휘 옮김, 신원문화사, 2007

〈국내 및 국외 문헌 · 자료〉

강정화, 『남명과 지리산 유람』, 경인문화사, 2013
강준만, 『선샤인 지식노트』, 인물과사상사, 2008
곽호제 외 4인, 『이치대첩의 역사적 의의 재조명과 문화재 관리 활용방안 모색』, 금산군/충청남도역사문화연구원, 2019
금장태, 『다산평전 : 백성을 사랑한 지성』, 지식과교양, 2011
금장태, 『율곡평전 : 나라를 걱정한 철인』, 지식과교양, 2011

금장태, 『퇴계평전 : 인간의 길을 밝혀준 스승』, 지식과교양, 2012
김낙진, 『어질고도 청빈한 마음이 이어진 집 예천 약포정탁 종가』, 예문서원, 2013
김영두, 『퇴계 VS 율곡 누가 진정한 정치가인가』, 역사의 아침, 2011
남명학연구원 엮음, 『약포정탁』, 예문서원, 2016
남민, 『근현대사를 따라 떠난 여행』, 테마있는명소, 2016
남민, 『내 인생에 잊지 못할 대한민국 감성여행지』, 원앤원스타일, 2014
남민, 『조선의 유토피아 십승지를 걷다』, 믹스커피, 2019
노병천, 『명량 진짜 이야기』, 바램, 2014
노승석, 『이순신의 리더십』, 여해고전연구소, 2014
다산연구회 편역, 『정선 목민심서』, 창비, 2015
류성룡, 『징비록』, 신태영 외 4인 교감 역주, 논형, 2016
리처드 D. 루이스 지음, 『미래는 핀란드에 있다』, 박미준 옮김, 살림, 2008
문영택, 『탐라로 떠나는 역사문화 기행』, 각 Ltd, 2017
박경래 편역, 『고봉집백선』, 고봉선생선양위원회/지역문화교류 호남재단, 2014
박석무, 『다산 정약용 평전』, 민음사, 2017
박제가, 『북학의』, 박정주 옮김, 서해문집, 2007
박철상, 『세한도』, 문학동네, 2015
박현모, 『정조평전』, 민음사, 2018
방성석, 〈이순신을 구원한 정탁의 신구차에 관한 연구〉, 순천향대학교 이순신 연구소, 2015
빌헬름 바이셰델, 『철학의 에스프레소』, 안인희 옮김, 아이콘C, 2004
석한남, 『다산과 추사, 유배를 즐기다』, 가디언, 2017
손성모, 『선비의 고장 산청의 명소와 이야기』, 좋은생각나라, 2001
송준길, 『동춘당집』, 정태현 옮김, 이라나 평설, 한국고전번역원, 2017
신미원, 『답사여행의 길잡이 12 - 충북』, 돌베개, 2003
신병주, 『참모로 산다는 것』, 매경출판, 2019
신봉승, 『조선 선비의 거울 문묘 18현』, 청아출판사, 2011
안대회, 『정조 치세어록』, 푸르메, 2012
오홍석, 『땅 이름 점의 미학』, 부연사, 2008
유봉학, 『정조대왕의 꿈 개혁과 갈등의 시대』, 신구문화사, 2016
유홍준, 『추사 김정희』, 창비, 2018
이경수, 『김포역사 인물산책』, 역사산책, 2019
이덕일, 『실득과 통합의 리더 유성룡』, 위즈덤하우스, 2007

이덕일, 『조선 최대 갑부 역관』, 김영사, 2009

이봉수, 『천문과 지리 전략가 이순신』, 가디언, 2018

이상하, 『퇴계 생각』, 글항아리, 2013

이석린, 『임란의장병 조헌연구』, 신구문화사, 1994

이성현, 『추사코드』, 들녘, 2016

이순신, 『난중일기』, 노승석 번역, 도서출판 여해, 2015

이영권, 『제주 역사 기행』, 한겨레출판, 2015

이영재·이용수, 『추사정혼』, 도서출판 선, 2008

이우각, 『조선의 포청천 오리 이원익 대감』, 프로방스, 2013

이이, 『성학집요』, 김태완 옮김, 청어람미디어, 2016

이하준, 『중봉조헌과 그의 시대』, 도서출판공간미디어, 2010

이화섭 외 11인, 『우리 고장의 역사와 문화』, 대전광역시 대전광역시교육청, 2017

이황·기대승, 『퇴계와 고봉 편지를 쓰다』, 김영두 옮김, 소나무, 2006

이황, 『퇴계집』, 이광호 옮김, 한국고전번역원, 2017

정규영, 『다산의 한평생 : 사암선생연보』, 송재소 역주, 창비, 2014

정민, 『다산어록청상』, 푸르메, 2007

정병련, 『고봉 선생의 생애와 학문』, 전남대학교출판문화원, 2018

정약용, 『목민심서』, 최태응 옮김, 북마당, 2011

정약용, 『유배지에서 보낸 편지』, 박석무 편역, 창비, 2019

『조선왕조실록』, 국사편찬위원회

조용헌, 『5백년 내력의 명문가 이야기』, 푸른역사, 2002

조종영, 『지당에 비 뿌리고(중봉조헌과 그의 의병들)』, 북랩, 2019

조헌, 『조천일기』, 동아시아비교문화연구회 역, 서해문집, 2014

채만식, 『탁류』, 문학과지성사, 2016

한국고전번역원 승정원일기 번역팀 엮음, 『후설』, 한국고전번역원, 2013

한영우, 『율곡평전』, 민음사, 2016

한정주, 『율곡 인문학』, 다산북스, 2017

함규진·이병서, 『오리 이원익 그는 누구인가』, 녹우재, 2013

허권수, 『남명 조식』, 지식산업사, 2012

호사카 유지, 『조선 선비와 일본 사무라이』, 김영사, 2012

＿＿＿, 『국역 국조인물고』, 세종대왕기념사업회, 1999

＿＿＿, 『금산 칠백의총』, 문화재청 칠백의총관리소

_____, 『남명 선생 행장 및 사적』, 남명학연구원, 2007

_____, 대덕문화원 홈페이지

_____, 맥키스컴퍼니 홈페이지

_____, 『문학비평용어사전』, 한국문학평론가협회, 2006

_____, 『빛 따라 광명 여행』, 광명시, 2017

_____, 『오매 광주』, 광주광역시 관광진흥과, 2017

_____, 『인명사전』, 민중서관, 2002

_____, 『한국민족문화대백과』, 한국학중앙연구원